KB141935

신정일의
新택리지

신정일의 신 택리지

서울

2019년 10월 20일 초판 1쇄 발행
지은이 · 신정일
펴낸이 · 김상현, 최세현 | 경영고문 · 박시형

책임편집 · 최세현
마케팅 · 권금숙, 양봉호, 임지윤, 최의범, 조히라, 유미정
경영지원 · 김현우, 강신우 | 해외기획 · 우정민, 배혜림 | 디지털콘텐츠 · 김명래
펴낸곳 · (주)쌤앤파커스 | 출판신고 · 2006년 9월 25일 제406-2006-000210호
주소 · 서울시 마포구 월드컵북로 396 누리꿈스퀘어 비즈니스타워 18층
전화 · 02-6712-9800 | 팩스 · 02-6712-9810 | 이메일 · info@smpk.kr

쌤앤파커스(Sam&Parkers)는 독자 여러분의 책에 관한 아이디어와 원고 투고를 설레는 마음으로 기다리고 있습니다. 책으로 엮기를 원하는 아이디어가 있으신 분은 이메일 book@smpk.kr로 간단한 개요와 취지, 연락처 등을 보내주세요. 머뭇거리지 말고 문을 두드리세요. 길이 열립니다.

신정일의 新 택리지 서울

신정일

강과 길에 대한 국토 인문서

"필드field가 선생이다.""현장에 비밀이 숨겨져 있다!" 책상과 도서관에서 자료를 뒤적거리기보다는 현장에서 직접 발로 뛸 때 새로운 사실을 발견할 수 있다는 말이다. 이 말은 문화답사 전문가들이 가슴에 품은 신념이기도 하다. 그 현장정신의 계보를 추적하다 보면 만나게 되는 인물이 있다. 18세기 중반을 살았던 사람, 이중환이다. 이중환은 집도 절도 없이 떠돌아다니면서 마음 편하게 살 곳을 물색하였고, 환갑 무렵에 내놓은 그 결과물이 《택리지》이다. 그가 쓴 《택리지》는 무려 20년의 현장답사 끝에 나온 책이다. 좋게 말해서 현장답사지 정확하게 표현한다면 정처 없는 강호유랑이었다. 현장답사, 즉 강호유랑은 아무나 하는 게 아니다. 등 따습고 배부르면 못하는 일이다. '끈 떨어진 연'이 되었을 때 가능한 일이다. 고금을 막론하고 인생은 끈이 떨어져봐야 비로소 산천이 눈에 들어오는 법이다.

《택리지》는 《정감록》과 함께 조선 후기에 가장 많이 필사된 베스트셀러였다. 현장에서 건져 올린 생생한 정보가 많이 담겨 있었기 때문이다. 장사하는 사람들은 각 지역의 특산물과 물류의 흐름을 파악할 수 있었고, 풍수를 연구하는 사람들은 전국의 지세와 명당이 어디인지를 알 수 있었으며, 산수 유람가에게는 여행가이드북이 되었다.

그러한 《택리지》의 현장정신을 계승한 책이 이번에 다시 나오는 《신정일의 신 택리지》다. 이 책의 저자인 신정일 선생은 30년 넘게 전국의 산천을 답사한 전문가이다. 아마 이중환보다 더 다녔으면 다녔지 못 다닌 것 같지가 않다. 우리나라 방방곡곡 안 가본 산천이 없다. 80년대 중반부터 각 지역 문화유적은 물론이거니와, 400곳 이상의 산을 올랐다. 강은 어떤가. 한강, 낙동강, 금강, 섬진강, 영산강, 만경강, 동진강, 한탄강을 발원지에서부터 하구까지 두 발로 걸어 다녔다. 어디 강뿐인가. 영남대로, 관동대로, 삼남대로를 비롯한 우리나라의 옛길을 걸었고, 부산 오륙도에서 통일전망대까지 동해 바닷길을 걸은 뒤 문광부에 최장거리 도보답사코스로 제안해 '해파랑길'이 조성되었다. 그의 원대한 꿈은 그것으로 그치지 않고 원산의 명사십리를 거쳐 두만강의 녹둔도에 이르고 블라디보스토크를 지나서 러시아를 돌아 아프리카의 케이프타운까지 걸어가겠다는 것이다. 낭인팔자가 아니면 불가능한 성취(?)이다.

신정일 선생의 주특기는 '맨땅에 헤딩'이다. 이마에 피가 흘러도 이를 인생수업으로 생각하는 끈기와 집념의 소유자다. "아픈 몸이 아프지 않을 때까지 가자"라는 김수영 시인의 시를 곧잘 외우는 그는 길 위에 모든 것이 있다고 설파한다. 두 갈래 길을 만날 때마다 그가 선택한 길은 남들이 가지 않는 길이었다. 왜냐하면 스스로를 강호江湖 낭인이라고 생각하였기 때문이다. 강호파는 가지 않는 길에 들어가보는 사람이다.

《주역周易》에 보면 '이섭대천利涉大川'이라는 표현이 여러 번 나온다. '큰 내를 건너면 이롭다'라는 이 말은, 인생의 곤경을 넘는 것이 큰 강을 건너는 것만큼이나 힘들다는 뜻이다. 그런데 신정일 선생은 이 강을 무서워하지 않았다. 높은 재를 넘는 것도 두려워하지 않았다. 인생의 수많은 산과 강과 먼 길을 건너고 넘고 걸었으니 무슨 두려움이 남아 있겠는가. 그는 자기 앞에 놓인 인생의 강과 산을 넘은 것이다. '이섭대천'이라 했으니 큰 강을 건넌 신정일 선생에게 행운이 깃들기를 바란다.

조용헌(강호동양학자)

역사 속 나그네 되어 두 발로 서울을 만나자

서울 성곽길을 '길 위의 인문학, 우리 땅 걷기' 도반들과 아침 8시에 시작하여 저녁 6시까지 10시간에 걸쳐 세 차례 종주했습니다.

숭례문에서 시작하여 남산과 낙산, 북악산과 인왕산을 돌아 다시 숭례문에 이르는 길은 언제나 그대로 그 자리에 펼쳐져 있었습니다. 그런데 마음 속 풍경은 시시각각 변하는 것이라서 남산 자락에서 길을 잃고 인왕산 아래에서 길을 잃었습니다. 하지만 '견문이 넓은 사람 중에 안목이 좁은 사람을 본 적이 없다'는 옛 사람들의 말이 그르지 않아 처음 출발했던 숭례문으로 돌아와 무사히 마무리했습니다.

시공을 뛰어넘는 역사 속의 나그네가 되어서 서울 장안을 내려다보며 걷다 보면 흰옷을 입고 어슬렁거리던 사대부들과 힘겹게 살아가는 민중들, 현대인들의 삶이 환각처럼 겹쳐 보입니다. 도반들과의 성곽길을 돌아보니 그 사이 오랜 역사 속 이야기들이 추억이 되어버린 겁니다. 설렘이 탄성이 되고, 땀이 되고, 아픔이 되어 마음속에 체화된 서울 성곽 18.6킬로미터. 중요한 것은 그 길 하나하나가 이미 그전과 달라졌다는 겁니다. 길이란 만든 사람의 것이 아닌 걷는 사람의 것이라 내딛는 발걸음마다 걷는 사람에게 녹아들기 때문입니다.

《역사란 무엇인가》를 쓴 E. H. 카는 "역사는 현재와 과거의 끊임없는 대화"라고 갈파했습니다. 시대를 뛰어넘는 명언 중의 명언입니다. 지난 시절의 시대 상황을 더듬어 보고 오늘의 시대에 맞는 생각을 하고 실천하는 것, 그것이 고금이나 지금이나 변하지 않는 답입니다.

우리나라 각지에 수많은 사람들의 희생을 통해 1300여 개의 성이 완성되었습니다. 그러나 '완성'이라는 말이 부질없게도 그 명맥만 이어가는 성도 있고, 터만 남은 성도 부지기수입니다. 한 나라의 역사도 마찬가지입니다. 500년간 조선의 도읍지였던 한양도성이 그 모습을 달리하여 지금도 대한민국의 수도로서 우리나라의 정치·경제·문화의 중심지인 것을 무어라고 설명할 수 있을까요?

만물은 생성과 소멸을 반복하며 끊임없이 변화합니다. 서울 성곽길을 걸으며 서울을 흐르는 한강과 산, 그리고 눈만 돌리면 나타나는 풍광을 바라보면 이러한 자연의 이치를 떠올리게 되고 서울의 역사와 오늘을 더욱 사랑하게 됩니다.

강연을 할 때 가끔 청중들에게 "우리나라 국보 1호에서 10호까지를 알고 계신 분이 있다면 2만 원을 드리겠습니다"라는 말을 하곤 합니다. 여기저기서 "숭례문!"과 "남대문!"을 외칩니다. 국보 1호는 누구나 잘 알고 있습니다. 그런데 2호부터 머뭇거리고 3호, 4호는 대부분 모릅니다. 문화재청 직원 수백 명을 대상으로 한 강연에서도 결과는 별반 다르지 않았습니다. 숭례문, 원각사지십층석탑, 북한산 신라 진흥왕 순수비…. 이렇게 자신 있게 이어나가지 못하는 이유는, 국보 1호에서 10호까지 몰라도 사는 데 지장이 없기 때문일 것이고, 수능이나 취직시험에도 나오지 않기 때문일 겁니다.

서울은 나라 안에서 국보를 제일 많이 보유하고 있는 지역입니다. 보물 1호도 역시 서울에 있는 동대문으로 더 익숙한 '흥인지문'입니다. 서울을 빛나게 하는 것으로 문화재뿐 아니라 한강도 빼놓을 수 없습니다. 세계 어느 나라 수도를 가도 한강만큼 넓고 아름다우며 큰 강이 있는 곳이 없습니다. 또한 서울은 북한산·관악산·도봉산·수락산·청계산 등 빼어난 산세를 자랑하는 산들로 둘러싸여 있습니다.

그런데 서울 사람들은 그 강과 산의 고마움을 모르고 살아갑니다. '등잔 밑이 어둡다'거나 '낫 놓고 기역 자도 모른다'는 우리나라의 속담 때문일까요? 아닙니다. '바다에 가면 산이 그립고, 산에 가면 바다가 그립다'는 인간의 심성 때문에 그럴 겁니다.

5000년 역사 속에서 가장 중요한 위치를 점하고 있는 도시, 서울. 그 서울을 천천히 거닐다 보면 수많은 이야기들을 만나게 됩니다. 어느 날 어느 순간 느닷없이, 호랑이를 만나기도 하고, 암행 나온 성종 임금을 만나기도 하고, 느릿느릿 걷는 흥선대원군이나 법회를 열다가 나와서 수챗구멍에서 낮잠을 자는 매월당 김시습이나 새끼를 꼬고 있는 연암 박지원을 만날지도 모릅니다.

그렇지 않아도 만원인 서울, 그 서울에서 눈코 뜰 새 없이 바쁘게 사는 사람들에게 독일 철학자 니체가 '자유인과 노예의 차이'에 대해 쓴 글을 전합니다. "하루의 3분의 2를 자신을 위해 쓰는 사람은 자유인이고, 하루의 3분의 1만을 자신을 위해 쓰는 사람은 노예다."

보고 싶은 사람이 있어도 시간이 없어서 보지 못하고 사는 삶이다 보니 자기가 살고 있는 지역의 역사와 문화는 항상 '강 건너 불 보는 격'으로 사는 사람들이 많습니다.

천천히 어슬렁거리고 소요하면서 역사의 도시 서울을 거닐며, 서울의 역사와 문화, 그리고 이 땅을 살아가는 수많은 사람을 만나면서, 사람이 자연 속에서 아름답고 자연이 사람을 품어 아름다운 나라를 만들어 나간다면 얼마나 좋을까요.

2018년 5월

온전한 고을 전주에서 신정일

6 : 서울 도심 속 근대사의 자취
서울 근대 유적 답사

7
:

서울 사람들은 어떻게 살았을까
서울의 풍속

개요

한반도의 중심 서울

나라 안 제일가는 명당을 도읍으로 정하다

서울은 우리나라에서 오직 하나밖에 없는 우리말 땅 이름이다. 원래 서울이라는 말은 나라의 수도를 뜻하는 보통명사였으나 현재는 대한민국의 수도를 가리키는 고유명사가 되었다. 백제가 수도인 부여를 '소부리'라고 불렀으며, 신라가 수도인 경주를 서라벌, 서나벌, 서벌, 서야벌 등으로 불렀던 데서 서울이라는 말이 유래되었다. 서울의 '서'는 수리·솔·솟의 음과 통하는 말로서 높다, 신령스럽다는 뜻을 지니고 있으며 '울'은 벌·부리에서 변음된 것으로 벌판이라는 뜻을 지니고 있다. 즉, 서울은 '높고 너른 벌판, 큰 마을, 큰 도시'라는 뜻이라고 할 수 있다.

서울은 원래 마한의 땅이었다. 백제의 시조 온조왕이 지금의 혜화문 밖의 삼각산 동쪽에 위례성을 도읍으로 정했다가 말갈의 침입을 피하여 도읍을 하남 위례성으로 옮겼다. 근초고왕이 남한산으로부터 옮겨와 도읍을 정한 뒤 북한산北漢山 또는 남평양南平壤이라고 불렀다. 개로왕이 고구려의 장수왕에게 피살되자 그의 아들 문주왕이 즉위하여 웅진으로 도읍을 옮겼다.

이렇듯 서울 부근의 한강 유역은 삼국시대의 각축장이었다. 한강이 사람과 물자를 대주는 중요한 역할을 했기 때문이다. 삼국을 통일한 신라는 이곳 서울을 한산주라고 불렀고, 경덕왕 14년(755)에 한양군이 설치되면서 비로소 한양漢陽이라는 지명을 얻게 되었다. 고려 때에는 양주로 바뀌었다가 문종 21년(1067)에 남경南京으로 승격되면서 서경(평양), 동경(경주)과 함께 도읍지의 면모를 갖추게 되었다. 조선을 건국할 당시 계룡산과 이곳 서울이 도읍지로 물망에 올랐는데 최종적으로 낙점된 곳이 바로 서울이었다.

풍수가들은 오래전부터 서울을 장풍藏風(명당 주위의 지세)과 득수得水(명당 주위의 물길)를 제대로 갖춘 나라 안에서 제일가는 명당, 즉 최고의 길지吉地라고 보았다. 북악산이 현무인 주산이고, 낙산은 좌청룡이며, 인왕산은 우백호, 남산이 안산이고, 관악산이 조산이 된다. 한강은 또 어떤가. 한강은 외수外水인 객수客水가 되어 남산과 관악산 사이를 빠져 흐르면서 명당을 크게 감싸고 있는 형국이다. 또한 청계천은 내수內水인 명당수가 되어 중랑천을 거쳐 한강으로 합류한다.

낙산과 북악산, 그리고 인왕산과 남산을 연이은 성곽 안에 자리잡은 곳을 장안長安이라고 불렀다. 그리고 지금의 북한산 기슭의 우이동과 가오리 뚝섬, 양화진 수색水色 칙고개〔葛峴〕에 이르는 구간을 도성 밖 10리 안에 드는 지역이라 하여 성저십리라고 불렀다. 세종 때 편찬된《세종실록지리지》에 따르면 한성부의 5부 호구수戶口數가 1만 7015호, 성저십리의 호구수는 1779호였다.

ⓒ 유철상

서울 도심과 북한산

풍수가들은 오래전부터 서울을 나라 안에서 제일가는 명당이라고 보았다.
사진은 서울 도심과 한양을 도읍으로 정할 때 풍수의 기준으로 삼은 북한산의 모습이다.

오만사년 於萬斯年 누릴 도읍 한양성중 거룩하다

산천누각 성곽지당 웃글에 하였으니

다시 할 말 아니로되 예의동방 禮義東方 장할시고

원생고려 願生高麗 한단 말은 중원 中原 사람 말이로세

추차언이 推此言而 관지 觀之하면 제일강산 가지 可知로다

산악수기 山嶽秀氣 받아나니 충효인물 忠孝人物 총총하다

범절이 이러하니 천하제국 天下諸國 제일일세

조선 헌종 때 한산거사가 수도 한양을 예찬하며 지은 풍물 가사 〈한양가〉의 한 구절이다. 나라의 중심에 자리잡고 있으며 온갖 물산과 사람이 몰려드는 한양의 지세를 두고 조선 후기 실학자 이익 李瀷은 《성호사설 星湖僿說》에서 다음과 같이 평했다.

성조 聖朝(당대의 왕조를 백성들이 일컫는 존칭)가 도읍으로 정한 한양은 옛날 백제의 땅으로서, 수륙의 길이 사방으로 통하여 운반되지 않는 물화가 없으니, 거의 요충을 얻었다고 하겠다.

조선 500년간 변화의 조짐이 없던 서울은 20세기 초를 지나며 급격하게 변화했다. 특히 20세기 초 약 20만 명에 불과했던 서울 인구는 100년 만에 1000만을 넘어서 서울은 거대 도시로 성장했다.

서울 인구는 일제강점기에도 매년 꾸준히 증가해 1936년에 70만 명으로 늘어나고, 1942년에는 110만 명에 이르렀다. 광복 이후 서울 인구는

해외 이주민과 농촌 인구의 유입으로 인해 1950년 약 170만 명까지 증가하다 한국전쟁으로 인해 감소했다가 다시 지속적으로 증가하여 1959년에는 200만 명을 돌파하고, 1960년대와 1970년대를 거치면서 폭발적으로 증가해 1980년에는 840만 명에 달했다. 급기야 1992년 1097만 명으로 최고치에 도달한 이후 수도권 신도시로 인구가 분산되어 약간 감소하긴 했지만 서울에는 여전히 1000만의 사람들이 모여 산다.

다음은 1960년대 말 도시로서의 모습을 갖추기 시작한 서울에 찬사를 보내는 노래 〈서울의 찬가〉의 한 소절이다.

종이 울리네 꽃이 피네 새들의 노래 웃는 그 얼굴

(…)

처음 만나 사랑을 맺은 정다운 거리 마음의 거리

아름다운 서울에서 서울에서 살으렵니다

현재 서울의 북서쪽으로는 고양과 파주, 북쪽으로는 양주와 의정부가 자리잡고 있다. 동쪽으로 구리와 하남이 서울의 경계이고, 남쪽으로 성남과 과천, 서쪽으로 광명과 부천, 서남쪽으로는 김포가 서울을 감싸고 있다. 경기도에 둘러싸여 있는 서울의 한복판을 나라에서 네 번째로 긴 한강이 가로질러 흐른다. 국토개발 시대가 지난 지금도 흐르는 강물보다 더 급격한 변화의 물결에 휩싸여 있는 곳이 바로 대한민국의 수도, 서울이다.

1

한강변에 자리잡은 서울공화국

서울의 역사

우리말 이름인 서울

함경도 안변부 철령에서 나온 한 맥이 남쪽으로 오륙백 리를 달려서 양주에 이르러 작은 산이 되었다가 다시 동쪽으로 비스듬하게 돌아들면서 우뚝 솟아나 도봉산의 만장봉이 되었다. 여기에서 다시 동남을 향해 가면서 잠시 끊어진 듯하다가 또 우뚝 솟아 삼각산(북한산) 백운대가 되었다.

여기에서 다시 남쪽으로 내려가서 만경대가 되었는데 한 줄기는 서남쪽으로 뻗어갔고, 또 한 줄기는 남쪽으로 뻗어가서 백악산(북악산)이 되었다. 풍수사가 "하늘을 꿰뚫는 목성 木星의 형국으로 궁성宮城의 주산主山 감이다"라고 한다.

동·남·북쪽으로 모두 큰 강이고, 서쪽으로 바다와 통한다. 여러 곳 물이 모두 모이는 그 사이에 백악산이 서리어 얽혀서 온 나라 산수의 정기가 모인 곳이라 일컫는다. 옛날 신라 때의 승려 도선道詵의 《유기留記》에는 다음과 같이 쓰여 있다. "왕씨를 이어 임금 될 사람은 이씨이고, 한양에 도읍할 것이다." 그런 연유로 고려 중엽에 윤관尹瓘을 시켜 백악산 남쪽에 터를 잡아 오얏나무〔李〕

를 심어놓고 무성하게 자라면 잘라서 왕성한 기운을 누르고자 하였다.

이중환의 《택리지》에 실린 서울에 대한 기록이다.

서울은 조선시대부터 일제강점기를 거쳐 광복 이후까지 대한민국의 수도로 우리나라의 정치·경제·문화·교통의 중심지이자 지리적으로도 한반도의 거의 중앙에 위치해 있다. 서울에서 부산까지 거리는 445.6킬로미터, 신의주까지는 496.5킬로미터로, 한반도 대부분의 지역이 서울을 중심으로 약 500킬로미터 거리 안에 있다.

서울이라는 말의 유래는 신라의 수도인 경주를 서라벌·서벌·서나벌·서야벌 등으로 부른 데서 비롯되었다. 또한 백제 말기의 수도인 부여를 '소부리'라고 불렀던 데서 삼국시대 수도를 가리키는 보통명사화되었음을 알 수 있다. 서울의 서는 수리·솔·솟의 음과 통하는 말로 '높다' 또는 '신령스럽다'는 뜻이며, 울은 벌·부리에서 변음된 것으로 '벌판', '큰 마을', '큰 도시'라는 뜻이다. 서울은 한자로는 '경京' 자와 '도都' 자로 표시되는데, '경'은 크다는 뜻이며, '도'는 '거느린다' 또는 '번성한다'는 뜻을 지닌다.

수도 서울은 점진적으로 시의 영역이 넓혀지면서 위성도시들이 형성되었으며 인구가 집중하여 세계적으로도 손꼽히는 거대 도시가 되었다. 서울의 동쪽은 구리시와 하남시, 서쪽은 인천광역시와 부천시, 남쪽은 광명시·과천시·성남시, 북쪽은 의정부시·김포시·고양시·양주시·남양주시에 인접해 있다.

서울을 처음 방문한 외국인들은 도시를 둘러싼 산세에 놀라움을 금치

서울의 한가운데를 흐르는 한강

한반도에서 흥망성쇠를 거듭한 모든 나라들이 한강변을 차지하고자 했다.
한강은 나라의 중심지로서 사람과 물산이 어디든 사통팔달할 수 있다는
이점을 지녔기 때문이다. 사진은 63빌딩과 한강.

못한다. 도시 한복판에 한강이 흐르고, 서울을 호위하듯 외사산外四山인 북한산·덕양산·관악산·아차산이 둘러싸고 있고, 조선의 500년 역사를 자랑하듯 연이어 내사산內四山인 북악산·낙산·남산·인왕산이 서울 도심을 지켜보고 있는 모습에 찬탄하는 것이다.

외사산과 내사산 외에도 서울의 남쪽에는 청계산·삼성산 등의 산이 있고, 동북쪽에는 도봉산·수락산·불암산 등 600미터가 넘는 고봉이 솟아 있다. 그 산줄기가 북악산과 비봉으로 이어지면서 "햇빛에도 빛이요, 달과 별밤에도 그대로 빛"인 그대로 출렁이며 경기도와 자연적 경계를 이루고 있다. 강북 지역에는 청계천 외에 서쪽의 불광천·사천 등과 동쪽의 중랑천·왕숙천 등이 흘러 넓은 충적지를 이루고 있다. 양수리에서 남한강과 북한강이 합류하며 하나의 물줄기를 이루는 한강은 팔당을 지나면서부터 자유롭게 바다를 향해 흘러가면서 강 북쪽에 밤섬·여의도·난지도 등의 하중도河中島를 형성하고 있다.

나라를 세우기에 가장 적당한 땅

북으로 화산(북한산)을 의지하고, 남쪽으로는 한강을 바라보며, 땅이 펑퍼짐하고, 물산이 풍부하며, 백성이 많고 번화하니 오래도록 번영할 터전이라.

《고려사高麗史》에 기록된 서울에 대한 내용이다.

고려의 도읍지였던 개성이 한반도의 서쪽에 치우쳐 자리잡았던 것과 달리 서울은 한반도의 중심이며, 크고 긴 강이 흐르는 천혜의 요충지였다. 또한 한강 유역은 삼국시대의 각축장이었다. 한강 유역을 차지하면 사람과 물자 그리고 뱃길 모두를 손에 넣을 수 있어 삼국의 흥망성쇠가 여기에 달려 있었기 때문이다.

한강을 맨 처음 차지한 나라는 온조의 백제였다. 온조가 이곳 서울에 도읍하던 이야기가 조선 후기 각 읍에서 읍지를 모아 엮은 《여지도서 輿地圖書》에 실려 있다.

온조왕이 위례성에 도읍했는데, 노파가 남자로 변하고, 호랑이 다섯 마리가 도성까지 들어왔으며, 왕비가 죽는 일이 벌어졌다. 온조왕이 신하에게 이르기를, "나라의 동쪽에는 낙랑이 있고, 북쪽에는 말갈이 있어 국경을 침범하여 편안한 날이 거의 없다. 더구나 지금 요상한 조짐이 여러 번 보이고, 왕비마저 세상을 떠나시니 상황이 좋지 않다. 반드시 서울을 옮겨야겠다. 내가 지난번 성을 나가서 돌아다녔는데, 한강 남쪽을 살펴보니 땅이 기름져서 그곳을 서울로 정하고 오래도록 평안하기를 도모함이 마땅하다" 했다. 7월에 한산韓山으로 가서 나무 울타리를 세우고 위례성의 백성들을 이주시켰다. 9월에는 궁성과 대궐을 세웠다. 위례성은 지금의 직산(천안의 옛 지명)이다. 뒤에 완풍군 이서 李曙가 남한산성을 쌓을 때 수풀이 우거진 숲 아래에서 옛 누각 하나를 발견했다. 이기진李箕鎭이 유수가 되었을 때 그것을 '창을 베개 삼아 항상 경계하다'라는 의미에서 침과정이라고 불렀다.

이처럼 한반도에서 흥망성쇠를 거듭했던 모든 나라들이 한강변에 도읍지를 정하고자 했던 이유가 일본의 민속학자 무라야마 지준村山智順이 지은《조선의 풍수》에 실려 있다.

예로부터 조선에 나라를 세운 자는 모두 적당한 땅에 국도國都를 정했다. 적당한 땅이란 결국 많은 사람들이 모여서 사는 도시인들의 생활을 유지할 만한 조건과 그 생활을 파괴하는 외적을 지키는 데 적합한 조건을 구비한 곳이다. 즉 한편으로는 생활 유지의 경제적 조건을 갖추고, 다른 한편으로는 생활 보호의 군사적 조건을 갖춘 곳이었던 것이다.

경제적으로는 경작, 급수, 연료 조달이 가능한 지역이다. 생활 방어상 넘기 어려운 험준한 산, 건너기 어려운 물을 필요로 한다. 따라서 국도는 경제 및 방어의 요구에 응해서 산이나 강에 둘러싸인 요해지要害地로서 그 사이에 넓은 평야가 있어야 한다. 이러한 산하금대山河襟帶(산이 옷깃처럼 둘리고, 강이 띠처럼 주위를 돌아 흐르는 형세)의 지세는 풍수신앙의 대상인 지세와 공통되기 때문에 국도의 지세가 바로 풍수신앙의 대상이 된다.

따라서 국도는 나라의 수뇌부이고, 이 국도의 안전이 보증되고 안 되는 것이 국도에 사는 군왕신민의 생활에 관계되는 것일 뿐만 아니라, 한 나라의 안전과 위험이 걸린 것이기 때문에 국도에 사는 사람은 이 국도의 안전을 크게 바란다.

그의 의견은 대체로 맞다. 서울의 지세는 나라에서도 그 유례를 찾아볼 수 없을 정도로 험준하며 아름다운 산들이 많다. 북한산, 도봉산을 비롯하여 수많은 산들이 서울을 에워싸고 있으며, 다른 나라의 국도에서는 찾아볼 수 없을 만큼 크고 웅장한 한강이 서울의 한가운데를 흐르고 있다.

그뿐만이 아니라 나라의 중심지로서 사람과 물산이 어디든 사통팔달할 수 있다는 이점을 지녔다.

한강변에 자리잡았던 백제는 개로왕 21년(475) 고구려 장수왕에게 한강 유역을 빼앗겼으며 개로왕은 포로가 되어 살해를 당했다. 그 후로도 한강을 두고 고구려와 치열한 싸움을 전개하던 백제는 성왕 29년(551)에 신라의 진흥왕과 공동으로 고구려를 공격하여 한강 유역을 되찾았고, 신라는 한강 상류 10여 개 군을 차지했다. 그러나 2년 뒤 신라 진흥왕은 백제와의 동맹을 깨고 백제가 차지했던 한강 하류까지 모두 차지하게 되었다.

이렇듯 한강 유역은 군사적으로 아주 중요한 지역이었기 때문에 주인이 10여 차례 바뀌었어도 서울은 서울이었다.

고려시대에 양주로 이름이 바뀌었다가 문종 21년(1067)에 남경으로 승격된 서울은 서경·동경과 함께 삼소경三少京으로 불리었다. 고려시대에는 풍수지리에 의한 도참설이 유행했는데, 특히 임금이 서경인 평양과 남경인 한양에 궁궐을 짓고 돌아가면서 머무르면 왕실의 기업基業을 연장하고 국운이 왕성해진다는 연기사상延基思想의 영향으로 고려 숙종 5년(1101) 지금의 경복궁 근처에 궁궐을 지었다.

그 뒤 공민왕 5년(1356)에 승려 보허普虛가 임금에게 《참서讖書》를 가지고 와서 "한양에 도읍을 정하게 되면 36국이 와서 조공한다"라고 말했다. 임금이 그 말을 믿고 한양의 궁궐을 크게 수리했다. 이 때문에 민심이 크게 흔들리면서 가재도구를 챙겨서 남쪽 한양을 향해 가는 사람들이 너무 많아져 관원의 힘으로도 막을 수가 없었다.

공민왕 9년(1360) 1월에는 "태묘太廟에서 천도하기 위해 점을 쳤는데,

불길한 괘를 얻었다"라는 글이 실려 있는 것으로 보아 좋은 자리가 나지 않아 끝내 도읍을 옮기지 못했음을 알 수 있다.

조선의 도읍을 서울로 정하다

서울이 한 나라의 수도로 거듭난 것은 고려가 망하고 조선이 들어선 후였다. 국호를 조선朝鮮이라고 정한 것을 두고 《신증동국여지승람新增東國輿地勝覽》에는 "동쪽 끝에 있어 해가 뜨는 지역이므로 조선이라 이름하였다"라고 했고, 조선 후기 실학자 안정복安鼎福은 《동사강목東史綱目》에서 "선비의 동쪽에 있으므로 조선이라 칭하였다"라고 했다.

조선을 건국한 태조 이성계는 1392년 개성의 수창궁에서 왕위에 올랐다. 그 뒤 민심을 새롭게 하기 위해 계룡산 아래로 수도를 옮기도록 했다. 태조 2년(1393) 3월부터 12월까지 계룡산 아래에 새 도읍지 공사를 진행하던 중에 당시 경기도관찰사였으며 풍수지리에 능한 하륜河崙이 계룡산의 위치가 너무 남쪽에 치우쳐 있으며 풍수지리로 볼 때 불길한 곳이라 하여 공사를 중지하고 정도전鄭道傳과 무학대사를 보내 한양의 형세를 살피게 했다. 태조 3년(1394) 한양으로 천도했으나 왕자의 난으로 제2대 정종 때에는 다시 개경으로 환도했다. 그러나 태종에 의하여 다시 한양으로 천도를 단행하게 되어 500년간 조선의 도읍이 되었다.

역사학자 한우근은 당시 천도의 과정을 다음과 같이 갈파했다.

한양의 주산 북악산

이성계와 함께 조선을 개국한 정도전은 북악산을 주산으로 삼아 앞은 조정, 뒤는 시장,
왼쪽은 종묘, 오른쪽은 사직단이라는 유교적 이상도시를 만들고자 했다.
사진은 북악산과 서울의 모습.

이성계가 즉위 직후에 천도의 뜻을 선포했던 것은 풍수지리설에 의거하여 이미 지덕이 쇠한 망국 구거舊居인 개경에 그대로 머물러 있을 필요가 없다는 이유 때문이기도 했다. 하지만 실질적으로는 고려 세족의 전통적인 기반을 떠나서 그 자신의 세력 기반을 새로이 마련하기 위함이었다.

한양은 한반도에서 가장 높은 백두산으로부터 산줄기가 뻗어 내려와 그 정기가 봉우리로 뭉친 북악산을 주산으로 하여 좌청룡인 낙산이 동쪽으로 뻗어 있고, 우백호인 인왕산(일설에는 무악 또는 갈마재라고 함)이 서쪽으로 뻗어 있다. 남쪽에는 목멱산(남산)이 안산案山(집터나 묏자리의 맞은편 산)으로 솟아 있고, 한강이 남쪽과 서쪽을 둘러 흐르며, 관악산이 북한산에 문안드리는 듯하여 예부터 풍수지리상 왕도가 될 만한 명당으로 지목되어왔다.

이처럼 한양은 명당일 뿐 아니라 남쪽으로 한강을 끼고 있고 서해가 가까워 교통이 편리한 자연적 이점을 지녔으며 실제로 한반도 중앙에 위치한 요충지이다. 한양의 형세를 《동국여지승람東國輿地勝覽》에서는 다음과 같이 기록하고 있다.

한양은 원래 마한 땅으로 북쪽 진산 북한산이야말로 용이 엎드리고 범이 웅크린 기세다. 남쪽 한강은 한양의 깃과 띠가 되고, 왼편은 관령, 오른편에는 서해가 펼쳐져 그 형승이 동방에서 으뜸으로 꼽힌다.

또한 조선 후기 실학자 이익은 《성호사설》에서 서울의 풍수지리를 다음과 같이 설명했다.

한양의 산맥을 보면 백두산에서 시작하여 남으로 뻗어 나온 큰 줄기가 철령에서 나뉘어 그 남쪽 가닥이 금강산과 오대산을 거쳐 태백산·소백산에서 등줄기를 이루고, 다시 한강 남쪽으로 뻗어 올라가 바닷가에서 그쳤다. 산맥이 또 바다를 건너 강화도의 나성이 되었으니, 범위가 크고 조그만 기운 하나도 누설되지 않도록 산세가 꽉 짜이고 긴밀하여 남은 힘을 아끼지 않았다. 이는 참으로 만세 제왕의 자리요, 오덕구五德丘(경복궁의 주산인 백악을 비롯한 서울 주위 5개의 산)이니, 어찌 하늘이 낸 곳이 아니겠는가.

또 한강 남쪽의 산맥은 속리산에서 뻗어 나와 모두 한양을 향해 머리를 숙여 조회하고 있는 듯하다. 그리고 한강은 오대산에서 발원하여 네 고을을 거쳐 거꾸로 흐르다가 소양강과 양수리에서 만나 삼각산을 둘러서 서해로 흘러 들어간다.

이중환은 《택리지》에 태조 이성계가 지금의 서울에 도읍지를 정한 연유를 다음과 같이 기록하고 있다.

조선이 왕조를 물려받은 뒤, 태조 이성계는 중 무학을 시켜 도읍지를 정하도록 하였다. 무학이 백운대에서 산맥을 따라 만경대에 이르고, 다시 서남쪽으로 비봉에 갔다가 한 개의 비석을 보니 '無學誤尋到此〔무학오심도차〕'라는 여섯 글자가 크게 새겨져 있었다. '무학이 맥을 잘못 찾아서 여기로 온다'는 뜻이며 곧 도선이 세운 것이었다. 무학은 길을 바꿔 만경대에서 정남향의 줄기를 따라 바로 백악산 밑에 도착하였다. 세 곳 맥이 합쳐져서 한 들에 모이게 된 것을 보고 드디어 궁성터로 정하였는데, 바로 그곳이 고려 때 오얏나무를 심었던 곳이었다.

궁성터를 정한 뒤 외성外城을 쌓으려고 하였으나 성의 원근 경계를 결정지을 수가 없었다. 그러던 어느 날 밤 큰 눈이 내렸다. 그런데 바깥쪽은 눈이 쌓이는데, 안쪽은 곧 눈이 녹아 사라지는 것이었다. 태조가 이상하게 여겨서 눈을 따라 성터를 정하도록 명하였는데, 이것이 바로 지금의 성 모양이다. 비록 산세를 따라서 성을 쌓은 것이나, 정동방과 서남쪽이 낮고 허약하다. 또 성 위에 치성을 만들지도 않았고, 호도 파지 않았기 때문이다. 임진년과 병자년의 두 난리 때 모두 도성을 지켜내지 못하였다.

숙종이 재임하던 을유년에 조정에서 도성을 고쳐 쌓기로 의논이 있었으나 "동쪽이 너무 낮은데 만약에 강을 막아서 그 물을 성에다 댄다면 성안 사람은 모두 물고기 신세가 될 것이다"라는 말이 있어 의논은 중지되고 말았다.

그렇지만 이곳은 300년 동안이나 명성과 문화의 중심 지역이 되어 유풍儒風을 크게 떨치고, 학자가 무리 지어 나왔으니 엄연한 하나의 작은 중화中華를 이루었다.

《동국여지승람》에는 조선 500년 역사가 꽃피었던 한성부의 건치연혁建置沿革이 다음과 같이 실려 있다.

원래 고구려의 북한산군이었는데, 백제의 온조왕이 빼앗아 성을 쌓았으며, 근초고왕이 남한산으로부터 옮겨 도읍하였다. 개로왕 때 와서, 고구려의 장수왕이 와서 도성을 포위하니, 개로왕이 달아나다가 피살되고, 아들 문주왕이 도읍을 웅진으로 옮겼다. 후에 신라 진흥왕이 북한산에 이르러 국경을 정하고, 북한산주의 군주를 설치하고, 경덕왕이 한양군이라 고쳤다. (…) 고려 초기에는 양주라고 고쳤고, 성종 때에 해주와 함께 왕도의 좌우 2보로 삼아서 관내도에 속하게 하였다. 문종 때에는 남경유수관으로 승격시키고, 이웃 고을의 백성들을 옮겨 채웠다.

고려 숙종 때에는 김위제金謂磾가 《도선밀기道詵密記》를 빌어 "양주에 목멱양이 있으니 도읍을 정할 만하다"라고 하면서, 남경으로 옮겨 도읍하기를 청하고 일지 문상이 거기에 따라서 함께 주장하니, 왕이 친히 와서 보고 평장사 최사추崔思諏와 지주사 윤관尹瓘에게 명하여, 남경에 도성을 경영하는 그 역사를 감독하게 하여 5년 만에 완성하였다. 충렬왕 때에 한양부라고 고치고, 공양왕 때에는 경기좌도에 속하게 하였다. 태조 3년에 여기에 도읍을 정했다.

한편 신라 말부터 고려와 조선에 이르기까지 모든 예언서의 원본이 되는 《신지비사神誌秘詞》에는 다음 글이 실려 있다.

고려시대의 삼경인 개경·서경(평양)·남경(서울)을 저울로 비유하면서 개성을 저울대, 서울을 저울의 추, 평양을 서울의 증판으로 삼아서 수미首尾 균형으로 저울대가 수평을 이루도록 저울판과 저울추의 무게가 잘 맞추어지면 국가가 번영을 누릴 수 있다.

나라 안 여러 곳 중에서도 풍수적 지세가 가장 완벽한 곳이 서울이라는 이야기다.

북악 아래 경복궁을 짓다

태조 이성계는 나라의 여러 곳 중 수도를 건설하기에 가장 좋은 땅으로 한강 하류에 자리잡은 서울을 낙점하고 태조 3년(1394) 12월에 정도전에게 한양 천도와 건설을 명했다.

정도전은 한양을 건설하면서 북악산 아래에 경복궁을 정남으로 향하게 지었다. 경복궁의 정문인 광화문 남쪽으로 큰 도로를 내어 길 양편으로 의정부와 육조 등 관아 건물을 세웠다. 그리고 산줄기를 따라 북악산·인왕산·남산·낙산을 잇는 도성을 쌓고 도성의 출입을 위하여 큰 문 4개와 작은 문 4개를 동서남북에 내었다. 《세종실록지리지世宗實錄地理志》에 실린 내용을 보자.

도성의 둘레가 9975보인데, 북쪽 백악사로부터 남쪽 목멱사에 이르는 지름이 6063보요, 동쪽 흥인문으로부터 서쪽 돈의문에 이르는 지름이 4386보가 되며, 정동을 흥인문, 정서를 돈의문, 정북을 숙청문, 동북을 홍화문 곧 동소문, 동남을 광희문 곧 수구문, 서남을 숭례문 곧 남대문, 소북을 소덕문 곧 서소문, 서북을 창의문이라 하였다.

그러나 《신증동국여지승람》에 실린 글은 약간 다르다.

정남은 숭례요, 정북은 숙청이요, 정동은 흥인이요, 정서는 돈의며, 동북은 혜화(처음은 홍화라고 했다)요, 서북은 창의며 동남은 광희요, 서남은 소덕이다.

안중식의 〈백악춘효도〉

정도전은 한양을 건설하면서 북악산 아래에 경복궁을 정남으로 향하게 지었다.
그림은 조선 후기 화가 안중식이 백악(북악산)을 배경으로 경복궁을 그린 〈백악춘효도〉.

숭례문의 방향이 《신증동국여지승람》에서는 서남에서 정남으로 바뀌어 실린 것이다.

서울의 도성은 태조 5년인 병자년 봄에 각 도에서 민정 11만 8076명을 모아 쌓기 시작했다. 그해 정월 15일에 시작하여 2월 그믐날에 역사를 파하니, 번와 및 석회군이 또 1759명이었다. 가을에 이르러 또 민정 7만 9431명을 모아서 8월 13일에 역사를 시작하여 9월 그믐날에 역사를 파하였다. 금상 4년 임인에 태종의 명으로, 성을 수축하여 토성을 모두 돌로 바꾸었는데, 팔도의 군사 총 32만 2400명을 모아, 정월 15일에 역사를 시작하여 2월에 마치었다. 성 동쪽에, 처음에 수문 3개를 열었는데, 장마를 만나면 문이 막히는 것을 없애기 위하여 2개의 문을 더 만들었다.

《세종실록지리지》에 실린 글이다. 나라를 창업한 뒤 곧바로 서울의 도성을 만들다 보니 수없이 많은 군인들이 투입되었음을 알 수 있다.

서울의 길은 어떻게 만들어졌나

한양을 한성이라고도 했고, 도성과 도성 밖 10리까지가 조선시대 한성부 관할 지역에 포함되었다. 도성 안의 길은 가로街路 계획을 세워 만들었고, 대로·중로·소로로 나누었다. 대로는 너비가 17미터나 되어 반듯하게 그어졌다. 광화문 거리, 광화문에서 동대문, 남대문에서 광교까지

1920년대 광화문 거리

도성 안의 길은 대로·중로·소로가 있었다. 광화문 거리, 광화문에서 동대문,
남대문에서 광교까지는 너비 17미터의 대로로 만들어졌다.
사진은 1920년대 광화문 거리 모습.

가 대로로 만들어졌다. 중로와 소로는 길이 곧지 않았는데, 특히 소로는 자연적으로 난 길로서 굽은 상태가 많았다. 개성에서 천도한 조선의 수도 한양은 원래 어떤 기준과 선에 따라 도시를 건설한 것이 아니었다. 명당자리와 길지에 궁궐을 지었고, 집터를 고른 다음에 큰길과 작은 길들을 만들었기 때문이다.

서울의 길과 골목이 어떤 과정을 거쳐 만들어졌는지는 분명하지 않으나 개성에서 서울로 도읍을 옮기면서 새로 이주한 자들의 신분 높낮이에 따라 형성되었을 것으로 추정된다.

태조 4년(1395) 조정의 신하들에게 집을 지을 땅을 나누어 주었다. 일품 신분의 사람들에게는 약 1500여 평의 땅을 주었고, 서민들에게는 약 85평쯤의 땅을 주었다. 신분에 따라 땅을 나누어 주고 집을 짓게 하니 신분이 높은 사람들이 먼저 좋은 땅을 찾아 집을 짓고 큰길과 중간 길에서 자기 집 앞까지만 길을 닦고 말았다고 한다. 따라서 신분의 높고 낮음에 따라서 여러 종류의 막다른 골목이 생겼을 가능성이 높다.

《신증동국여지승람》에는 조선시대의 길이 어떻게 만들어졌는지 다음과 같이 기록되어 있다.

도성 안 대로는 넓이 46척 尺인데, 영조척 營造尺 (목수들이 쓰는 자)을 사용하며, 중로는 16척, 소로는 11척이며, 양쪽의 도량은 넓이 2척인데, 만일 침범하여 차지하고 파낸다든가, 혹 더러운 물건을 버려두는 자는 모두 처벌한다. 본부의 관리 및 관령이 천川·지地·성城·장場을 그 근처 사람들에게 나누어 맡기고, 장부를 만들어 두어 간수看守하게 한다.

팔도의 도로는 명나라 준례에 의하여, 주척周尺(자의 일종)을 사용하여 측량하는데, 자 6치가 1보步가 되고, 360보가 1리里가 되며, 30리가 1참站이 된다. 무릇 제향祭香이나 수향受香이 있을 때는, 한성부의 관원이 미리 길을 청소한다. 서로西路에 기발騎撥을 두니 의주에 가기까지 45참이요, 남북로에 보발步撥을 두니 동래에 가기까지 35참, 경성에 가기까지 59참이다. 서울에서 개성부·죽산·직산·포천으로 가기까지가 대로인데, 1참에 5호씩을 배정하며, 서울에서 양근까지, 죽산에서 상주까지, 진천에서 성주까지, 직산에서 전주까지, 개성부에서 중화까지, 포천에서 회양까지가 중로가 되는데, 3호씩을 배정하고, 기타 소로에는 2호씩을 배정하는데 잡역을 면제하고, 한성부에서 조사·검찰한다.

서북으로 의주에 가는 것이 제1로가 된다. 홍제원과 양철평을 경유한다. 동북으로 경흥부 서수라진에 가는 것이 제2로가 된다. 홍인문과 수유치를 경유한다. 동으로 평해군에 가는 것이 제3로가 된다. 홍인문과 중량포를 경유한다. 동남으로 동래부·부산진에 가는 것이 제4로가 된다. 숭례문과 한강진을 경유한다. 남으로 고성현과 통제사영에 가는 곳이 제5·6로가 된다. 두 길로 나뉘는데 한강진을 경유하는 것이 제5로가 되고, 노량진을 경유하는 것이 제6로가 된다. 남으로 제주에 가는 것이 제7로가 된다. 노량진을 경유한다. 서남으로 보령현 수군절도사영에 가는 것이 제8로가 된다. 노량진을 경유한다. 서쪽으로 강화부에 가는 것이 제9로가 된다. 양화진을 경유한다. 행행진로幸行津路는 선릉·정릉·장릉·건릉·현륭원에 행차할 때는 노량을 경유하며, 헌릉·영릉·영릉·인릉에 행차할 때는 광진을 경유한다.

중국으로 이어지던 의주로

조선시대 도성에서 각 지역으로 가는 9대 간선로 중 가장 중요하게 여겼던 길은 우리나라에서 명나라와 청나라를 오가던 의주로였다. 의주로는 서울에서 의주를 연결하는 제1로로 총연장 약 1080리의 교통 통신로이며, 역원제가 국지적으로 실시되던 고구려시대부터 전국적으로 실시된 고려시대를 거쳐 기반이 다져졌다. 조선 중종 때 역원제가 정비되면서 그 모습이 완전히 갖추어졌다.

행정구역상 경기도·황해도·평안도에 걸쳐져 있었으며, 영서도迎曙道·금교도金郊道·대동도大同道의 세 역도驛道의 관할하에 있었다. 의주로에는 주요 지선이 30개나 연결되어 있었으며, 모두 26개 역이 분포되어 있었다. 이들은 대부분 행정 중심지 부근에 위치하여 역 이외에도 공무 여행자를 위한 원院이 설치되었으나 제 역할을 하지 못해 조선 말기에 대부분 폐지되었다.

중국으로 통하는 중요한 육상 교통로로서 사신들의 내왕이 잦았던 의주로에는 양국 사신들의 휴식과 숙박을 위한 25개의 관館이 설치되어 있었다. 사신들이 왕래할 때는 부수적으로 상업활동을 수반하기도 하는데 의주로에서의 상업활동은 미약한 편이었다. 서울에서 의주까지 사신의 행렬은 15일 정도 걸렸으며, 공문서의 전달은 3급의 문서가 4일에서 6일 정도 걸렸다. 도로에는 5리마다 정자, 10리마다 소후小堠, 30리마다 대후大堠를 두어 이수里數와 지명을 기입했고 휴식처로서 여행자의 편의를 도모했다.

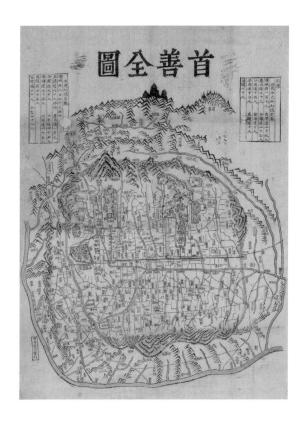

수선전도

조선시대 한성은 성곽의 사대문과 성곽 밖 일부 지역을 포함하는데,
현재 서울시의 강북 지역 대부분이 포함된다. 그림은 1840년대의 한성 지도인 수선전도.

통신 수단으로는 군사 문서의 전달을 주목적으로 하는 파발제를 들 수 있는데, 이는 임진왜란 이후 봉수제를 보완하기 위하여 만들어진 것이었다. 파발제에서 서로로 불렸던 의주로의 파발은 기발騎撥이었다. 역과 같은 구실을 하지만 숙식은 제공하지 않았던 참站은 대략 25리마다 하나씩 모두 45참이 설치되어 있었다.

이들 역시 군사 요지를 겸하는 행정 중심지 부근에 분포한 경우가 많았다. 교통 통신의 기능을 지녔던 의주로는 지방 통치상, 중국과의 관계상, 국방상의 문제 등으로 경제적 기능보다는 정치 군사적 기능이 더 강한 도로였으며, 조선 말기 경의선의 개통과 함께 이루어진 새로운 육상 교통로인 신작로를 형성하는 데 근간이 되었다.

조선시대의 서울은 어디까지인가

《세종실록지리지》에 따르면 조선 전기에 한성부의 관할 행정구역을 도성으로부터 사방 10리로 정했는데, 이를 성저십리라고 한다. 초기에는 한성부의 경계를 별도로 표시하지 않으나 세종 때부터 한양 외곽 성저십리에 금표禁票를 여러 개 설치했다. 당시 기록에 의하면 성저십리의 경계는 북쪽은 북한산, 남쪽은 한강도, 동쪽은 양주 송계원과 대현大峴, 서쪽은 양화도와 고양 덕수원까지였다.

도성의 사대문 안과 다르게 성 밖은 상주 인구가 훨씬 적었고, 성묘와 벌목 등이 금지되었기 때문에 성저십리는 '조선시대의 그린벨트'로 일컬어지기도 한다. 성저십리는 오늘날의 한남동 부근의 한강-마포-불광동-북한산-우이천-미아리-중랑천을 잇는 구간이며, 성저십리보다 좁은 성저오리는 마포-부암동-정릉-종암동-청량리-왕십리-한남동 일대가 해당된다. 성북구 정릉동에 유일하게 남아 있던 성저오리정계석표는 1970년 경복궁으로 옮겨졌고, 그 자리에는 시멘트로 된 유지표遺址標를 세웠으나, 현재는 유지표가 사라져 흔적을 찾아볼 수 없게 되었다.

도성 안뿐 아니라 성저십리 지역에도 한성부 산하의 방坊을 두었다. 현재의 마포구 일부에는 서강방이 있었고, 용산구 일대와 마포구 동부에는 용산방이 있었다. 종로구 창신동·숭인동 및 성북구 서부, 강북구 일부에는 숭신방, 종로구 부암동·구기동·평창동 일대 및 은평구에는 상평방, 서대문구 일대와 마포구 일부, 여의도에는 연희방을 두었다. 그리고 서대문구 일부에는 반송방, 동대문구와 성북구 동부에는 인창방, 성동구 일대에는 두모방을 두었다.

그렇다면 조선시대 한양의 인구는 얼마나 되었을까? 세종 재위 시 한양 인구가《증보문헌비고增補文獻備考》에 다음과 같이 기록되어 있다.

세종 10년에 한성부에서 상언하기를, "병오년의 판적을 이제야 비로소 이루었는데, 경성 오부의 호수가 1만 6921호, 인구가 10만 3328구, 관령이 46이며, 성저십리에는 호수가 1601호, 인구가 6044구, 관령이 15인데, 그 잘 기르고 모여 사는 것이 번성했다고 할 만합니다" 하였다.

신분에 따라 사는 곳도 달랐다

조선을 건국한 태조 이성계는 한양에 새로운 도시를 건설하면서 백성들의 거주지를 신분과 직업에 따라 정해주었다.

궁궐이 있는 북부지대 팔판동·가회동·재동 등 북촌에는 고관대작과 왕족, 사대부가 살았고, 인왕산 동쪽과 경복궁 서쪽 사이 효자동·통인동·체부동 등 서촌에는 역관이나 의관 등 전문직 중인이 살았으며. 하급 관리와 벼슬이 없는 가난한 양반들은 인왕산 골짜기인 누상동과 누하동, 남산 기슭의 남촌에 살게 했다. 그밖에 종로에는 상인이, 다동에는 기생이 살게 했다.

그리고 나라에서 가장 천한 직업인 백정은 현재의 혜화동, 명륜동 일대에 살게 했고, 갖바치는 동숭동에 살도록 했다. 종로5가와 6가, 충신동, 돈의동 지역에는 공장인과 방물업자를, 내자동과 내수동에는 궁중 잡역부를, 사직동에는 나라 행사에 동원되는 나례군儺禮軍과 악기를 다루는 악인樂人이 살게 했다. 그러한 규제 외의 다른 규제는 없었으므로 백성들은 생업을 영위하기 편리한 곳에 살 곳을 마련했다.

《동국여지승람》에는 "종루鍾樓 서쪽 길을 운종가雲從街라고 한다"는 도성 내 상가 거리에 대한 설명이 나오는데, "운종가는 곧 종루 서쪽의 큰 길로 나라 초기에 지어 불렀던 이름을 살려 경진년(영종 36, 1760)에 다시 옛 이름대로 운종가라고 하였다"라고 거리 이름에 대한 기록도 함께 실려 있다.

수많은 사람들이 구름같이 모였다가 구름같이 흩어진다고 하여 운종

북촌

조선시대에는 사대부와 관료인 양반계층은 북촌에, 중인은 서촌에,
하급관리와 벼슬이 없는 가난한 양반들은 남촌 등 신분에 따라 사는 곳도 달랐다.
사진은 북촌 한옥마을.

가라는 이름이 붙은 이곳은 한양의 중심으로 대표적인 상가였다. 운종가는 원래 세종 때부터 붙여진 이름이었는데, 그때부터 종루거리를 사이에 두고 그 남쪽에 형성된 주거지를 남촌이라 했고, 그 북쪽의 주거지를 북촌이라고 부르게 되었다. 남촌에 사는 사람들과 북촌에 사는 사람들이 얼마나 달랐는지는 조선 말기 황현黃玹이 집필한 《매천야록梅泉野錄》을 보면 알 수 있다.

> 남인 최우형崔遇亨이 연이어 청요직에 뽑혀서 이조참판, 홍문관 제학을 거쳐 군君에 봉해지고 충훈부忠勳府를 아울러 관장하게 되었다. 그가 일찍이 초헌軺軒을 타고 북촌에 이르러 부채를 들고 코를 가리며, "노론의 썩은 냄새가 어찌 이리 고약한가"라고 중얼거렸다 한다. 서울의 대로에 종각 이북 지역을 북촌이라 부르는데, 노론이 살았으며, 남쪽 지역을 남촌이라고 부르는데 소론 이하 삼색 당파가 섞여 살았다.

또 하나 다른 계층이 '북촌천출北村賤出'이다. 북촌천출은 단종을 몰아내고 왕위에 오른 세조에게 저항하다 노비가 된 사람들로 그 수가 무려 수천 명에 달했다. 이들은 비록 천민이 되었지만 절의를 지킨 자랑스러운 노비라는 명예를 누리며 나름대로의 긍지를 가지고 살았다. 그래서 '북촌천출은 남촌 양반보다 낫다'라는 말이 만들어지기도 했으며, 절도 있는 가문에서는 북촌천출을 혹사시키지 않았다.

조선 역사에서 가장 문제가 컸던 것은 당쟁이었다. 사색당쟁이 생기기 시작하면서 나라에 크고 작은 환난이 끊이지 않았는데, 임금에서 천한 백성들까지 그 누구도 당쟁에서 자유로울 수 있는 사람이 없었다. 조선 후기에 질곡의 세상을 살면서 나라를 세우고자 했던 고종의 당색 구별이 《매천야록》에 실려 있는데 그 내용이 재미있다.

임금은 노론으로 자처하였으며, 신하들을 대할 때 세 가지 당색으로 구별하여, 대우하고 배척함에 있어서 차등을 두었다. 예컨대 참하관 자리에서 출륙 出六을 하기까지 극히 청화 한 자리로 노론은 대교, 소론은 한림, 남인과 북인은 주서를 주어 이것으로 높낮이를 두었으며, 다른 관직도 마찬가지였다. 매양 대과 합격자의 여창臚唱을 보고받을 경우, 노론이면 '친구'라 하고, 소론이면 '저쪽'이라 하고, 남인이나 북인이면 '그놈'이라고 했다.

이 얼마나 황당한 일인가. 한 나라의 국왕이 당색을 두고 신하들을 그처럼 차별했으니, 결국 뿌리 깊은 당쟁으로 인해 나라에 불상사가 생긴 것이라 봐야 하지 않겠는가.

남촌 때문에 '남산골 딸깍발이'라는 속담이 생기기도 했다. 옛날 서울 남산골에 살던 양반들은 가난하여 맑은 날에도 나막신을 신고 다녔는데, 무겁고 굽이 높은 나막신 때문에 걸을 때마다 딸깍거리는 소리가 난다고 하여 생긴 말이다. 또 '남촌 양반치고 반역하고 싶지 않은 양반 없다'는 속담은 서울 남촌에는 몰락한 양반들만 살고 있었기 때문에 그들은 항상 불평불만과 반역의 마음을 가지고 있었다는 말이다. '남촌의 술이요, 북촌의 떡이다'라는 말은 옛날 서울 남촌에서 파는 술맛이 좋았고, 북촌에서 파는 떡맛이 좋았다는 말이다.

한성은 행정구역이 동·서·남·북·중 5부로 나뉘고 그 아래 52방이 있었다. 한성의 인구는 15세기 말 1만 8000호로서 10만 명 내외가 거주했고, 종로의 대로 곁에는 쌀·베·종이·생선 등을 파는 3000칸에 달하는 상점이 즐비했다.

한양 땅은 모두 나라의 것이었으므로 집을 지을 사람은 땅을 나라로부터 빌려야 했다. 그 임대료는 위치에 따라 달랐는데 중앙의 요지는 비쌌고, 변두리의 구석진 곳은 쌌던 것으로 보인다. 그런 까닭에 한양 사람은 거주지만으로 신분과 직업, 권세의 있고 없음을 알 수가 있었다. 오늘날 우리나라에서 회자되고 있는 '사람을 나누는 두 부류', 즉 강남에 사는 사람과 그 밖의 지역에 사는 사람의 구분이나 진배없었다.

조선 후기 문인 유재건劉在建이 중인층 이하 서민들의 행적을 기록한 《이향견문록里鄉見聞錄》에 당시의 풍속이 다음과 같이 실려 있다.

서울 백성의 풍속은 남과 북의 차이가 있다. 종가鐘街 이남에서 목멱산(남산) 아래까지가 남부인데, 상인과 부자들이 많이 살아, 털끝만 한 이익으로도 다투고, 인색하게 굴며 거마와 제택第宅으로 호사를 누린다.

백련봉(북악산 왼쪽 봉우리로 삼청공원 뒷산) 서쪽에서 필운대까지가 북부인데, 주로 가난한 집들로 유식遊食하는 사람들이 산다. 그러나 왕왕 협기 있는 무리들이 있어 의기로 서로 사귀고, 남에게 베풀기를 좋아하며, 약속을 중히 여긴다.

또 시인문사詩人文士들이 시절마다 서로 모여 다니며 임천林泉과 운월雲月의 즐거움을 다하고, 언제나 시편詩篇이 많음을 자랑하고 아름다움을 다투었으니, 또한 어찌 풍기風氣가 그렇게 만든 것이 아니겠는가.

사는 곳에 따라 삶의 형태뿐 아니라 노는 형태도 달랐음을 미루어 짐작해볼 수 있다.

조선을 건국한 이성계는 왕권의 위엄을 돋보이게 하려고 그랬던지 일반 시민의 집 구조에 제한을 두었다. 아무리 고관대작이라도 백 칸 집을 지을 수 없게 하여 최대 아흔아홉 칸으로 집을 지었고, 담장은 남자어른의 키를 넘지 않는 정도로, 집의 처마 끝은 담장보다 더 높이지 못하게, 기둥이나 도리는 둥근 것을 쓰지 못하게, 단청도 입히지 못하게 했다. 오직 궁궐과 절 건물에만 둥근 기둥과 단청을 허용했다. 다만 지붕은 기와로 하거나 짚을 이거나 관여하지 않았다.

그렇기 때문에 일반 서민들의 집은 낮고 작고 좁았다. 담장을 두른 집은 드물었고 집의 몸채 자체가 바로 담장 노릇을 했다. 집의 모양도 一자형은 드물었고, 대개는 ㄷ자형이나 ㅁ자형이었다. 마당이 넓은 집이 별로 없어 나무를 심은 집을 찾기가 어려웠다. 그렇기 때문에 한양은 작은 집들이 다닥다닥 붙어 있고 나무가 거의 없다시피 한 답답한 시가지가 되고 말았다.

서울공화국의 어제와 오늘

조선 후기 우리나라를 두루 여행했던 영국의 지리학자 이사벨라 버드 비숍Isabella Bird Bishop은《조선과 그 이웃 나라들》에서 당시 서울의 모습을 다음과 같이 묘사하고 있다.

서울은 정부가 위치한 곳일 뿐만 아니라 공적 생활의 중심이며, 관리로 등용되는 유일한 길인 문학 시험이 치러지는 곳이기도 하다. 사람들은 서울에서 무언가 '한 건 건지기'를 늘 바라고 있다. 따라서 서울로 향하는 영속적이고 잠재적인 인력이 항상 일정하게 존재한다. 맑은 오후에 양반들의 걸음걸이를 흉내 내어 팔을 흔들고 어슬렁거리며 넓은 도로를 따라 걸어가는 대부분의 젊은이들은 관직을 갈망하는 사람들이다.

모든 조선인의 마음은 서울에 있다. 지방 관리들은 수도에 따로 저택을 갖고 있으며, 연중 많은 기간 부임지의 직무를 경시해도 된다고 믿고 있다. 대부분의 토지 소유자들은 수도에 살고 있는 부재 지주들이며, 그들은 지대를 받기 위해 지방으로부터 민중들을 쥐어짠다. 여행 중의 음식값과 숙박료를 댈 수 있는 사람은 누구나 1년 중에 한 번이나 두 번 서울로 걸어오며, 어느 계급일지라도 서울에 사는 사람들은 단 몇 주라도 서울을 떠나 살기를 원치 않는다. 조선인들에게 서울은 오직 그 속에서만 살아갈 만한 삶의 가치가 있는 곳으로 여겨진다.

500년간 조선의 중심이었던 서울은 그 외관만큼은 별다른 변화를 겪지 않고 있었으나 개화기 이후 일제강점기를 거쳐 빠른 속도로 변모해간다. 광복 후 미군정하에서 1946년 8월 15일 서울헌장이 공포되고 경성부에서 서울특별자유시로 승격되며 또 다른 변화를 겪던 서울은 한국전쟁으로 완전히 폐허가 되어버렸다. 폐허가 된 서울을 복구하며 인구는 다시 급증하기 시작했고, 수도로서의 기능도 급속도로 팽창하는 가운데 1960년 이승만 정권의 부정선거에 항의하여 4·19혁명이 일어나면서 이승만 정

서울은 만원이다

변화의 소용돌이 속에서 사람들은 서울로, 서울로 몰려들었다.
이호철의 소설 제목처럼 '서울은 만원이다'.
사진은 고층아파트와 빌딩이 가득한 서울의 모습.

권이 무너졌다. 그리고 1961년에는 민주정권이 제대로 자리잡기도 전에 5·16군사정변이 일어났다.

김승옥의 소설 《서울, 1964년 겨울》에는 그해 서울의 겨울에 대해 "밤이 되면 거리에 나타나는 선술집, 오뎅과 군참새와 세 가지 종류의 술 등을 팔고 있고, 얼어붙은 거리를 휩쓸며 부는 차가운 바람이 펄럭거리게 하는 포장을 들치고 안으로 들어서게 되어 있고, 그 안에 들어서면 카바이드 불의 길쭉한 불꽃이 바람에 흔들리고 있고, 염색한 군용잠바를 입고 있는 중년 사내가 술을 따르고 안주를 구워 주고 있는 그런 선술집에서, 그날 밤, 우리 세 사람은 우연히 만났다"라고 서술하고 있다. 그렇게 쓸쓸하고 우울한 밤의 을씨년스럽지만 정겨웠던 포장마차 풍경은 1960년대 서울 어느 곳에서나 볼 수 있었다.

"한국에서 민주주의를 기대하는 것은 쓰레기통에서 장미꽃이 피는 것과 같다." 영국의 한 일간지 기자가 자유당 시절 한국에 대해 이런 기사를 썼을 만큼 나라는 어지러웠고, 경제개발이라는 목표 아래 서울은 거대한 소용돌이 속에 1960년대를 보내고, 1970년대를 맞았다. 당시 인기를 끈 이호철의 소설 《서울은 만원이다》라는 표제와 같이 서울은 만원이 되었다. 또한 가난하기 이루 말할 데 없던 나라가 외국에서 들여온 차관을 거짓말같이 갚았고, 독재와 민주화의 갈림길에서도 나라는 번영일로를 걸었다.

1970년대 말 한국일보 문화부장을 지냈던 정달영 씨는 〈파고다공원〉이라는 글에서 당시 종로 거리를 다음과 같이 묘사하고 있다.

　가방의 홍수, 사람의 홍수, 종로는 이미 길이 아니라 흐름이다. 구두를 밟히고 가방 모서리에 찔려도 얼굴을 붉힐 일이 못 된다. 그냥 흘러가야 한다. 길이 좁다거나 웬 사람이 이렇게 많느냐고 짜증을 부린다거나 해서는 건강을 지켜나가기가 어렵다. 그뿐일까? 넓히고 넓힌 찻길에는 차가 홍수처럼 흘러간다. 그 땅 밑으로는 또 지하철이 오간다. 서울은 이처럼 모든 수송수단을 다 동원하여, 그것들이 저마다 퍼져나가도 감당해내지 못한다. 서울은, 그중에서도 종로는 압력을 견디지 못해 부풀어 오르는 혈관이다.

　타향이라도 정들면 낙원이 될 수 있다는 '살아 정들면 서울이다' 같은 속담이 만들어질 정도로 애증이 교차하는 곳, 바로 서울이 극심한 몸살을 앓고 있었던 때가 그 시절이었다.

　2000여 년의 세월 동안 보다 더 많은 변화의 소용돌이 속에서 사람들은 서울로, 서울로 몰려들었고, 서울은 나라 안에서 또 다른 공화국을 만들어냈다. 온 나라 사람들이 동경하는 곳이면서 사람들의 마음을 불편하게도 하고 선망하게도 만드는, 말 그대로 '서울공화국'이었다. 4공화국이 우여곡절을 겪으면서 막을 내리고, 그 어지러운 정치 상황 속에서 탄생한 5공화국이 쏜살같이 지나가면서, 민주화의 길에 들어섰다.

　그뿐만이 아니다. 지구상의 수많은 나라 중에 소득 최하위권에 머물렀던 우리나라가 10위권의 경제대국으로 부상했다. 그런데도 삶의 질이나 만족도는 경제대국의 위상에 걸맞지 않게 OECD 최하위 수준이며, 수도 서울에는 1000만 명에 가까운 사람들이 북적거리며 살고 있다.

　신기한 것은 그때도 만원이고, 1000만 명에 가까운 사람들이 북적거리며 살고 있는 지금도 서울은 만원이다. 그때와 달라진 것이 있다면 서울의 중심가가 명동과 종로 일대에서 논밭이 즐비했던 강남구나 서초구 일대로 바뀐 것이다. 사람들이 인산인해를 이루고, 서울의 종로·인사동·압구정동·영등포 할 것 없이 자동차의 물결로 발 디딜 틈이 없다. 강남구와 서초구, 그리고 여의도 일대의 빌딩 숲들이 한국의 경제를 쥐락펴락하고 있다. 그렇다. 세월은 가고, 사람도 가지만 변하고 또 변하는 것이 이 세상의 진리라는 것, 그것만이 사실이다.

또 한 가지 분명한 것은 김기림 시인이 〈나의 서울 설계도〉라는 산문에서 예언처럼 말한 "국제정국의 사나운 바람이란 바람은 모조리 받아들여야만 하는 도시"가 바로 서울이고, 서울은 지금도 부정적이건 긍정적이건 모든 것을 받아들이며 변화하는 중이다.

한국인에게 서울은 무엇인가

"큰 도시는 큰 고독이다." 네덜란드의 인문학자인 에라스무스의 말이다. 서울은 크고 넓고, 그래서 고독한 도시가 되었다. 서울에 살면서도 서울이 낯설다고 하고, 서울에 살지 않기 때문에 서울이 낯설다고 말하는 사람들이 많은 곳이 서울이다. 우리나라에서 사람이 가장 많이 살고 있기 때문에 익명성이 철저하게 보장되는 곳 또한 서울이다.

서울! 알라딘의 램프 같기도 하고, '돈'만 있으면 '열려라, 참깨'처럼 모든 것이 허용되는 곳. 김수영 시인의 산문집에 수록된 1955년 2월 5일

일기에는 서울역에서 마지막 버스를 타고 가는 길에 버스 차장과 술 취한 양복쟁이가 싸우는 모습을 보며 "이것이 서울인가? 그러면 서울은 무엇인가? 커다란 집인가? 서로 스스럼없이 싸우는 곳, 가장 체면을 존중하는 듯한 서울은 사실은 체면 같은 것은 전혀 무시하고 있는 곳, 이것이 서울인가?"라는 대목이 나오는데 역시 서울은 알 수 없는 곳이다.

서울에 살아도 서울을 알 수가 없고, 그렇게 가고 또 가도 알 수 없는 서울, 그래서 서울에 주눅 들어 사는 대한민국 사람들이 얼마나 많은가?

잊혀진 역사 속에 생존하다가 괴멸된 '공룡' 같기도 하고 '이상한 나라' 같기도 한 서울, 떠나고 싶다고 말하면서도 떠나지 못하는 곳이 서울이다. 김수영 시인이 바라본 60여 년 전의 서울과 지금의 서울은 얼마나 차이가 있을까? 시인은 그날의 일기에서 "이 결론이 없는 인생 人生 같은 서울, 괴상하고 불쌍한 서울"이라며 글을 마무리한다.

서울에 살면서도 서울을 모른다면, 어쩌다 한 번씩 서울에 가는 사람들이야 오죽하랴. 그런데도 사람들은 그때나 지금이나 서울로만 모여들고, 서울에 자리를 잡으면 다시는 고향에 내려가지 않는다. 이러한 상황은 단시일 내에 형성된 것이 아니다. 서울로만 해바라기처럼 향하는 사람들의 모습은 천양지차로 달라졌지만 내용은 과거와 흡사하게 여겨지는 것은 나만의 생각일까.

2

조선의 역사와 문화를 품은 궁궐

경복궁에서 종묘까지

고려시대 남경에 경복궁을 세우다

태조 이성계는 1392년 7월 17일 고려의 도읍지인 개성의 수창궁 화평전에서 왕위에 올랐다. 그 뒤 천도를 결정하고 여러 곳을 물색하다 남경의 옛터를 신하들과 함께 몸소 살펴본 뒤 마침내 한양을 조선의 도읍지로 결정했다. 그 과정이 《태조실록》 태조 3년(1394) 8월 13일자에 기록되어 있다.

임금이 남경의 궁궐터에 집터를 살펴었는데, 산세를 관망하다가 윤신달 등에게 물었다.

"여기가 어떠냐?"

그가 대답하였다.

"우리나라 경내에서는 송경이 제일 좋고 여기가 다음가나, 한 되는 바는 건방乾方(북쪽)이 낮아서 물과 샘물이 마른 것뿐입니다."

임금이 기뻐하면서 말하였다.

"송경인들 어찌 부족한 점이 없겠는가? 이제 이곳의 형세를 보니, 왕도가 될 만한 곳이다. 더욱이 조운하는 배가 통하고 사방의 이수도 고르니, 백성들에게도 편리할 것이다."

임금이 또 왕사 자초自超에게 물었다.

"어떠냐?"

자초가 대답하였다.

"여기는 사면이 높고 수려하며 중앙이 평평하니, 성을 쌓아 도읍을 정할 만합니다. 그러나 여러 사람의 의견을 따라서 결정하소서."

임금이 여러 재상들에게 분부하여 의논하게 하니, 모두 말하였다.

"꼭 도읍을 옮기려면 이곳이 좋습니다."

하륜이 홀로 말하였다.

"산세는 비록 볼 만한 것 같으나, 지리의 술법으로 말하면 좋지 못합니다."

임금이 여러 사람의 말로써 한양을 도읍으로 결정하였다.

한양을 도읍으로 결정한 태조는 보름간 이곳에 머물며 판문하부사 권중화權仲和, 판삼사사 정도전, 청성백 심덕부沈德符 등 여러 신하들로 하여금 새로운 서울 건설 계획을 세우도록 했다. 그때 궁궐이 들어설 지역의 자연환경을 고려하여 종묘와 사직단을 어느 곳에 세우고 궁궐과 관청 및 시장 등을 어떻게 개설하며, 도로를 어떻게 뚫을 것인가를 논의했고, 경복궁을 지을 자리를 정했다.

경복궁의 자리는 원래 고려 숙종 때 지은 남경의 이궁離宮터였는데, 그때 이곳으로 수도를 옮기자고 했던 사람은 도참술사 김위제였고, 그는 남경의 산세가 다섯 가지 덕德이 있어서 길하다고 했다. 《고려사》에는 남경의 다섯 가지 덕에 대해 다음과 같이 전해진다.

중앙에 면악面嶽이 있어서 둥근 모양으로 되었으므로 토덕土德을 상징한 것이고, 북쪽에 감악紺嶽이 있어서 굽은 모양으로 되었으니 수덕水德을 상징한 것이며, 남쪽에 관악이 있어서 뾰족한 모양이 되었으니 화덕火德을 상징한 것이요, 동쪽에 양주 남행산이 있어서 곧은 모양으로 되었으니 목덕木德을 상징한 것이고, 서쪽에는 수주樹州의 북악이 있어서 네모난 모양으로 되었으니 금덕金德을 상징한 것이다.

그러나 이궁이 들어섰던 자리가 너무 협소해 그 자리에서 1보 더 남쪽으로 옮긴 후 해산亥山(북서 방향의 산)을 주산으로 삼고 임좌병향壬坐丙向으로 터를 잡았다. 그렇게 잡은 궁궐터는 고루 평평한 땅이었으며, 그 앞의 지세는 마치 용이 읊조리고 있는 형국이었다. 궁궐터를 정한 뒤에는 '좌묘우사左墓右社'의 법도에 따라 종묘를 왼편에, 사직단을 오른편에 세우기로 했다.

이성계는 잘 계획된 도면을 토대로 천도를 거행한 뒤 태조 3년(1394) 11월 2일에 종묘와 사직단이 들어설 자리를 살핀 뒤 임시 관서인 공작국을 설치했다. 그리고 12월 3일 정도전에게 명하여 황천皇天과 후토后土의 신神에게 제사를 올리게 했다. 다음은 제사를 지내며 왕도의 공사를 시작하는 사유를 고한 고유문告由文의 일부다.

감히 밝게 황천후토에 고하나이다. 엎드려 아뢰건대, 하늘이 덮어주고 땅이

실어주어 만물이 생성하고, 옛것을 개혁하고 새것을 이루어서 사방의 도회都
會를 만드는 것입니다. (…) '송도의 터는 지기地氣가 오래되어 쇠해가고, 화
산華山의 남쪽은 지세가 좋고 모든 술법에 맞으니, 이곳에 나가서 새 도읍을 정
하라' 하므로, 신 단旦이 여러 신하들에게 묻고 종묘에 고유하여 10월 25일에 한
양으로 천도한 것인데, 유사有司가 또 고하기를, '종묘는 선왕의 신령을 봉안
하는 곳이요, 궁궐은 신민의 정사를 듣는 곳이니, 모두 안 지을 수 없는 것이
라' 하므로, 유사에게 분부하여 이달 초4일에 기공하게 하였습니다. 크나큰 역
사를 일으키매, 이 백성의 괴로움이 많을 것이 염려되니, 우러러 아뢰옵건대,
황천께서는 신의 마음을 굽어 보살피사, 비 오고 개는 날을 때맞추어주시고 공
사가 잘되게 하여, 큰 도읍을 만들고 편안히 살게 해서, 위로 천명天命을 무궁
하게 도우시고 아래로는 민생을 길이 보호해주시면, 신 단은 황천을 정성껏 받
들어서 제사를 더욱 경건히 올릴 것이며, 때와 기회를 경계하여 정사를 게을리
하지 않고, 신하와 백성과 더불어 함께 태평을 누리겠나이다.

이로부터 1년 뒤 태조 4년(1395) 가을 조선의 수도인 한양에 경복궁(사
적 제117호)과 종묘가 건립되었다. 궁성의 둘레는 1813보요, 담의 높이는
20자 1치였다. 사대문을 세운 뒤 임금이 정도전에게 4개의 문 이름을 짓
도록 명하자 다음과 같이 지었다.

남쪽 문을 오문午門(세종 때 광화光化로 바뀜)이라 하고, 옛 이름은 정문正門
이다. 북쪽 문은 신무문神武門이고, 동쪽 문은 건춘문建春門이며, 서쪽문은
영추문迎秋門이다.

궁궐의 정문을 오문이라 이름 지은 정도전은 그 뜻을 다음과 같이 써서 임금에게 올렸다.

천자와 제후의 그 형세는 다르나 남면南面으로 다스림을 하는 것은 다 정正을 근본으로 한 것이니, 대개 그 이치는 하나이기 때문입니다. 만일 고전을 참고하면 천자의 문을 단문端門이라 하였는데, 그 단端은 곧 '올바름'을 뜻하는 것입니다. 지금 오문을 일컬어 정문이라 하였으니, 명령과 정교政敎가 다 이 문을 지나 나오기 때문입니다. 자세히 살핀 뒤에 나오므로 참소하는 말이 행해지지 못하고, 거짓 속임도 발을 붙이지 못할 것입니다. 올리는 의견과 사뢰는 복명復命이 반드시 이 문을 지나 들어오는 것이니, 이미 자세히 살핀 뒤에 들어오므로 삿되고[邪] 치우친 것은 스스로 나올 수가 없고, 그 공적을 상고할 바가 있을 것입니다. 이 문을 닫아서는 괴이한 말을 하는 부정한 백성을 거절하고, 이 문을 열어서는 사방의 어진 사람을 오게 하리니, 이것이 바르고 큰 것입니다.

경복궁의 정문, 즉 광화문은 밝은 빛이 사방을 덮고 덕이 만방에 미친다는 뜻으로 《서경書經》의 '광피사표화급만방光被四表化及萬方'이라는 구절에서 가져온 이름이다. 그 의미처럼 일제강점기 초기까지만 해도 광화문은 조선이라는 나라의 절대적인 위엄과 정통성의 상징이었다. 조선의 궁궐을 지키는 문 중 3개의 홍예문을 낸 장대한 석축 위에 정면 3칸, 측면 2칸의 다포계 양식으로 지은 그 아름답던 광화문이 널리 화를 입는 문, 즉 '광화문光禍門'으로 전환된 것은 1927년이었다. 일제의 문화말살정

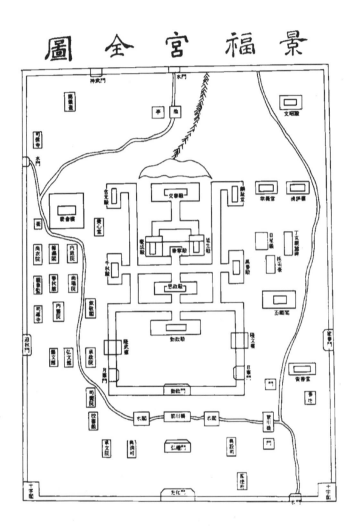

경복궁전도

임진왜란으로 불타기 전의 경복궁 원형을 도식화한 경복궁전도.

일제에 의해 옮겨지기 전의 광화문

경복궁의 정문인 광화문은 1927년 일제가 경복궁에 조선총독부 건물을 지으면서
건춘문 북쪽 담벼락으로 옮겨졌다. 사진은 일제에 의해 옮겨지기 전 광화문의 모습.

책으로 인해 경복궁의 여러 곳이 헐리고 조선총독부 건물이 들어서면서 광화문은 건춘문 북쪽 담벼락으로 옮겨졌다. 이후 한국전쟁 때 포탄을 맞아 재로 변했던 광화문은 1968년 원래 자리에 옮겨 지어졌다. 하지만 이때 문루를 콘크리트로 한 데다 중심축을 경복궁이 아닌 옛 조선총독부 건물에 맞춰 놓아 복원이 제대로 되었다고 볼 수 없었다. 그러다가 2006년부터 본래 모습과 위치를 복원하는 공사를 시작해 2010년 완공되었다.

당시 지어진 경복궁의 규모는 내전, 외전, 궐내각사와 회랑 등 기타 건물을 합하여 총 755칸으로 규모 면에서는 그리 대단한 편이 아니었다. 전제왕권 국가에서 궁궐은 왕이 정사를 살피고 거주하는 공간일 뿐 아니라 국가와 왕실의 존엄을 상징적으로 보여주는 곳이다. 따라서 궁궐을 지을 때는 당대 최고의 역량이 동원되기 마련이지만 당시의 경복궁은 궁궐로서 필요한 최소한의 여건만을 갖춘 채 서둘러 공사를 마무리해야 했다. 명실상부한 법궁으로서 경복궁의 모습은 이후 증축과 중건을 통해 갖추어졌다고 봐야 한다.

태조 4년(1395) 10월 경복궁이 완성되자 태조 이성계는 곤룡포와 면류관을 갖추고 종묘에서 제사를 지낸 뒤 정도전에게 새 대궐의 이름을 지을 것을 명했다. 정도전은 태조가 새 궁궐에서 잔치를 베푼 자리에서 술 석 잔을 마신 뒤 "이미 술에 취하고 이미 덕에 배불렀으니, 군자 만년에 큰 경복 일레라"라는《시경詩經》의 한 구절을 이용해 새 궁궐의 이름을 지었다. 이에 대해서는《태조실록》태조 4년(1395) 10월 7일자에 기록되어 있다.

술이 세 순배 되어서, 신 정도전에게 분부하시기를, '지금 도읍을 정하여 종묘에 제향을 올리고 새 궁궐의 낙성을 고하게 되매, 가상하게 여겨 군신群臣에게 여기에서 잔치를 베푸노니, 그대는 마땅히 궁전의 이름을 빨리 지어서 나라와 더불어 한없이 아름답게 하라' 하셨으므로, 신이 분부를 받자와 삼가 손을 모으고 머리를 조아려 《시경》 주아周雅에 있는 '이미 술에 취하고 이미 덕에 배부르니 군자는 영원토록 그대의 크나큰 복을 모시리라'라는 시詩를 외우고, 새 궁궐을 경복궁이라고 이름 짓기를 청하오니, 전하와 자손께서 만년 태평의 업業을 누리시옵고, 사방의 신민으로 하여금 길이 보고 느끼게 하옵니다.

임금이 부지런해야 한다는 뜻의 근정전

광화문으로 들어서 홍례문과 영제교를 지나면, 경복궁에서 가장 웅장한 건물인 근정전(국보 제223호)이 그 모습을 드러낸다. 경복궁의 법전法殿(으뜸 전각)인 근정전의 이름은 정도전이 지은 것으로 '근정勤政'은 임금이 부지런히 정치에 임하라는 뜻이다.

《신증동국여지승람》에서는 근정전의 주요 기능에 대해 다음과 같이 설명하고 있다.

근정전은 조하朝賀를 받는 정전이다. 남쪽을 근정문이라 하고, 또 그 남쪽을 홍례문(나중에 흥례문으로 바뀜)이라 하며, 동쪽을 일화문, 서쪽을 월화문이라 한다.

근정전은 왕이 신하들의 조하를 받던 곳이다. 또한 역대 왕의 즉위식을 거행하거나 사신을 맞이하기도 했다. 그 외에도 임금의 양로연이나 위로연을 베풀기도 했다.

근정문을 들어서면 정교하면서도 아름답게 조성된 화강석 상하 월대 위에 웅장한 근정전이 한눈에 보인다. 동서가 짧고 남북이 긴 회랑으로 둘러싸이고 평평한 돌이 깔려 있는 근정전의 앞마당이 조정이다. 조정 중앙에는 삼도三道가 있는데, 가운데 넓고 높은 길이 어도, 동쪽은 문관, 그리고 서쪽은 무관이 이용하는 길이다. 삼도를 중심으로 관원의 품계를 나타내는 품계석이 줄 지어 서 있다.

이러한 품계석은 창덕궁 인정전, 창경궁 명정전, 덕수궁 중화전 등 법전 앞마당에 다 있는 것이지만 이곳은 조선왕조가 들어서면서부터 지어진 법전이라 그 의미가 남다르다. 문관 쪽의 정일품正一品 품계석에는 의정부의 영의정·좌의정·우의정, 그리고 홍문관·예문관·춘추관 등의 영사와 감사들이 늘어섰으며, 종일품從一品의 품계석에는 의정부의 좌우찬성과 의정부, 돈영부의 판사들이 도열했다.

근정전은 2층으로 된 구조에 정면 5칸, 측면 5칸의 목조건물이며, 공포는 다포계인데, 북쪽의 중심에는 임금이 앉았던 용상龍床이 있고, 그 뒤로 해와 달이 뜬 그림 한 폭이 있다. 왕권의 무궁한 번영을 기원하고 칭송하는 상징물로 그려진 '오봉산일월도五峰山日月圖'라고 불리는 '일월오악병日月五岳屛'에는 산, 해, 달, 소나무, 파도가 그려져 있다. 근정전의 천장은 높고도 깊다. 이 천장 중앙에 천변만화의 능력자인 제왕을 상징하는 두 마리의 용이 여의주를 가운데 두고 희롱戱弄하면서 금방이라도 하

경복궁 근정전

근정문을 들어서면 화강석 상하 월대 위에 웅장한 근정전이 한눈에 보인다.
동서가 짧고 남북이 긴 회랑으로 둘러싸이고 평평한 돌이 깔려 있는
근정전의 앞마당이 조정이다.

늘로 날아오를 듯 조각되어 있다.

경복궁의 상징이자 최고의 건물인 근정전은 태조 4년(1395)에 창건되었는데, 임진왜란 때 전소되었던 것을 조선 후기인 고종 4년(1867)에 다시 지었다.

왕의 집무공간 사정전

근정전을 지나면 사정전(보물 제1759호)에 이르는데, 정도전은 사정전이라는 이름을 다음의 예를 들어 지었다.

천하의 이치는 생각하면 얻을 수 있고 생각하지 아니하면 잃어버리는 법입니다. 대개 임금은 한 몸으로서 높은 자리에 계시오나, 만인의 백성은 슬기롭고 어리석고 어질고 불초不肖함이 섞여 있고, 만사의 번다함은 옳고 그르고 이롭고 해됨이 섞여 있어서, 백성의 임금이 된 이가 만일에 깊이 생각하고 세밀하게 살피지 않으면, 어찌 일의 마땅함과 부당함을 구처區處하겠으며, 사람의 착하고 착하지 못함을 알아서 등용할 수 있겠습니까? 예로부터 임금이 된 자로서 누가 높고 영화로운 것을 바라고 위태로운 것을 싫어하지 않겠습니까마는, 사람답지 않은 사람을 가까이 하고 좋지 못한 일을 꾀하여서 화패禍敗에 이르게 되는 것은, 진실로 생각하지 않는 것에서 비롯된 것입니다.《시경》에 말하기를, '어찌 너를 생각지 않으랴마는 집이 멀다' 하였는데, 공자孔子는 '생각함이 없는 것이다. 왜 멀다고 하리오' 하였고,《서경》에 말하기를, '생각하면 슬기롭고 슬기로우면 성인이 된다' 했으니, 생각이란 것은 사람에게 있어서 그 쓰임이 지극한 것입니다. 이 전殿에서는 매일 아침 여기에서 정사를 보시고 만기萬機를 거듭 모아서 전하에게 모두 품달하면, 조칙詔勅을 내려 지휘하시매 더욱 생각하지 않을 수 없사오니, 신은 사정전思政殿이라 이름하옵기를 청합니다.

정면 3칸, 측면 2칸의 사정전은 임금과 신하가 함께 머리를 맞대고 정사를 논하는 편전이며, 좌우에 만춘전과 천추전을 두어 그 기능을 보완하도록 했다.

사정전을 지나면 세종 때 집현전으로 쓰이던 수정전(보물 제1760호)이 나온다. 정면 10칸, 측면 4칸의 비교적 큰 건물인 수정전은 세조가 임금에 오르는 것에 집현전 학자들이 반기를 들었다는 이유로 쓰지 않고 있다가 임진왜란 때 불에 탄 것을 고종 때 다시 지으며 건물 이름이 바뀌었다.

왕과 왕비의 침전, 강녕전과 교태전

사정전을 지나 향오문을 들어서면 강녕전이다. 강녕전의 이름이 지어진 연유에 대해서는 《태조실록》 태조 4년(1395) 10월 7일자에 다음과 같이 기록되어 있다.

홍범구주洪範九疇의 오복五福 중에 셋째가 강녕康寧입니다. 대체로 임금이 마음을 바루고 덕을 닦아서 황극皇極을 세우게 되면, 능히 오복을 향유할 수 있으니, 강녕이란 것은 오복 중의 하나이며 그 중간을 들어서 그 남은 것을 다 차지하려는 것입니다. 그러나 이른바 마음을 바루고 덕을 닦는다는 것은 여러 사람들이 함께 보는 곳에 있는 것이며, 역시 애써야 되는 것입니다. 한가하고 편안하게 혼자 거처할 때에는 너무 안일한 데에 지나쳐, 경계하는 마음이 번번이 게으른 데에 이를 것입니다. 마음이 바르지 못한 바가 있고 덕이 닦이지 못한 바가 있으면, 황극이 세워지지 않고 오복이 이지러질 것입니다. 옛날 위衛나라 무공武公이 스스로 경계한 시詩에, '네가 군자와 벗하는 것을 보니 너의 얼굴을 상냥하고 부드럽게 하고, 잘못이 있을까 삼가하는구나. 너의 방에 있는 것을 보니, 다른 사람이 보지 않는 곳에서도 부끄러움이 없도록 하는구나' 했습니다. 무공의 경계하고 근신함이 이러하므로 90을 넘어 향수했으니, 그 황극을 세우고 오복을 누린 것의 밝은 징험이옵니다. 대체로 공부를 쌓는 것은 원래가 한가하고 아무도 없는 혼자 있는 데에서 시작되는 것입니다. 원컨대 전하께서는 무공의 시를 본받아 안일한 것을 경계하며 공경하고 두려워하는 마음을 두어서 황극의 복을 누리시면, 성자신손聖子神孫이 계승되어 천만대를 전하리이다. 그래서 연침燕寢을 강녕전이라 했습니다.

정면 11칸, 측면 5칸인 강녕전은 임금의 침전寢殿이다. 임금이 생활하는 공간인 강녕전은 임금이 휴식을 취하거나 가족이나 측근 관료들을 만나는 곳이다. 그래서 이 건물을 연침燕寢, 또는 연거지소燕居之所라고도 부른다. 강녕전 마당을 중심으로 동쪽 소침은 연생전이고, 서쪽 소침은 경성전이다.

정도전은 강녕전의 이름을 짓고 뒤이어 연생전과 경성전의 이름을 지었는데 이에 대해서도 《태조실록》에 다음과 같이 기록되어 있다.

하늘과 땅은 만물을 봄에 낳게 하여 가을에 결실하게 합니다. 성인이 만백성에게 인仁으로써 살리고 의義로써 만드시니, 성인은 하늘을 대신해서 만물을 다스리므로 그 정령政令을 시행하는 것이 한결같이 천지의 운행을 근본하므로, 동쪽의 소침을 연생전延生殿이라 하고 서쪽 소침을 경성전慶成殿이라 하여, 전하께서 천지의 생성하는 것을 본받아서 그 정령을 밝히게 한 것입니다.

경회루와 강녕전을 지나면 궁궐 안에서 가장 깊고 은밀한 곳에 교태전이 자리잡고 있다. 교태전은 왕비의 침전이자 집무공간으로 내명부의 수장인 왕비가 내명부를 관장하고 궐내 생활을 총지휘하던 곳이다. 교태전은 경복궁 창건 당시에는 없었던 건물로 세종 22년(1440)에 지어진 것으로 추정되고, 임진왜란 때 불에 탄 것을 고종 때 다시 지었다.

이곳 교태전의 후원에는 경회루 연못을 만들 때 파낸 흙으로 조성한 아미산蛾眉山이 있고, 그 아미산의 아랫자락에 아름다운 굴뚝이 있다. 경복궁 아미산 굴뚝(보물 제811호)은 교태전 온돌에서 나오는 연기가 빠져나오게 하려고 세운 것이다. 현재 4개의 굴뚝이 서 있는데 육각형으로 된 굴뚝 벽에는 덩굴무늬, 학, 박쥐, 봉황, 소나무, 매화, 국화, 불로초, 바위, 새, 사슴 따위의 무늬를 조화롭게 배치했다. 각 무늬는 벽돌을 구워 배열하고 그 사이에는 회를 발라 면을 구성했다. 굴뚝의 위쪽 부분은 목조건물의 형태를 따랐으며 그 위로 연기가 빠지는 작은 창을 설치했다. 각종

문양 형태와 구성이 매우 아름다운 이 굴뚝은 궁궐 후원을 장식하는 훌륭한 조형물로 평가받고 있다.

교태전 후원 담장을 지나 연휘문으로 나가면 자경전으로 들어가는 문이 보인다. 담장이 아름다운 자경전(보물 제809호)은 고종 4년(1867)에 당시 왕실의 최고 어른이던 대왕대비(조대비)를 위해 자미당터에 지어진 건물이다. 두 번에 걸친 화재로 소실된 것을 고종 25년(1888)에 중건하여 오늘에 이른다. 자경전에는 온돌방이 많아 그 방들과 연결된 굴뚝 10개를 설치했다. 만수무강을 기원하는 십장생 무늬가 새겨져 있어 자경전 십장생굴뚝(보물 제810호)이라고 하는 이 굴뚝은 벽돌을 쌓아 만들었고 그 위에 기와지붕을 얹었으며 지붕 위에는 연기를 빠지게 하는 시설을 해놓았다. 굴뚝이면서 장식적인 기능을 충실히 하고 조형미 역시 세련되어 조선시대 궁궐에 있는 굴뚝 중에서 가장 아름다운 작품으로 평가받는다.

경복궁에서 가장 아름다운 공간 경회루

경복궁 경회루(국보 제224호)는 사계절 어느 때 가더라도 항상 아름다움을 뽐내는 곳이다. 근정전과 사정전이 정치와 직접적인 관련이 있는 엄격한 공간인데 반해 경회루 일대는 연회를 베풀며 휴식을 취하는 공간이다.

경회루는 경복궁 창건 당시에는 근정전 서북쪽 습지에 연못을 파고 세운 작은 누각이었는데 태종 12년(1412)에 연못을 확장하고 건물도 크게 중건하였으나 임진왜란 때 불에 타서 폐허로 남아 있다가 고종 4년(1867)

에 흥선대원군에 의해서 다시 지어졌다. 그러나 연못과 장대석으로 축대를 쌓은 기단, 아름다운 돌난간, 그리고 크고 긴 돌기둥(석주)은 태종 때 그대로의 모습이다.

경회루는 정면 7칸, 측면 5칸에 48개의 돌기둥 위에 서 있는 2층의 팔작지붕 건물이다. 연못의 크기는 동서 128미터, 남북 113미터인데, 못 안에는 장방형으로 4개의 인공 섬을 만들었다. 또한 건물과 육지를 연결하기 위해 3개의 돌다리를 설치했는데, 그중 남쪽에 있는 것은 다른 2개의 돌다리보다 폭을 넓게 하고 어도를 두어 왕이 출입할 수 있도록 했으며, 기단의 서쪽으로는 계단을 두어 연못의 배를 탈 수 있도록 했다.

'임금과 신하가 서로 덕으로써 만난다[慶會]'는 의미의 경회루는 임금이 사신을 접대하거나 공신들을 위한 연회 장소로 사용되었다. 그 밖에도 과거시험 또는 활쏘기 시합을 열거나 날이 가물 때는 기우제를 지내기도 했다.

성종 때 편찬된《동국여지승람》은 경회루에 대해 다음과 같이 기록하고 있다.

경회루는 사정전 서쪽에 있고, 그 집은 연못으로 둘리었는데, 연못이 깊고 넓어서 연꽃을 심었으며, 가운데에 섬 둘이 있다.

경회루의 현판은《태종실록》태종 12년(1412) 6월 9일자에 "세자에게 명하여 큰 글씨로 경회루 편액을 쓰게 하였다"라고 기록되어 있는 것으로 보아서 당시 왕세자였던 양녕대군이 쓴 것으로 보인다.

현재는 탁 트인 공간으로 누구나 출입이 가능하지만 그 당시에는 연
못 둘레에 담장을 두르고 출입을 제한했다. 경회루는 경복궁 동쪽 다리에
서 연결되는 함홍문과 서쪽 다리에서 연결되는 천일문, 그리고 남쪽 다리
로 연결되는 경회문으로만 출입할 수 있었다. 이 3개의 문은 내전인 교태
전, 강녕전과 연결되어 있었기 때문이다. 궁궐의 교서관으로 근무하던 구
종직이라는 사람이 출입이 제한된 이곳을 무단으로 들어왔다가 난처해진
상황이 선조 때 문신 차천로車天輅가 지은 수필집《오산설림五山說林》
에 전해진다.

궁중에 있는 교서관에 근무하던 구종직丘從直이 예전부터 경회루가 뛰어
난 경치를 지니고 있다는 말을 들어오다가 숙직을 하게 된 어느 날 밤에 관복
을 갖추지 않고 평복 차림으로 그만 경회루 다락 아래까지 숨어 들어가서 이리
저리 거닐며 그 풍치를 즐겼다.

그때 별안간 세조 임금의 거동 기척이 들리더니 세조 임금이 내시 몇몇만 거
느리고 단출한 가마에 올라 후원 쪽으로부터 다가오는 것이었다. 놀란 중에 황
공하여 가마가 지나가는 길가에 납작 엎드려서 대죄를 하였다. 임금께서 놀라
시며 다그쳐 물었다.

"게 누구냐?"

"교서정자 구종직으로 아룁니다."

"어찌하여 한밤중에 지밀한 여기까지 들어왔단 말인가?"

"신은 일찍부터 경회루의 옥주요지玉柱瑤池는 하늘 위의 신선 세계라고 들
어 오늘 밤 예각藝閣에 숙직하게 된 계제에 한번 구경하고 싶어서 감히 미관

경복궁 경회루

경회루는 근정전 서북쪽 연못 안에 세운 누각으로,
나라에 경사가 있거나 사신이 왔을 때 연회를 베풀던 곳이다.

말직의 몸으로 저지른 죄로 아뢰옵니다."

"그러면 노래를 잘 부르느냐?"

"격양가擊壤歌를 부를 줄 아오나 성률聲律을 제대로 맞추지 못하는 줄로 아뢰옵니다."

이에 세조께서 한번 불러보라 하시니 종직은 목을 빼고 느릿느릿 길게 노래를 부르는데, 명창이라 칭찬을 아끼지 않으시며 더욱 목을 놓아 높은 소리로 부르라 하시었다. 이윽고 임금께서 기뻐하시며, "춘추春秋도 그렇게 잘 외우는가?" 하고 재차 물으셨다.

"잘 외는 줄 아룁니다."

선선한 대답을 들은 임금께서 그 자리에서 《춘추》 제1권을 외우도록 하였다. 종직은 그야말로 청산유수로 춘추를 외웠고, 임금께서 감탄하시며 술까지 내리셨다.

세조는 다음 날 그를 종9품에서 종5품의 부교리로 승진시켰다고 한다.

경회루는 단종이 숙부인 수양대군(세조)에게 옥새를 넘기며 양위를 선언한 비극의 현장이기도 하고, 폭군 연산군이 기생들과 풍류를 즐겼던 공간이기도 하다.

연산군은 연꽃 가득한 연지 서쪽에 만세산을 만들고, 산 위에 상사의 세계를 상징하는 만세궁, 일월궁, 벽운궁을 지어서 경회루를 가장 화려한 공간으로 꾸미고, 이곳에 온갖 비단 장막과 채색 누각을 만들었다. 그리고 연못 위에 임금이 타는 배인 '황룡주黃龍舟'를 띄우고 채색 비단으로 연꽃을 만들어 두고, 전국에서 뽑혀 온 기생들에게 춤과 노래를 부르게 했다. 그들 중 특별히 선발된 기생을 흥청興淸이라 했는데, 경회루에서 홍청들과 잔치를 베풀며 놀았다. 연산군이 홍청들과 놀아나다 망했다 하여 '홍청망청興淸亡淸'이라는 말이 생겨났고, 재산이나 권세가 있어서 금품 따위를 함부로 쓰는 것을 이르는 말이 되었다.

경회루의 정경이 얼마나 아름답고 환상적이었는지를 알려주는 사례가 또 있다. 조선 성종 때 유구국琉球國(지금의 일본 오키나와)의 국왕이 보낸 사신이 왔다. 접견을 마친 사신은 통사通事에게 세 가지 장관을 봤다고 했는데, 이에 대해서는 조선 전기 문신 성현成俔의 수필집《용재총화慵齊叢話》에 수록되어 있다.

"내가 귀국에 와서 세 가지 장관을 보았소" 하였다. 통사가 그 까닭을 물으니, 사신이 말하기를, "경회루 돌기둥에 종횡으로 그림을 새겨서 나는 용의 그림자가 푸른 물결 붉은 연꽃 사이에 보였다 안 보였다 하니, 이것이 한 가지 장관이요, 영의정 정공鄭公이 풍채가 뛰어나고 흰 수염이 늘어져 배에까지 내려와서 조복을 빛나게 하니, 이것이 두 번째 장관이요, 예빈부정禮賓副正이 항상 낮에 술 마시는 연석에 참여하여 쾌히 큰 잔으로 무수히 술을 마시되 일찍이 취한 빛을 보이지 않으니, 이것이 세 번째 장관이오" 하였다.

조선의 정궁 경복궁에 여러 용도로 쓰이기 위해 지은 경회루는 한국 목조건축술의 우수성을 입증하는 빼어난 누각이다. 그리고 화려한 단청 그림자가 연못 속에 드리워질 때면 그 경치의 아름다움이 타의 추종을 불허한다.

휴식과 풍류를 즐기던 향원정

경회루의 서북쪽 넓은 터에 있는 향원지 안의 작은 동산 위에는 아름답고 기품이 있는 정자인 향원정(보물 제1761호)이 있다.

향원정香遠亭은 송나라 때의 대표적인 유학자인 주돈이周敦頤의《애련설愛蓮說》중 '향기는 멀수록 더욱 맑다〔香遠益淸〕'라는 구절에서 따온 이름이다. 향원정은 임금이 휴식과 풍류를 즐기던 곳이자 신하들과 간소한 시회를 열던 곳이었다.《세조실록》에 의하면 세조 2년(1456년) 3월 5일자에 "경복궁의 후원에 신정新亭을 낙성落成하니 (…) 이름은 '취로정翠露亭'이라 하고 앞에 못을 파서 연꽃을 심게 하였다"는 기록이 있어서 고종 때 그 자리에 지은 것으로 알려져 있다.

처마는 겹처마이며 육모지붕으로, 중앙의 추녀마루들이 모이는 중심점에 절병통節瓶桶(지붕마루의 가운데에 세우는 탑 모양의 기와로 된 장식)을 얹어 치장했다. 육각형 모양의 초석과 평면 그리고 육모지붕의 2층 누각인 향원정은 1층 평면은 바닥 주위로 평난간을 두른 툇마루를 두었고, 2층 바닥 주위로는 계자鷄子 난간을 두른 툇마루를 두었다. 천장은 우물천장이며 사방 둘레의 모든 칸에는 완자卍字살 창틀을 달았으며, 1층에는 구들을 들여서 난방이 가능하고, 2층은 마루를 깔았고, 지금도 불을 땠던 흔적이 남아 있다.

원래 연못의 북쪽에 연못과 정자를 연결하는 취향교醉香橋가 있었으나 한국전쟁 때 파괴되었고, 지금 남아 있는 남쪽의 다리는 1953년에 가설된 것이다. 북악산을 병풍처럼 뒤에 두고 고즈넉하게 서 있는 향원정은

경복궁 향원정

향원정은 경복궁 북쪽 후원에 있는 향원지 안의 가운데 섬 위에 건립된 육각형의 정자로
북악산을 병풍처럼 뒤에 두고 고즈넉하게 서 있다.

역사적으로도 의의가 있고, 예술적, 건축적으로 가치가 높아 나라 안에서
도 손꼽히는 정자다.

명성황후가 시해당한 비운의 현장 건청궁

경복궁의 향원정 뒤쪽에 자리잡은 건청궁은 조선 후기에 고종이 명성
황후를 위해 지은 별장으로 경복궁을 중건한 다음 해인 고종 10년(1873)
에 궁궐 안 가장 깊숙한 자리에 창건되었다.

고종 32년(1895년) 10월 8일 이곳 건청궁 왕비의 처소인 곤녕합에서
명성황후가 일본 낭인들에게 시해되었다. 을미사변 또는 명성황후 시해
사건이라고 부르는 이 사건은 일본이 조선을 침략하는 데 가장 큰 걸림돌
인 명성황후를 조선 주재 공사인 미우라 고로三浦梧樓의 주도하에 벌어
졌다.

고종 10년(1873)부터 짓기 시작한 건청궁이 들어서는 데는 그 후로도
오랜 시간이 걸려 고종은 재위 21년(1884년)부터 이곳에서 기거했다.

건청궁 건립은 고종이 아버지 흥선대원군의 그늘에서 벗어나 정치적
으로 독립하려는 의지를 드러낸 것이었다. 그래서 고종은 국가 재정이 아
닌 내탕금(왕의 사비)을 들여 비밀리에 공사를 진행했는데 도중에 문제가
되어 대신들로부터 중지할 것을 요청받기도 했다. 그러나 고종은 공사를
강행하여 건청궁을 완성한 뒤, 국왕과 왕비의 거처로 이용했고, 외교관
접대 장소로도 활용했다.

경복궁 건청궁과 그 내부

건청궁은 경복궁 안에 있는 궁궐로 명성황후가 일본의 낭인들에게 시해당한 곳으로
국내 최초로 전기 설비를 한 건물이기도 하다.

일본인들이 우리나라를 강점한 뒤에 경복궁 안에 있던 수많은 건물을 파괴하기 시작했고, 1909년에 건청궁을 헐고 그 자리에 물산장려관 건물을 지었다. 광복 후인 1945년 11월 이 자리에는 국립민속박물관이 세워졌고, 그 동쪽에 3단으로 기단을 쌓아 '명성황후조난지지明成皇后遭難之地'라고 새긴 표석을 세워놓았다. 그 자리에 건청궁이 창건 당시의 모습으로 다시 세워진 것은 2007년이었는데, 건청궁의 배치 형식은 조선시대 상류 주택의 공간 구성과 거의 비슷하다. 그런 점에서 창덕궁 후원에 있는 연경당과 비교·고찰해볼 가치가 충분하다.

가장 오랜 세월 정궁 역할을 한 창덕궁

우리나라 궁궐 중 유일하게 세계문화유산으로 등재되어 있는 창덕궁(사적 제122호)은 조선의 3대 임금인 태종이 한양으로 재천도한 태종 4년(1404)에 건립한 궁궐이다. 태조 3년 한양 천도가 이루어진 뒤 정종 원년(1399) 3월 고려의 도읍지였던 개성으로 환도가 이루어졌다.《태종실록》태종 4년(1404) 9월 1일자에는 태종이 신하들에게 도읍을 다시 한양으로 옮겨야 하는 이유를 설명하는 대목이 나온다.

송도(개성)는 왕씨의 구도舊都이니, 그대로 거주할 수는 없다. 지금 왕이 다시 이곳에 도읍하는 것은 시조始祖의 뜻에 움직여 따르는 것이 아니다. (…) 한성은 우리 태상왕이 창건한 땅이고, 사직과 종묘가 있으니, 오래 비워 두고 거주하지 않으면, 선조의 뜻을 계승하는 효도가 아닐까 한다. 명년 겨울에는 내가 마땅히 옮겨 거주할 터이니, 응당 궁실을 수즙修葺하게 해야 할 것이다.

창덕궁은 처음에 크지 않은 규모로 지어진 데다가 주거 및 편전 등 실용적으로 필요한 건물 위주로 지어졌다. 때문에 의례를 위한 건물인 정전을 비롯한 외전은 매우 조촐하게 지어졌다.

한양 향교동 동쪽에 이궁을 짓기로 결정한 뒤 시작된 공사가 1년 만인 태종 5년(1405)에 완공되었다. 창덕궁은 경복궁의 동쪽에 있다 하여 일명 '동궐'이라고 불렀다. 창덕궁은 처음에 크지 않은 규모로 지어졌는데, 특히 완공 당시 정전인 인정전(국보 제225호)은 3칸 규모로 조촐하게 지어졌다. 창덕궁은 태종 11년(1411)에 진선문과 금천교가 조성되고, 다음 해에 궁궐의 정문인 돈화문이 건립된 데 이어 여러 전각들이 차례로 들어서면서 궁궐의 모습을 갖추어나갔다.

태종의 뒤를 이어 임금에 오른 세종은 창덕궁보다 경복궁을 훨씬 선호했다. 세종은 태종의 승하 직후 경복궁 개축 공사를 명했고, 집권 중기 이후 경복궁을 치세의 중심지로 삼았다. 왕도정치를 구현하기 위해서는 창덕궁보다는 넓고 웅장한 경복궁이 적합하다고 여겼던지 세종은 경복궁의 집현전을 창덕궁에 있는 집현전보다 더 커다랗게 지었다.

세종이 집권 후반기에 계속 경복궁에 머물러 창덕궁의 비중이 줄어드는 듯했다. 하지만 세종 이후 조선 전기 동안 여러 왕들이 창덕궁을 애용했다. 우선 단종 때 인정전 및 그 일대를 다시 한 번 증개축했으며, 세조는 후원을 크게 확장하는 공사를 벌였고, 그때 민가 73채를 철거하면서,

창덕궁 후원을 태종 때의 3배 규모로 확장했다. 창덕궁은 임진왜란 때에 폐허가 되어 광해군 때 새로 지었고, 그 뒤 인조반정 때에 큰 화재가 발생하여 인정전만 남고 모든 건물이 사라져 폐허가 되었던 것을 다시 여러 전각들을 지어서 본래의 모습을 되찾았다.

그 뒤 창덕궁은 여러 차례 소실과 중건의 역사가 계속되었는데, 정조 원년(1776)에는 부용지와 규장각을 지었으며, 순조 3년(1803)에는 인정전이 불에 타서 이듬해인 순조 4년(1804)에 중건되었다. 이렇듯 역사 속에 부침이 심했던 창덕궁은 정궁인 경복궁보다 거처한 임금이 더 많은 곳이다.

창덕궁은 조선 전기에 경복궁과 함께 양궐 체제를 이루었고, 조선 후기에는 경희궁과 양궐 체제를 이루었다. 조선시대 임금들은 이렇게 경복궁과 창덕궁 사이를 번갈아가며 거주했다. 창덕궁은 경복궁에 버금갈 만큼 쓰임이 잦았으나 조선 후기에는 그와 반대로 여러 임금들이 경희궁을 이용하느라 창덕궁을 떠나 있었을 때도 많았다. 하지만 그 세월도 잠시 고종 5년(1868) 경복궁이 중건되면서 창덕궁은 정궁의 지위를 상실했다가 1907년 순종이 창덕궁으로 옮겨가면서 다시 황궁이 되었고, 대한제국의 마지막을 함께했다.

창덕궁은 조선이 건국되고 경술국치로 사라지기 전까지 조선 500년 역사 속에 굳건히 그 자리를 지킨 유일한 궁궐이다. 그뿐 아니라 양궐 체제 속에서 오랫동안 실질적인 정궁 역할을 했기 때문에 조선을 대표하는 궁궐로 경복궁이 아닌 창덕궁을 꼽기도 한다.

창덕궁의 정문인 돈화문(보물 제384호)은 태종 12년(1412)에 세워졌고, 임진왜란 때 소실되었다. 임진왜란이 끝난 뒤 선조 40년(1607)에 중건이

창덕궁 인정전과 그 내부

인정전은 창덕궁의 법전이며, 인정전 안에는 정면에 임금님의 용상이 있고
그 뒤에는 나무로 만든 곡병과 곡병 뒤에는 일월오악도日月五岳圖라는 병풍이 있다.

시작되어 광해군이 임금에 오른 첫해(1609)에 완성되었다. 돈화문은 정면 5칸, 측면 2칸의 2층 건물인데, 조선 500년 역사를 지켜본 궁궐의 문 가운데 가장 오래되었다. 이 문은 임금이나 외국의 사신들만이 드나들었고 신하들은 동쪽의 단봉문을 통해 드나들었다고 한다.

돈화문을 들어서서 북쪽으로 조금 오르면 서북쪽에서 남쪽으로 흐르는 금천錦川 위에 금천교(보물 제1762호)가 놓여 있다. 태종 11년(1411)에 세워진 이 다리는 창덕궁에서 가장 오래된 다리다. 금천교를 건너면 창덕궁의 중문인 진선문이 나오고, 그 왼쪽에는 정면 3칸, 측면 2칸의 다포계 팔작지붕 건물인 인정문(보물 제813호)이 있다. 인정문을 들어서면 창덕궁의 법전인 인정전(국보 제225호)에 이른다. 인정전은 임금이 신하들로부터 조하를 받고, 외국 사신을 접견하는 곳이자 공식적인 국가 행사를 치르던 곳으로 경복궁의 근정전과 같은 역할을 했다. 정면 5칸, 측면 4칸의 인정전은 겉보기에는 2층이나 내부는 통층으로 되었다. 태종 5년(1405)에 창건되어 태종 18년(1418)에 다시 고쳐 지었고, 그 뒤 소실과 보수를 거쳤으며, 지금의 건물은 철종 7년(1856)에 보수공사한 것이다.

인정전 오른쪽에 있는 선정전과 희정당은 임금의 집무공간이었다. 정면 3칸, 측면 3칸의 단층 다포계 팔작지붕 건물인 선정전(보물 제814호)은 임금과 신하들이 국사를 논의하던 곳으로 명종 때 문정왕후가 수렴청정을 했던 건물이고, 희정당(보물 제815호)은 임금의 침전이었으나 조선 후기부터 국정을 논하는 편전으로 사용되었다.

창덕궁 안에서 왕비의 침전이자 공식적인 활동 공간은 대조전(보물 제816호)이다. 정면 9칸, 측면 4칸에 이익공 겹처마로, 용마루가 없는 무량

각 팔작지붕인 대조전에서 조선의 임금들이 여럿 태어났다. 효명세자를 비롯해 성종과 인조, 효종, 철종, 순종 등이 이곳에서 태어났으며, 대조전 현판은 순조의 어필이다.

원래 창경궁의 영역이었던 낙선재(보물 제1764호)는 헌종 13년(1847)에 국상을 당한 왕후와 후궁들의 거처로 지어졌고, 정면 6칸, 측면 2칸의 팔작지붕에 초익공 양식인 ㄱ자형의 아담하고 조촐한 건물이다. 그 뒤 경복궁의 화재로 내전이 소실되자 고종은 창덕궁으로 옮겨온 후 공회당에서 정사를 보았으며, 이때 낙선재를 편전으로 사용했다.

김옥균을 비롯한 개화파들의 삼일천하로 끝난 갑신정변으로 다시 경복궁으로 되돌아가기 전까지 고종은 이곳 낙선재에서 집무를 보면서 일본이나 러시아의 사신들을 접대했다.

비밀의 화원 창덕궁의 후원

창덕궁의 백미는 비원으로 알려져 있는 후원에 있다. 조선시대의 공식 명칭은 후원이었고, 내원, 상림원, 금원禁苑으로 불리기도 했다.

북한산과 응봉에서 뻗어내린 울창한 나무숲에 둘러싸인 후원은 본래는 창경궁의 후원과 구분 없이 연결되어 있었다. 그러나 일제가 우리나라를 강점한 뒤 창덕궁을 창경원으로 개조하면서 2개의 궁궐에 담장을 쌓아 분리했고, 그때부터 지금의 후원이 된 것이다. 《한경지략》에 그에 대한 글이 다음과 같이 실려 있다.

창덕궁과 창경궁은 각기 다른 별개의 궁궐이기는 하지만 궁궐을 둘러쌓은 담장, 즉 궁성은 한 울타리이므로 중간에 튼 건양문으로 서로 통한다.

창덕궁과 창경궁 사이에 만든 후원은 넓이 9만여 평에 자연을 그대로 살려서 조성한 동산이다. 창덕궁 후원의 특징은 건물은 물론 작은 돌과 나무 한 그루도 자연과 조화를 이룬다는 것이다. 이는 인공 시설물이나 건물들이 자연 지형과 공간의 크기에 맞추어 세워졌기 때문이다.

조선시대 궁궐의 정원 가운데 그 규모가 가장 크고 아름다운 후원은 수많은 왕실 사람들에게 사랑을 받았다. 후원은 역대 임금들이 한 나라의 통치자로서 학문을 연마하며 수양을 하던 장소였고, 마음을 비우고 산책을 하면서 복잡한 정치현실에서 벗어나 자신을 돌아보던 장소이기도 했다.

후원은 대체로 다섯 공간으로 나누어지는데, 그 첫 번째가 후원 입구에 있는 고개를 넘으면 만나는 부용지芙蓉池 일대다. 이곳에는 네모꼴로 만들어진 연못의 남쪽에는 아름답기로 소문난 부용정(보물 제1763호)과 기오헌이 있고, 연못의 동쪽에는 영화당이 있으며, 북쪽에는 어수문과 주합루가 있다.

정조는 부용정을 사랑했던 대표적인 임금인데 여러 문헌에 그 사실이 등장한다. 《동국여지비고》에는 "(정조 임금이) 연못에 그림을 그려 장식한 놀잇배인 화방畵舫 을 띄우고 놀던 곳"이라고 했으며, 《한경지략》에는 "여러 신하들이 연못가에 줄지어 임금께서 읽은 어제시의 운을 따서 답시를 지어 올렸다"고 실려 있다. 다음은 정조가 하늘과 사람이 하나가 되기를 기원하는 마음을 가지고 지은 시다.

창덕궁 후원

창덕궁 후원은 모두 5개의 공간으로 구성되어 있으며
지형에 따라 연못을 만들고 다양한 집을 지었다.
사진은 창덕궁에서 가장 아름다운 건물로 꼽히는 부용정과 숙종 때 건립된 청심정이다.

그대들과 머물고 함께 마시니

어느덧 달이 낚싯대 끝에 있네

오늘 밤만큼 좋은 날이 있으랴

태평세월 함께하는 즐거움이여

꽃무리에 나무들 겹겹 숲인데

저 등불 구곡난간 환히 밝히고

의금부義禁府도 밤마다 아니 지키니

온화한 이 기운 온 장안에 두루 퍼지리

부용지의 영화당은 3단으로 쌓은 장대석 기단 위에 높직이 올라앉은 건물이다. 영화당에는 춘당지와 춘당대가 있었다. 춘당지는 후원을 둘러싼 언덕에서 흘러내리는 작은 냇물을 모아 만든 연못이고, 춘당지 앞의 넓은 마당 춘당대는 조선시대에 과거시험을 치르던 곳이다.

조선의 사대부는 누구라도 이곳 춘당대에 우뚝 서보기를 원했다. 몇 단계로 되어 있는 과거 절차 가운데, 임금이 친히 와서 참관하는 최종시험인 전시殿試가 이곳에서 열렸기 때문이다. 그런 연유로 춘당대 전시는 과거시험의 대명사로 인식되었다. 판소리 〈춘향전〉에 나오는 '춘당춘색고금동春塘春色古今同'의 '춘당'도 이곳 춘당대와 춘당지를 가리키는 것이다. 또한 춘당대는 임금이 활을 쏘는 연습장이었고, 명절 때 중국 황제를 향해 신하들이 함께 절을 하던 곳이며, 가뭄 때에는 기우제를 올리던 곳이었다.

두 번째 공간은 주합루 등성이 너머에 있는 애련지愛蓮池 일대이다.

숙종 18년(1692)에 이 연못가에 애련정이 세워졌다. 다음은《궁궐지》에 실린 숙종의 〈애련정기〉의 한 대목이다.

　　정자 이름을 애련이라고 한 것은 나의 조그마한 성의의 표시이다.(…) 어수당魚水堂 동쪽 연못가에 있는 이 정자에서는 안쪽으로 영화당이 바라다보이고, 뒤쪽으로는 천년 자란 큰 소나무가 마치 용이 서린 듯, 거기에 한 줄기 굽이쳐 흐르는 개울이 멀리 구슬을 품고 무지개를 일으키는 듯하다. 봄바람이 온 누리에 퍼지면 백 가지 꽃들이 웃으며 맞이하고 여름날 짙은 녹음이 우거지면 연꽃 향기가 정자에 스미고, 깊은 가을 서리라도 내리는 날이면 보이는 곳 가득히 비단 수를 놓은 듯하며, 겨울철에 고드름이 얼면 얼음이 겹겹이 꽁꽁 언다. 이렇듯 때에 따라 변화 따라 한결같지 않으니, 이것이 애련정의 본래 풍경인 것이다. (…)

　　혹은 강론講論 끝에, 혹은 정사政事를 보살피고 난 여가에 홀가분하게 가벼운 옷차림으로 거닐다가 이 정자에 올라 향을 피우고 고요히 앉아 거문고라도 타노라면 혹여 백성을 생각지 않는가 싶지만, 잠시 이렇게 여유롭게 지내고 보면 내 마음이 바로잡히니 임금이 바르면 조정이 바를 것이고, 조정이 바르면 나라 안 사방四方이 바를 것이니 그렇게 되면 두루 모든 복이 상서로울 것이다. 말할 나위 없이 이것이 임금이 나라를 다스리는 도리 곧 왕도王道의 마지막 목표가 아니겠는가.

이 정자를 올랐던 임금들의 생각은 대체로 숙종과 같았을 것이다. 창덕궁의 후원은 휴식의 장소였을 뿐 아니라 백성들을 생각하고, 세상의 일을 생각했던 공간으로서의 역할을 제대로 했다고 할 수 있다.

애련정에서 바라보는 연못 너머 서쪽으로 사대부의 99칸 집을 본떠서 지은 연경당이 있으며, 안채와 사랑채 사이 선향재 동북쪽에 아름다운 정자인 농수정濃繡亭이 있다.

세 번째 공간은 연경당에서 나와 애련정을 끼고 더 북쪽을 향해 산 옆을 돌면 나타나는 반도지半島池 일대이다. 연못 동쪽 언덕에 마치 물에 떠 있는 것 같이 보이는 부채 모양의 관람정觀纜亭이 있고, 서쪽 언덕에 여러 종류의 나무들이 울창한 가운데 정방형의 정자인 승재정勝在亭이 있다. 연못 북쪽 개울은 단아한 아치형 돌다리가 있고, 그 연못가에 인조 22년(1644)에 지은 여섯모꼴의 겹처마 집인 존덕정尊德亭이 있다.

네 번째 공간은 후원에서 가장 깊숙한 곳에 위치한 옥류천 일대이다. 이곳은 인조 14년(1636) 병자호란 직후에 인조가 어명을 내려 조성한 공간이다. 옥류천 일대에는 초가지붕을 얹은 청의정, 태극정, 농산정, 취한정, 소요정 5개의 정자와 아름다운 폭포가 숨어 있다.

　　옥류천이 소요정 서쪽에 있는데, 돌 위에 '옥류천玉流川'이라는 석 자가 새겨져 있다. 인조의 어필로 인조 14년(병자년) 가을에 너럭바위를 쪼아 구불구불 냇물을 끌어다가 소요정 앞에서 떨어져 폭포가 되게 하였다.

《궁궐지》에 실린 글로 원래의 물길은 다른 곳에 있었는데, 바위를 쪼아 물길을 내고 그런 연유로 옥류폭포가 만들어졌음을 추정해볼 수 있다. 옥류천가 정자에서 성종이 한 편의 시를 남겼다.

멀리 차가운 산 비탈진 돌길을 오르니

흰구름 깊은 곳에 인가가 보이네

수레를 세우고 앉아 늦은 단풍 바라보니

서리 맞은 단풍 이월 매화꽃보다 더 붉네

다섯 번째 공간은 존덕정과 연경당 뒤쪽 골짜기 사이 언덕 위에 자리잡은 청심정 일대이다. 청심정 아래 골짜기에는 빙천이 있다. 이 골짜기는 무더운 한여름에도 양쪽 언덕 위의 우거진 나무숲에 햇볕이 가려 그 어느 곳보다 시원한 그늘을 이루고 있다.

정조는 이곳 청심정에 올라 '청심제월淸心霽月'이라는 한 편의 시를 남겼다.

이 마음과 밤기운 중 누가 더 맑은가

동녘 숲에서 달이 나옴을 때마침 만났으니

청심정의 구석도 모두 대낮 같아서

온 천하가 바로 밝음을 같이하노라

상왕 태종을 위해 지은 창경궁

창경궁(사적 제123호)은 성종 14년(1483) 당시 생존했던 대비전의 세 어른인 세조의 부인 정희왕후, 덕종의 부인 소혜왕후, 예종의 계비 안순

왕후를 모시기 위해 수강궁의 수리를 명하면서 지어지기 시작했다. 고려 충렬왕이 사냥할 때 거처할 궁으로 지은 수강궁은 조선시대에는 태종이 퇴임 후 거처로 이용했던 곳이다. 창경궁은 명정전·문정전·통명전 등 주요 전각을 짓는 것으로 시작해 보완공사를 거쳐 성종 15년(1484) 9월에 드디어 궁궐다운 면모를 갖춰 완공되었다.

창경궁의 정전인 명정전(국보 제266호)은 현재 남아 있는 조선시대 궁궐의 전각 중에서 가장 오래된 목조건축물이다. 정면 5칸, 측면 3칸의 명정전은 풍수지리에 따라 궁중에서 유일하게 동향으로 지었으며, 창덕궁의 정전인 인정전보다는 규모가 조금 작았다. 명정전은 신하들이 임금에게 새해 인사를 드리거나 국가의 큰 행사를 치르던 장소이며, 외국 사신을 맞이하던 장소로도 사용되었다.

창경궁 창건 당시의 전각은 임진왜란 때 모두 불에 탔으며, 광해군 8년(1616)에 재건되고 나서도 몇 차례의 화재가 있었다. 그때마다 내전이 불탔기 때문에 지금 남아 있는 것은 대체로 임진왜란 후에 재건한 명정전을 비롯한 그 회랑과 앞문인 명정문, 창경궁의 정문인 홍화문 등 외전이다. 그 뒤 순조 34년(1834) 다시 지은 숭문당을 비롯하여 영춘헌 등의 내전들이 창경궁의 주요 건물이다.

1909년에는 일제가 강제로 창경궁 안에 동물원과 식물원을 만든 다음 일반인들에게 관람시켰으며, 1911년에는 이름을 창경원으로 격을 낮추어 불렀다. 일제는 창경궁과 종묘를 잇는 산맥을 절단하여 도로를 설치했고, 창경궁 안에 그들이 좋아하는 벚나무를 수천 그루나 심고서 1924년부터 밤 벚꽃놀이를 시작했다.

창경궁 명정전

창경궁은 서쪽으로 창덕궁과 붙어 있고, 남쪽으로 종묘와 통하는 곳에 위치하고 있다.
사진은 창경궁의 정전인 명정전.

광복 이후에도 유원지로 이용되다가 1983년 궁궐 복원사업이 시작되어 창경궁 본래 이름으로 환원하고, 궐 안의 동물들을 서울대공원으로 옮기고, 벚나무 역시 없애버렸다. 1986년 복원공사가 완료되어 관람을 재개했다.

일제에 의해 철거되었던 경희궁

조선왕조의 5개 정궁 가운데 하나인 경희궁(서궐)은 광해군 15년(1623)에 완성되었다. 원래 이름은 경덕궁이었는데 영조 36년(1760)에 경희궁으로 바뀌었다.

서부 여경방餘慶坊에 있다. 처음에는 경덕궁이라 했다. 광해 8년에 창건했다. 영조 36년에 장릉의 시호와 같은 음이라 하여 경희로 고치고 다섯 문을 세웠다. 동편에는 홍화문이며, 이것은 정문으로 이신李紳이 현판을 썼다. 또 하나는 홍원문이며, 남편은 개양문, 북편은 무덕문, 서편은 숭의문이다.

《한경지략》에 실린 경희궁에 대한 글이다.

경희궁의 정전인 숭정전은 정면 5칸, 측면 4칸으로 임금이 신하들의 조례를 받고 공식적인 행사를 하던 곳이고, 홍정당은 임금이 신하들을 불러서 만나는 곳이었다. 이외에도 화상전, 집경당, 융복전, 집상전, 위선당, 경현당, 규정당이 있었는데, 경봉각은 개국 이래 중국에서 보내온 조서와 칙서를 보관했던 곳이다.

일제에 의해 동물원이 된 창경궁

일제는 창경궁을 창경원으로 격을 낮추고
궁 안에 동물원과 식물원을 만들고 벚나무를 심어 벚꽃놀이를 했다.
사진은 일제강점기 창경궁 내 동물원의 모습.

인조 이후 역대 임금들이 당시의 법궁이었던 창덕궁과 번갈아가며 정무를 보고 생활을 영위했던 이곳 경희궁에서 숙종과 경종이 태어났고, 숙종과 영조, 순조를 비롯하여 인헌왕후 등 여러 왕후들이 이곳에서 생을 마감했으며, 경종과 정조, 그리고 헌종이 임금으로 즉위했다.

경희궁은 일제에 의해 숭정전과 건물 몇 채를 제외하고는 대부분 철거되어 궁궐로서의 존재가치를 상실했다. 일제는 그 자리에 총독부의 일본인 학교인 '경성중학교'를 세웠다.

그때 경희궁의 정문인 흥화문을 조선 침탈의 주역인 이토 히로부미伊藤博文를 기리기 위해 남산 자락에 세운 박문사博文寺의 정문으로 옮기면서, 경희궁 내의 모든 건물들이 일부 회랑만을 남긴 채 자취를 감추고 말았다.

경성중학교는 1945년 광복 후 서울 중·고등학교로 교명을 바꿔 운영되다가 1978년 학교가 이전하면서 이 땅은 민간기업의 소유가 되었다. 그것을 1984년 서울시에서 매입해, 경희궁지(사적 제271호)에 대한 발굴을 거쳐 숭정전 등 정전 지역을 복원했으며 중학교 학생들이 아침 조회를 하던 운동장 자리에는 서울역사박물관이 들어섰다.

돌담길이 아름다운 덕수궁

덕수궁(사적 제124호)은 본래 월산대군(조선 9대 임금인 성종의 형)의 사저였으나 임진왜란 이후 의주로 피신을 갔다 온 선조의 임시 행궁으로 사용

덕수궁

본래 이름이 경운궁인 덕수궁은 최초의 서양식 건물 정관헌과
근대식 석조건물 석조전이 들어서 있어 고유한 궁궐의 양식과는 다른 것이 특징이다.
사진은 덕수궁의 대한문과 석조전.

되면서 정릉동 행궁으로 불리다가 광해군 때 경운궁으로 개칭되었다. 경운궁은 한때 광해군의 계모인 인목대비가 유폐되어 서궁으로 불렸으며, 인조반정으로 왕위에 오른 인조가 경운궁 즉조당에서 즉위하기도 했다. 그 뒤 경운궁은 200여 년간 비어 있었으나 고종 33년(1896) 아관파천 이후 다시 궁궐의 면모를 갖추게 되었다.

명성황후 시해 사건 이후 신변에 위협을 느낀 고종이 재위 33년(1896) 2월 11일에 왕세자와 함께 궁궐을 떠나 정동의 러시아공사관으로 옮겼는데, 이 사건을 아관파천 俄館播遷이라 한다. 정국이 안정되어 고종이 이듬해 2월에 경운궁으로 옮겨왔으며, 그해 10월 고종은 하늘과 땅에 고하면서 나라 이름을 대한제국으로 고치고 자신을 황제라 일컬었다. 그러나 역사는 대한제국의 편이 아니었다. 결국 일제의 압력을 견디지 못한 고종이 1907년 순종에게 황제의 자리를 넘겨주고 이곳을 거처로 삼자 고종의 장수를 빈다는 뜻에서 덕수궁德壽宮으로 개칭되었다.

덕수궁은 조선시대 궁궐 가운데 가장 규모가 작으며, 개인 저택을 궁궐로 개축했기 때문에 전각 배치도 정연하지 못하고 석조전과 정관헌 등의 서양식 건물이 들어서 있어서 고유한 궁궐의 양식과는 다른 모습을 보여주고 있다.

2006년 건설교통부 주관 한국의 아름다운 길 100선 중 최우수 길로 선정된 덕수궁 돌담길은 이문세의 〈광화문연가〉 속 노랫말로 더 잘 알려져 있는데, 서울시는 이곳 덕수궁 돌담길을 '걷고 싶은 거리 1호'로 선정했다.

조선의 역대 왕과 왕비의 신주를 모신 종묘

서울시 종로구에 있는 종묘宗廟(사적 제125호)는 유교를 지배 이념으로 삼았던 조선시대에 역대 왕과 왕비의 신주를 모신 곳이다.

조선왕조를 창건한 태조 이성계가 1392년 7월 17일 고려의 수도인 개성 수창궁에서 임금의 자리에 오르며 역사의 문을 연다. 태조는 즉위 12일째인 7월 28일 그의 4대 조상에게 목조, 익조, 도조, 환조라고 존호를 올리고 그해 10월 고려왕조의 소격전을 헐고 그곳에 새로운 종묘를 지은 뒤 이들의 신주를 봉안했다. 태조 3년(1394) 10월, 고려의 옛 도읍지를 벗어나 한양으로 천도한 태조가 가장 먼저 시작한 일이 종묘의 건설이었다.

조선 건국에 초석을 놓았던 정도전이 지은 《조선경국전》에는 종묘에 대해 다음과 같이 실려 있다.

임금은 하늘의 명을 받아 나라를 열면 반드시 종묘를 세운 다음 조상을 받드는 법이다. 이것은 자신의 근본에 보답하고 먼 조상을 추모하는 것이니 후한 도리이다.

종묘는 정도전이 말한 것처럼 왕실 조상의 신주를 봉안하고 국가적인 제례를 올리며 왕권의 존엄성을 내외에 과시하고 왕조의 근간을 확립하는 공간이었다. 그러므로 유교 이념을 근간으로 건국한 조선왕조는 국가의 기틀을 세우기 위해 궁궐과 성곽, 그리고 사직과 함께 종묘를 가장 먼저 건설해야 했고, 《태조실록》 태조 3년(1394) 11월 3일자에는 다음과 같이 그 당위성에 대해 실려 있다.

　종묘는 조종祖宗을 봉안하여 효성과 공경을 높이는 것이요, 궁궐은 국가의 존엄성을 보이고 정령政令을 내는 것이며, 성곽은 안팎을 엄하게 하고 나라를 굳게 지키려는 것으로, 이 세 가지는 모두 나라를 가진 사람들이 제일 먼저 해야 하는 것입니다.

《한경지략》은 종묘 자리가 어떻게 결정되었는지 다음과 같이 전하고 있다.

　서울 성안 동북 연화방蓮花坊에 있다. 태조가 복파에서 남향하고 있다. 모두 7칸으로 앞에 3층의 축이 있고, 동쪽과 서쪽에 각각 협실夾室 2칸이 있고, 협실 남쪽에 각각 월랑月廊이 있으며, 동쪽과 서쪽에 또 묘전 3칸이 있다. 서쪽에는 7대 신주를 봉안하고, 동쪽에는 배향 공신들의 신주를 안치했다. 7대 신주는 묘정 동쪽에 서향으로 있다.

유교적 공간으로 최고의 사당 건축인 종묘의 정전에는 19실室에 19위의 왕과 30위의 왕후 신주를 모셨다. 영녕전에는 정전에서 조천된 15위의 왕과 17위의 왕후 및 의민황태자의 신주가 모셔져 있다. 신주의 봉안 순서는 정전의 경우 서쪽을 상上으로 하고 제1실에 태조가 봉안되어 있으며, 영녕전에는 추존조追尊祖인 목조·익조·도조·환조를 한가운데에 모시고 정전과 마찬가지로 서쪽을 상으로 하여 차례대로 모셨다. 이를

종묘

종묘는 왕실 조상의 신주를 봉안하고 국가적인 제례를 올리며
왕권의 존엄성을 내외에 과시하고 왕조의 근간을 확립하는 공간이었다.
사진은 종묘에서 종묘제례악을 재현하는 장면.

소목제도昭穆制度라고 한다.

태조 4년(1395)에 창건한 종묘는 임진왜란으로 불에 타 사라졌고, 현재 남아 있는 건물은 선조 36년(1603)에 새로 짓기 시작하여 광해군 원년(1609)에 완성되었다. 원래의 본전 태실은 10칸이었지만 새로 지으면서 1칸을 더 늘려서 11칸으로 지었고, 영조 때에 4칸, 헌종 때에 2칸을 늘려서 현재의 태실은 19실에 이르는데, 1995년 유네스코에 의해 세계문화유산으로 지정되었다.

3

한양도성 성곽길 걷기

숭례문에서 다시 숭례문으로

500년 역사의 한양도성

조선 500년 사직을 지켜본 서울을 둘러싼 성을 한양도성(사적 제10호) 또는 서울 성곽이라고 부른다. 오전 8시에 숭례문이라 일컬어지는 남대문에서 출발해 남산을 오르고, 광희문을 지나 동대문에 이른다. 낙산을 거쳐 혜화동에 이르러 점심을 먹는다. 혜화문을 지나고 숙정문을 지나서 북악산에 오르고 가파른 성곽을 따라 내려가면 창의문에 이른다. 윤동주 시인의 시비를 앞에 두고 경복궁과 청와대를 굽어보면서 인왕산에 올라서 서울 시내를 내려다보고, 경교장을 지나서 숭례문에 이르면 오후 6시쯤이 된다.

우리나라의 지형은 산이 많고 들이 적다. 서울도 역시 평지가 적고 산이 많기 때문에 한양도성 역시 산등성이를 이용해서 성을 쌓았다.

성곽은 밖을 막고 안을 호위하기 위한 것이다. 국가를 가진 사람으로서는 도외시할 수 없는 것이다.

정도전이 지은 《조선경국전》의 '성곽' 편 첫머리에 실린 글과 같이 한양을 수호하기 위해 남산, 낙산(타락산), 북악산(백악산), 인왕산의 내사산 능선을 따라 축조한 한양도성은 평균 높이가 약 5~8미터이며, 전체 길이는 약 18.6킬로미터에 이른다. 잘 걷는 사람이라면 10시간 남짓이면 한양도성을 종주할 수 있다. 특히 4월 말쯤 산 벚꽃이 흐드러질 때 걸으면 아름다움을 가장 만끽할 수 있다. 조선의 사대부들이나 성안 사람들도 봄과 여름, 그리고 초가을에 도성의 성곽길을 종주했다고 한다.

도성을 한 바퀴 돌아서 도성 안팎의 화류花柳 구경을 하는 것이 멋있는 놀이인데, 새벽에 출발해서 저녁 종 칠 때에 다 볼 수 있다. 산길이 깎은 듯 험해서 지쳐서 돌아오는 사람들이 많다.

조선 후기 세시풍속을 담은 《경도잡지京都雜誌》에 실린 글이다. 이 하루해가 걸리는 놀이를 순성巡城놀이라고 했다.

조선 초기에 명나라에서 사신으로 왔던 동월董越의 《조선부朝鮮賦》에도 다음과 같이 성곽길에 대한 기록이 남아 있다.

성곽은 모두 높은 산 위에 쌓았고, 간혹 언덕과 산머리에 나와서 나는 듯한 성첩이 솟아 있다. 홍제동에서 동쪽으로 가다 5리를 못 가서 천작天作으로 생긴 관문이 북쪽으로는 삼각산과 잇대고, 남쪽으로는 남산과 연결되어 그 한가운데로 말 한 필 통할 만한 길이 험하기를 더할 수 없다.

1920년대 서울 성곽

전체 18.6킬로미터인 한양도성을 한 바퀴 도는 것을 순성놀이라 하는데
조선시대에 한양 사람들이 즐겼던 이 놀이는 오늘날 서울 사람들에게도 사랑받고 있다.
사진은 1920년대 서울 성곽의 모습.

동월이 언급한 험한 길은 바로 모래재〔沙峴〕, 길마재라고도 불리던 무악재로 평안도나 황해도의 서북지방에서 서울로 들어오는 길목의 관문 구실을 했다.

우리나라 국보 1호 숭례문

한양도성을 한 바퀴 도는 순성놀이는 대체로 숭례문에서부터 시작된다. 중구 남대문로에 있는 숭례문(국보 제1호)은 조선시대 도성을 둘러싸고 있는 성곽의 정문으로 성곽과 함께 만들어졌다. 사대문 가운데 남쪽에 있는 큰 문이라는 뜻에서 일명 남대문으로 불리는 숭례문에는 문턱이 없다. 그런데도 '남대문 문턱이 대추나무라고 한다'는 속담이 있는데, 이는 터무니없는 말로 우김질을 한다는 뜻이다. 숭례문은 일제 때 문의 양끝으로 이어져 있던 성곽이 허물어지고 성문만 남아 달리는 차들과 높은 빌딩에 둘러싸여 외롭게 서 있다가 2008년 어이없는 방화로 인해 재로 변하고 말았다. 이후 5년 3개월간 복원공사를 진행해 2013년 완료되었는데, 좌우측 성곽을 복구하는 등 조선시대 당시 모습에 더욱 가깝게 만들었다.

태조 5년(1396) 평양감사 조준趙浚의 감독하에 쌓기 시작한 숭례문은 《태조실록》 태조 7년(1398) 2월 8일자에 "도성의 남문이 이루어졌으므로, 임금이 가서 보았다"라고 기록된 것으로 보아 태조 7년에 완성되었음을 알 수 있다.

숭례문의 처마는 상하층 모두 겹처마이고, 사래 끝에는 토수吐首를 끼

숭례문

숭례문은 조선시대 한양도성의 정문이다. 사대문 가운데 남쪽에 위치하므로,
남대문으로도 불린다.

였다. 1962년 이 문을 해체수리할 때 발견된 상량문의 명문에 의하면 본래 지붕은 팔작지붕이었으나, 훗날 건물 사면에 지붕면이 있고 추녀마루가 용마루에서 만나게 되는 우진각지붕으로 바뀌었다고 한다. 숭례문이 지금의 형태로 다시 지어진 것은 세종 30년(1448) 5월이었다. 당시 세종이 이 문을 재건하려 한 이유가 《세종실록》 세종 15년(1433) 7월 21일자에 다음과 같이 기록되어 있다.

경복궁의 오른팔은 대체로 모두 산세가 낮고 미약하여 널리 헤벌어지게 트이어 품에 안는 판국이 없으므로, 남대문 밖에다 못을 파고 문안에다가 지천사支天寺를 둔 것은 그 때문이었다. 나는 남대문이 이렇게 낮고 평평한 것은 필시 당초에 땅을 파서 평평하게 한 것이었으리라고 생각된다. 이제 높이 쌓아 올려서 그 산맥과 연하게 하고 그 위에다 문을 설치하는 것이 어떻겠는가. 또 청파역에서부터 남산에까지 잇닿은 산맥의 여러 산봉우리들과 흥천사 북쪽 봉우리 근처에 소나무를 심어 가꿔서 무성하게 우거지도록 하는 것이 어떻겠는가.

숭례문 현판의 글씨에 대해서는 《신증동국여지승람》에 "양녕대군이 현판 글씨를 썼으며, 민간에서 남대문이라 부른다"라고 실려 있고, 조선 중기 문신 이수광李睟光이 지은 《지봉유설芝峰類設》에도 "세종대왕의 큰 형님인 양녕대군이 썼다"라고 나온다. 그러나 이 현판은 임진왜란 때 잃어버렸다고 한다. 그 뒤 오랜 세월이 지나 광해군 때 어느 밤에 남대문 밖 청파 배다리 개천 가운데에 서기가 뻗쳐올라 기이하게 여겨서 파보니 양녕대군이 쓴 현판이 나와서 다시 걸었다고 하지만 다른 사람이 썼다는 설도 있다.

정조와 순조 때 학자 정동유鄭東愈가 당시 풍속이나 제도 등을 고증 비판한 《주영편晝永編》이라는 책에 "숭례문의 글씨는 명종 때에 판서를 지낸 유진동柳辰소의 글씨로서 양녕대군의 글씨가 아닌데도 세상 사람 들은 자꾸 양녕의 것이라 믿으니 그것은 큰 잘못이다"라는 글을 남겼다. 정동유의 말이 사실이라면 본래 숭례문 글씨는 양녕대군이 썼지만 그 글 씨가 훼손되자 유진동이 다시 써서 걸었는지도 모르겠다.

'숭례문'이라는 글씨를 좋아했던 사람이 바로 천하의 명필이라고 알 려져 있는 추사秋史 김정희金正喜다. 그의 시문집 《완당집阮堂集》에는 "숭례문 편액은 신숙주의 아들인 신장申檣의 글씨인데 깊이 구歐의 골 수에 들어갔다"라고 실려 있다. 추사가 과천에서 한양을 오고 갈 때면 항 상 이 문 앞에서 황홀한 눈빛으로 해가 저무는 줄도 모르고 현판을 쳐다 보고 또 쳐다보았다는 일화도 있다.

지금은 남대문이 밤낮으로 열려 있지만 조선시대에는 밤이 되면 사대 문을 모두 닫고 통행을 막았다. 그래서 밤에는 아무리 고관대작이라 할 지라도 성안에 들어갈 수가 없었다. 정조 20년(1796) 1월 24일, 정조가 화성에 능행을 갔다가 조금 늦게 돌아왔는데 숭례문이 열리지 않아 길가 에 어가를 세우는 변고가 일어났다. 그때의 일이 《정조실록》 정조 20년 (1796) 1월 24일자에 다음과 같이 실려 있다.

상이 돌아오다 만천蔓川에 이르러 날이 이미 저물었는데, 성문이 먼저 닫혀 있어 어가가 노차路次에 머물게 되었으므로, 수궁승지 신기申耆·이경운李庚

運, 병조참의 이우진李羽晉을 파직하였다. 그런데 옥당의 여러 신하들이 차자를 올려 그들을 찬배하기를 청하니, 따랐다. 인하여 유도대신 영돈녕부사 김이소金履素를 파직하였다.

그다음 날인 1월 25일자에도 다음과 같은 글이 실려 있다.

> 우의정 윤시동이 차자로 청하기를,
> "병방승지 이익운李益運, 병조판서 이득신李得臣, 선상대장 서용보徐龍輔는 아울러 삭출하고, 수궁대장 정호인鄭好仁을 파직하소서."
> 하니, 그대로 따랐는데, 역시 성문을 지레 먼저 닫은 일 때문이었다.

조선 500년 역사 속에서 성군 중의 성군이라고 일컬어진 정조 역시 자기 자신에게는 관대했음을 알 수 있는 일화다. 그 당시 일반 평민들은 대부분 한강을 건넌 뒤에도 밤이 늦으면 사대문 안에 들어가지 못하고 이태원(현 용산구 이태원동)이나 살곶이원(현 성동구 사근동) 또는 청파역(현 용산구 청파동) 근처에서 하룻밤을 묵었다고 한다.

임진왜란과 병자호란, 그리고 일제강점기를 겪으면서도 그때의 모습을 그대로 간직하고 있는 숭례문, 즉 남대문에서 조선의 모든 길이 시작되었다. 외국에서 온 사신들 중 이 문을 통과하는 사람은 중국 사신뿐이었고, 왜국의 사신들은 반드시 두모포(옥수동) 나루에서 내린 뒤 시구문이라 불리는 광희문을 통해 도성에 들어왔고, 여진족 사신은 동소문, 즉 혜화문을 통해서만 도성에 들어올 수 있었다.

숭례문 근처에 있던 남지터

숭례문 근처에 '서울 남쪽에 있는 연못'이라는 이름의 남지南池가 있었는데 없어졌던 것을 성종 14년(1483)에 한명회가 다음과 같은 상소를 올려 다시 만들었다고 한다.

한양에다 도읍을 정할 때에 모화관 밖에 서지西池를, 숭례문 밖에 남지를 파서 풍수에 의한 화기를 진압했다고 들었는데, 세종 8년 이래 한양에 큰 불이 멎질 않으니 지금은 메워지고 없는 남지를 다시 파 이 화기를 잡아봄이 좋을 듯하옵니다.

이 남지에 전해져 내려오는 이야기가 있다. 남지의 연꽃이 무성하면 남인들이 흥하고, 서대문 밖 중국 사신들을 영접하던 모화관 근처에 있던 서지의 연꽃이 무성하면 서인들이 흥하며, 동지東池에 연꽃이 무성하면 동인들이 흥한다는 설이 있었다.

순조 때 남대문 밖의 장사꾼들이 추렴하여 메워졌던 남지를 다시 파고 물을 담자 항간에 다음과 같은 참요識謠가 떠돌았다.

허미수許眉叟가 정승이 되었을 때
남지를 팠었는데
다시 남지를 파니
남인 정승 또 보겠네

남인 미수眉叟 허목許穆이 우의정일 때 남지를 팠었는데 다시 남지를
파는 것을 보니 남인 출신의 정승이 또 나오겠다는 의미다. 과연 남지를
판 그해에 남인의 거두 채제공蔡濟恭이 정승에 등용되었다고 한다. 그때
의 참요는 지금도 남아 전해오지만 숭례문 근처 그 연못은 이제 흔적조차
없고 오직 '남지터'라는 표지석만 남아 있다. 남지가 있었을 것으로 추정
되는 자리에는 자동차들만 줄지어 달릴 뿐이다.

사라져버린 태평관터

숭례문 안에는 중국의 사신을 접대하던 태평관이 있었는데, 이곳 뒤에
는 누樓가 있었다. 이 누에 올라 시를 지은 사람이 많았는데, 다음은 명나
라에서 사신으로 왔던 기순祁順의 시이다.

개성을 지나며 송악을 쳐다봄이여

나라 사람들의 시청 觀廳을 놀래도다

물러나와 태평관에 머무름이여

맑은 흥 가이 없는 것이

누에 올라 사면을 바라보니

일만 경치 한곳에 모였도다

왕궁은 울울鬱鬱하고도 빛남이여

성곽이 저 멀리 에웠도다

앞에는 남산 뾰족하게 솟았고

뒤에는 북악산이 높도다

긴 행장은 아홉 거리에 잇달았고

크고 작은 집들 사방에 벌였도다

기순의 시를 보면 그 당시 사신들의 행로와 서울 풍경을 어렴풋이나마 미루어 짐작할 수 있다.

역시 명나라 사신으로 왔던 당고唐皐도 태평관에서 연회를 마친 뒤 누각에 올라 한 편의 시를 남겼다.

달밤에 누각에 오르니 생각이 넓고 커져

난간에 기대어 서 있으니 잠 오는 줄 모르겠네

담장 너머로 등잔불 희미하게 비치고

성곽 주위 인가는 원근에 이어져 있네

노송과 잣나무 바람 받아 그림자 일렁이고

뫼 봉우리 나란히 하늘 높이 솟아 있네

북 울려 빨리 돌아가라 재촉치 마시오

한기 들까 염려하여 술잔 돌리지 말라 일렀네

서울타워로 향하는 길을 따라 올라가면 남산에 이른다.

전국 각지 봉수의 최종 집결지 남산 봉수대

남산은 서울의 남쪽인 중구 남산동을 비롯해 용산구 후암동과 한남동 등 여러 동에 걸쳐 있다. 남산의 다른 이름으로는 목멱산·종남산·인경산·마뫼 등이 있다. 남산의 모양이 마치 달리는 말이 안장을 벗은 형국이라는 뜻에서 주마탈안형走馬脫鞍形이라 하고, 서쪽 머리는 누에머리라고도 한다. 조선이 도읍을 한양으로 옮기기 전까지만 해도 작은 산에 지나지 않았던 남산은 조선 개국을 계기로 역사 속에서 중요한 산으로 탈바꿈했다.

남산 정상에는 국경이나 해안에서 변란이나 내란이 발생하면 속히 조정에 보고할 수 있도록 통신수단인 봉수대를 설치했다. 남산의 봉수대는 동쪽의 제1봉수부터 서쪽의 제5봉수까지 5개의 봉수대로 구성되어 있다. 세종 때부터 정식으로 실시된 봉수제도에 따르면, 보통 때는 횃불 하나를 피워 올려 별일이 없음을 알리고, 적이 나타나면 2개, 적이 국경에 접근하면 3개, 적이 국경을 넘어오면 4개, 적과 접전을 하게 되면 5개를 피워 올렸다.

남산 동쪽에 있던 제1봉수에서는 워커힐을 동쪽 기슭에 안고 있는 광진구 아차산의 봉수대로부터 함경도와 강원도의 봉수를 받았고, 제2봉수에서는 광주군 천천현(천림산)으로부터 경상도의 봉수를 받았다. 제3봉수에서는 서대문구 무악산 동쪽 봉우리로부터 평안도와 황해도의 육로 봉수를 받았으며, 제4봉수에서는 노원구 수락산 동쪽 봉우리로부터 평안도와 황해도의 해로海路 봉수를 받았다. 제5봉수에서는 강서구 개화산으로부터 전라도와 충청도의 봉수를 받았다. 여러 개의 봉수 선로는 직봉과 간봉으로 나뉘어 서로 연결되었다. 직봉이 369개소, 간봉이 254개소로 도합 623개소가 있었으며, 제주도에는 직봉 25개소, 간봉 38개소가 있었다.

지방에서 올라오는 봉수의 마지막 집결지인 남산 봉수대는 전해지는 기록이 없어 정확한 자리를 확인할 수 없으나 남산 팔각정 앞에 봉수대지(서울시기념물 제14호)가 복원되어 있다.

남산에 올라서서 바라보면 서울 시가지가 발아래에 그림같이 펼쳐지고, 남쪽으로 한강이 유장하게 흘러간다. 조선 후기 실학자 유득공柳得恭은 영조 46년(1770) 3월 3일에 연암 박지원朴趾源, 이덕무李德懋와 함께 삼청동 일대에서 놀고 그 이튿날 남산에 오른 감회를《춘성유기春城遊記》에 다음과 같이 남겼다.

남산 높은 곳에 올라서서 백악을 바라보니 산체가 둥글고 끝이 뾰족해서 마치 사람이 모자를 쓴 것 같고, 멀리 바라다보이는 도봉산은 높았다 낮았다 해서 전통에 화살을 꽂은 듯 필통에 붓을 꽂은 듯하고, 인왕산은 마치 사람이 두 팔을 벌리고 나는 것 같으며, 삼각산은 마치 여러 사람이 모여 서서 그중에 키 가 큰 한 사람이 굽어보는데, 여러 사람의 머리가 그 턱 밑에 닿은 듯하다.

성안의 기와집들은 마치 거무스레한 흙밭을 새로 갈아엎은 것 같고, 큰길을 오가는 행인들은 마치 긴 개울물이 들판을 꿰뚫고 굽이쳐 흐르는 가운데 노니는 물고기들 같았다.

성안의 호구戶口가 8만이라 하는데, 지금 이 시점에 웃고 울고 노래하고 마시고 장기 두고 바둑 두고 남을 칭찬하고 남을 비방하는 등 무슨 일을 하거나 하려고 하는 사람들은 이 높은 곳에서 한눈에 볼 수 있다면 웃음이 터져 나올 것이다.

높은 곳에 올라 까마득히 펼쳐진 아래 세상을 바라보면 사람들의 삶이 얼마나 우습게 보일 것인가.

남산은 한강과 서울 일대가 내려다보일 뿐 아니라 숲이 울창하고 골짜기마다 흐르는 계곡물이 깨끗하고 맑아서 봄부터 가을까지 사람들이 많이 찾는 곳이었다. 이 산자락에서 성안의 젊은이들이 단오절에 모여서 씨름을 했다는 기록이 《경도잡지》에 다음과 같이 실려 있다.

남산은 사람들이 쉬는 놀이터가 된다. 봄, 여름, 가을에는 날이 맑으면 으레 몇 사람씩 산을 거닐고 나무 아래에 눕고 성 위에 앉아서 남쪽 강(한강)을 바라보고 경치를 즐긴다. 어떤 때는 악기를 가지고 가는데, 이 악기는 입과 대는 갈대나 대로 되었고, 끝은 놋쇠로 된 피리이다.

한편 이곳 남산에 조선의 개국공신인 정도전과 남은南誾의 자취가 서려 있다. 조선 개국 초기에 "저 남南산에 가서 돌을 뜨는데, 정釘 남은 것 없다"라는 동요가 세상에 떠돌았다. 그 뒤 얼마 안 가서 정도전과 남은이 이방원에 의해 죽임을 당했는데, '남南'은 남은을 말했던 것이고, '정釘'은 '정鄭'과 음이 같으니 정도전을 말한 것이므로 남과 정이 모두 없어진다는 뜻의 노래라고 할 것이다.

©이혜민

남산

남산은 한강과 서울 일대가 내려다보일 뿐 아니라 숲이 울창하고
계곡물이 맑고 깨끗해서 봄가을 많은 사람들이 찾는 곳이었다.
사진은 서울타워를 보며 오르는 한양도성 남산 구간.

손순효의 자취가 서린 남산

조선시대 남산골에는 벼슬을 하지 못하는 가난한 선비들이 많이 살았다. 남산골 선비들을 '남산골 샌님'이라고도 했는데, 이는 가난해서 오기만 남은 선비를 비아냥거릴 때 쓰는 말이다.

남산에 성종 임금과 찬성贊成 손순효孫舜孝에 얽힌 일화가 남아 있다.

손순효는 성종 때에 충성스럽고 소박하며 정직하기로 이름이 났던 문신이다. 임금도 그를 몹시 좋아했다. 어느 날 성종이 늦은 오후에 두 사람의 내시와 함께 경회루에 올라 멀리 바라보자, 남산 기슭에 두어 사람이 수풀 사이에 둘러앉아 있었다. 그 모습이 손순효일 것이라고 짐작한 임금이 사람을 시켜 가보라고 했다. 임금의 예감이 틀리지 않아 손순효가 두 사람의 손님과 함께 막걸리를 마시고 있는데, 쟁반 위에 누런 오이 한 개가 놓여 있을 뿐이었다.

그 말을 전해들은 임금이 바로 "말 한 필에다가 술과 고기를 잔뜩 실어다 주게" 하고 이어서 경계의 말을 전하기를 "내일 조정에 나오면 절대로 고맙다는 말을 하지 못하게 해라. 다른 신하가 알면 반드시 내가 손순효를 편애한다고 싫어할 것이다"라고 했다.

손순효는 그 친구와 함께 임금이 하사한 술과 안주를 넘치도록 배불리 먹고 취했다. 다음 날 이른 아침에 손순효는 감사의 마음을 전하기 위해 입궐했다. 그러자 임금이 어제 당부한 경계의 말을 지키지 않은 것을 나무라자 손순효는 울면서 대답했다.

"신은 다만 은덕에 감사하려는 것뿐이옵니다."

또 하루는 손순효가 재추宰樞들과 술을 마시며 담소를 나누기를 저녁까지 했는데, 새벽에 일어나 다음과 같이 말했다.

"내가 심기가 불편하니 빨리 밥을 지어오라."

밥을 먹고는 "내 좀 쉬고 싶구나" 하며 안석에 등을 기대어 앉았다. 가족들은 그가 잠을 자는 거라고 생각했는데, 한참 있다가 가보니 숨이 멎어 있었다.

그는 죽기 전에 "우리 집은 초야에서 일어났기에 물려줄 물건도 없다. 다만 없는 것을 전해줄 따름이다"라고 말한 뒤에 가슴을 손가락질하며, "이 속에 더러운 것이라곤 조금도 없다"라며 눈을 감았다.

재상이 죽으면 무덤 속에 부장품을 함께 묻는데, 그의 무덤에는 평소 그가 즐기던 소주 한 병뿐이었다고 한다.

세상에서 가장 크고 호화로운 집 남산 허백당

조선 전기인 성종 때 남산 자락에 세상에서 가장 크고 호화로운 집이 있다는 소문이 나라 안에 자자했다. 한양의 남산에 9만 9999칸이란 상상을 초월하는 호화주택이 있다는 것이었다. 그 소문은 팔도에 떠돌아 지방 사람들이 서울에 오면 그 집을 구경하고자 남산을 헤매고 다녔다. 그러다 그 집을 발견하고선 실망이 컸다. 왜냐하면 소문의 집은 판서를 지낸 홍귀달洪貴達의 집인데, 소문과 달리 허백당虛白堂이란 당호가 붙은 단칸 초막이었기 때문이다.

그 집에 실망한 사람들이 홍귀달에게 물었다.

"이렇게 작은 집을 짓고 살면서 왜 그렇게 허풍을 떨었습니까?"

홍귀달은 이렇게 대답했다.

"나는 이 단칸방에 달도 들여놓고, 구름도 들여놓고, 바람도 지나가게 하면서 하루에도 9만 9999칸에서 할 수 있는 생각을 다 하고 살고 있다네."

홍귀달의 청빈하면서도 호방한 생각이 사람들의 입에서 입으로 구전되었고, 그에 대한 일화가 조선 후기 실학자 이긍익의 《연려실기술燃藜室記述》에도 다음과 같이 실려 있다.

홍귀달의 집이 남산 밑에 있었다. 그 언덕에다가 초가로 정자를 만드니 세로와 가로가 겨우 두어 발〔丈〕이었다. 허백당이라 이름을 써 붙이고 매양 퇴근하면 복건을 쓰고 여장을 지고 그 안에서 읊조리며 마치 세상을 잊은 것 같았다. 파직된 뒤로는 더욱 세상일에 관계하지 않았다.

그가 지은 시 구절에는 "산비 솔바람에도 역시 시끄러움을 싫어하노라" 하였다. 그러나 때로는 친구들이 그의 풍채를 흠모하여 모여드는 이가 많아 즐거이 상대하여 술상을 벌여놓고 회포를 풀며 시를 읊었다.

보는 사람들은 그가 정승을 지낸 귀인인 줄 몰랐다. 평생에 남과 눈 한 번 흘긴 일이 없으나 다만 국사에 대해 말할 것이 있으면 침묵하지 않았다. 자제들이 때로, "좀 참으시지 왜 집안 식구들을 생각하지 않으십니까?" 하였다. 그는 "내가 역대 조정에서 두터운 은혜를 입었고, 또 이미 늙었으니 지금 죽은들 무엇이 아까우냐"라고 말하며 끝내 고치지 않았다.

한편 남산에는 국사당터가 남아 있다. 국사당터는 남산 꼭대기 넓은 곳에 있던 사당터로 목멱신사라고도 부른다. 화상을 모시고 봄가을에 제사를 지냈는데, 고종 때 폐지해 사당만 남아 있다가 1925년에 일제가 철거해 현판과 사당의 일부가 인왕산 서쪽 기슭 선바위 아래 당집으로 옮겨졌다.

"안개 낀 장충단공원 누구를 찾아왔나"라는 배호의 노랫말로 알려져 있는 남산 동쪽 기슭의 장충단공원도 사당이 있던 곳이다.

명성황후 시해 사건 때 궁내부대신 이경직과 연대장 홍계훈을 비롯하여 많은 장병들이 일본인들을 물리치려다 죽었다. 이에 고종은 그들의 영령을 위로하고자 고종 37년(1900) 장충단獎忠壇을 짓고 매년 봄가을에 제사를 지냈다. 그러나 경술국치 후 일제에 의해 장충단은 사라졌고, 이후 민족정신을 말살하려는 의도에 따라 장충단공원으로 만들었다. 지금은 장충단공원 전역이 남산공원의 일부로 합병되었다.

광희문을 지나 흥인지문으로 이어지는 길

남산에서 장충체육관을 지나 성곽을 따라가면 만나는 문이 광희문이다. 중구 광희동에 있는 광희문은 수구문, 또는 시구문이라고도 부른다. 세조 2년(1456)에 서울 동남방 곧 장충동 2가에서 한남동으로 넘어가는 고개에 남소문을 내고 광희문이라 했다. 예종 1년(1469)에 경복궁에서 볼 때 이 문이 왕실의 황천문이 된다 하여 그 문을 막고, 광희동에 새로 수구문을 내는 동시에, 남소문의 현판을 광희문에 가져다 달았다. 옛날에 도성 안에서 사람이 죽으면, 시체를 이 문을 통해 신당동, 왕십리, 금호동 쪽으로 운반해 매장하므로 속칭 시구문屍口門이라 불렀다. 김지하 시인의 시 '녹두꽃'의 시구인 "별 푸른 시구문 아래 목 베어"가 떠오르는 곳이 바로 이곳이다.

광희문에서 홍인지문이 멀지 않다. 홍인지문(보물 제1호)은 한양도성 사대문 가운데 동쪽에 있는 문으로 일명 동대문이라고도 하는데 도성을 쌓을 때 같이 짓기 시작하여 태조 7년(1398)에 완성되었다. 단종 원년(1453)에 고쳐 지었고, 지금 있는 문은 고종 6년(1869)에 새로 지은 것이다. 홍인지문은 원래는 홍인문이었으나 세조 이후에 한성의 동쪽 지세가 낮아서 산세의 형상을 가진 '지之' 자를 넣어 낮은 지세를 높이고 강하게 하려고 홍인지문으로 고쳤다.

예로부터 홍인문 밖에는 버드나무가 울창했으므로 '홍인문외양류興仁門外陽柳'라 하여 필운대의 살구꽃, 북둔(성북구 성북동)의 복숭아꽃, 천연정의 연꽃, 삼청동, 탕춘대와 더불어 서울의 놀이터로 유명했다. 홍인지문에서는 가뭄이 심하면 기우제를 올렸고 반대로 긴 장마가 들어도 비를 그치게 해달라는 영제榮祭를 올렸다.

홍인지문은 도성의 다른 문들과 달리 성문을 보호하고 튼튼히 지키기 위하여 반원 모양의 옹성甕城을 쌓았으며, 조선 후기 성문 건축의 특징을 잘 보여주는 건물이다.

광희문

옛날에 서울 사람이 죽으면 시체를 이 문으로 내어 가서
신당동, 왕십리, 금호동 쪽으로 운반해 매장했으므로 속칭 시구문이라 불렀다.

김창협의 흔적이 남은 흥인지문

조선시대의 사대부들이 금강산이나 강릉과 양양, 함흥, 즉 관동지방으로 유람을 갈 때나 벼슬길을 떠날 때에도 흥인지문에서 시작하는 관동로를 이용했다. 조선 중기의 문장가인 김창협이 금강산 유람을 위해 나섰던 것도 바로 흥인지문이었다. 그가 어린 시절부터 소망했던 금강산 유람을 떠나며 설레고 즐거운 마음을 유람기에 다음과 같이 남겼다.

동으로 흥인문을 나가니 하늘은 높고 바람은 맑은데, 구릉과 들판이 고요하고 휑하여 내 마음 벌써 너울너울 산수 간에 달리는 것이었다.

김창협과는 다른 이유로 이곳 동대문 밖을 지나서 역사 속을 걸어갔던 사람이 조선시대 빼어난 문장가 송강松江 정철鄭澈의 형 정자鄭滋였다.

을사사화가 일어났을 당시 정철의 아버지 정유침은 사온령司醞令, 즉 궁중에서 쓰는 술을 빚는 사온서司醞署의 책임자였고 형 정자는 이조정랑이었다. 을사사화로 계림군은 모진 고문 끝에 자복하여 능지처참을 당했고, 정유침은 함경도 정평定平으로, 정자는 전라도 광양으로 귀양길에 올랐다. 잠시 귀양에서 풀려났던 정유침은 명종 2년(1547) 가을 양재역 벽서 사건으로 다시 붙잡혀 경상도 영일로 귀양을 가게 되었다. 전라도 광양에 귀양 가 있던 정자를 더 멀리 보내야 된다는 상소문이 빗발치자 함경도 두만강가에 있는 경원慶源으로 옮겨 가게 되면서 서울에 당도했다.

성안에는 들어가지 못하고 동대문 밖을 지난다는 소식을 듣고 달려나

홍인지문

동쪽에 위치하므로 동대문으로도 불리는 홍인지문은 조선시대에 중요한 국가 시설이 있는
한성부를 보호하기 위해 만든 성문이다.

온 그의 어머니가 아들에게 자기의 속옷을 벗어 입히면서 "아들이 싸움터에 나갈 때 어머니의 옷을 입고 가면 빨리 돌아온다는 옛말이 있다"며 아들의 가슴을 어루만지며 통곡하자 지나가던 사람들이 모두 눈물을 지었다고 한다. 그러나 어머니의 간절한 소망은 이루어지지 않고 정자는 경원으로 가는 도중에 장독이 도져 죽고 말았다.

삼척부사로 임명되었던 허균이나 양양부사로 부임했던 박지원을 비롯한 수많은 사람들이 가슴을 설레기도 하고 눈물과 한숨을 지으며 떠났던 길이 《대동지지大東地志》에 나타난 동남지평해삼도로東南至平海三道路, 즉 평해로平海路라고도 부르는 관동로였다.

관우의 제사를 지내는 동묘

홍인지문에서 멀지 않은 종로구 숭인동에 있는 동묘는 중국 촉나라 때 유명한 장군인 관우의 제사를 지내는 묘로 정식 명칭은 서울 동관왕묘(보물 제142호)이다. 이곳에 동묘를 짓게 된 이유는 임진왜란 때 조선과 명나라가 왜군을 물리치게 된 것은 관우 장군에게 덕을 입어서라고 여겼기 때문이다.

동묘는 선조 32년(1599)에 짓기 시작하여 2년 뒤인 선조 34년(1601)에 완성되었고, 명나라의 신종이 직접 '현령 소덕관공지묘顯靈 昭德關公之廟'라는 여덟 자를 써서 보낸 현판을 달았다. 그 뒤 명나라가 망하자 청나라를 의식해 그 현판을 떼었다가 다시 달았다.

서울 동관왕묘

동관왕묘(동묘)는 중국 촉나라 장수 관우를 모신 사당이다.
이곳에 동묘를 짓게 된 이유는 임진왜란 때 조선과 명나라가 왜군을 물리치게 된 것은
관우에게 덕을 입어서라고 여겼기 때문이다.

하지만 관왕묘를 짓는 것에 대해 부정적인 사람들도 많았다. 《선조실록》 선조 32년(1599) 6월 22일자에는 "관왕묘의 역사는 매우 허탄虛誕한 일로 한 번 짓는 것도 그릇된 일인데 금지하지 못하였고 이제 또 동교東郊에 토목 공사를 크게 일으키니, 전쟁으로 인해 살아남은 백성들이 어떻게 살아갈 수 있겠는가"라는 대목이 보인다.

동대문 밖에 동묘가 있다면 남대문 밖 복숭아골(지금의 용산구 동자동)에는 관우에게 제사 지내는 남관왕묘, 즉 남묘가 있다.

남묘는 임진왜란에 참전한 명나라 장수 진유격陳遊擊의 주도로 건립되기 시작했다. 진유격은 자신의 처소 뒤뜰에 있는 낡은 집을 이용하여 관왕묘를 건립하고 소상塑像을 봉안했다. 그러나 명나라 군사들만의 힘으로는 시설을 완비하기 어려워 조선 왕실에 도움을 청해 왕실에서 목수와 미장이를 보내주고 건축비용을 보조해주었다.

《증보문헌비고》에 따르면, 임진왜란과 정유재란에서 관왕의 영혼이 자주 나타나 신병神兵이 명나라 군사를 도왔다고 했는데, 이것을 보면 명나라 장수들이 관왕묘를 건립하는 데 힘쓴 것은 아마도 군사들의 사기를 높이기 위한 것으로 추정된다.

선조 31년(1598)에 관우를 모시기 위해 세운 이 사당의 정전에는 관우를 모셨고, 앞에는 관평과 주창의 입상을 모신 사당으로 명나라 식으로 건물을 짓고, 국가에서 제사를 지냈다. 영조 22년(1747)에 영조는 친필로 '현령소덕왕묘顯靈昭德王廟'라는 '액額'을 써서 남묘와 동묘에 걸었고, 이곳에는 숙종과 정조가 친필로 쓴 비석이 있다.

그러나 이후 관우신앙은 조선 전역에 퍼졌는데 숙종 때 태어나 영조 때

까지 살았던 남유용南有容이라는 사람이 지은 《뇌연집雷淵集》을 보면
얼마나 많은 폐단이 발생했는지를 알 수 있다.

> 명나라 장수들에 의해 관우묘를 짓고 우리들로 하여금 믿게 한 것인데 요사
> 이는 어리석은 지아비나 아낙네들이 어제보다 오늘이 더하게 더욱 많은 피륙
> 과 돈을 바치니 이는 오히려 관우를 욕보이는 것이다. 관우묘를 찾는 이들이여
> 모름지기 자숙할지어다.

한편 남관왕묘 건너편에는 태종의 큰 아들 양녕대군의 사당인 지덕사
가 있다. 양녕대군이 세자에서 폐위되고, 그 자손들의 삶이 그다지 윤택
하지 않았다. 특히 사손祀孫(조상의 제사를 맡아 받드는 자손)인 이지광李
趾光이 몹시 가난하게 살면서 세상에 의지할 곳이 없음을 한탄했다. 어떤
사람이 이지광의 사정을 알고서 "그대의 집 앞에 있는 늙은 전나무를 베
어 없애면 귀하게 될 것이네"라고 말했다.

그의 말을 듣고 이지광이 나무를 베었는데, 얼마 지나지 않아 영조가
남관왕묘에 거동했다가 건너편 언덕을 보았다. 그런데 전나무에 가려 보
이지 않았던 사당이 보이자 신하에게 누구의 사당인가 묻고서야 양녕대
군의 사당이라는 것을 알게 된 영조는 즉석에서 사손을 불러 벼슬을 주
고, 사당을 중수케 하고서 편액을 써주었다. 그리고 그 자손들을 대대로
보호하도록 특명을 내렸다. 그 뒤 그 사당을 영등포구 상도동에 있는 양
녕대군의 묘소 부근으로 옮겼다.

낙산 기슭에 살았던 사람들

홍인지문에서 북쪽으로 보면 야트막한 산이 바로 낙가산이라고도 부르는 낙산駱山이다. 낙산은 한양의 좌청룡에 해당하는 산이다. 산의 모양이 낙타를 닮아 낙타산이라고 하거나 낙타산이 변하여 타락산駝駱山이라 하기도 한다. 이 산은 종로구 이화동·동숭동, 동대문구 창신동·신설동·보문동, 성북구 삼선동에 걸쳐 있으며, 서울 성곽의 조영 원리를 제대로 볼 수 있는 곳 중 하나다.

조선시대에는 낙산 아래에 수없이 많은 명사들이 살았는데《동국여지비고》에는 "신광한申光漢의 집이 낙산 아래에 있는데, 사람들이 '신대申臺'라고 하여 명승지로 꼽았다. 표암 강세황이 '홍천취벽紅泉翠碧' 네 글자를 써서 바위에 새겨놓았다"라고 실려 있다. 좌의정을 지냈던 박은朴誾, 판한성부사를 지낸 이석형李石亨, 태종의 외손이었던 남이南怡, 동서분당의 주역인 김효원金孝元 등이 낙산 기슭에서 살았고, 정통 성리학자로 주자의 학설을 신봉한 우암 송시열宋時烈이 성균관 동쪽에 터를 잡고 살았다.

낙산 기슭에는 인조의 셋째 아들인 인평대군의 집이 있었다. 그곳에는 석양루夕陽樓라는 누각이 있었는데, 기와 벽돌에 모두 그림을 그렸으며, 규모가 넓고 화려한 것이 여러 제택諸宅 중에 제일이었으나, 훗날 공신의 화상과 동원비기를 보관하는 장생전長生殿이 되었다.

명사들이 이 지역에 대를 이어 살았던 것은 풍광이 그만큼 빼어났기 때문이었다.

낙산공원과 혜화문

낙산 구간은 경사가 완만하여 산책하듯 걷기에 적당하다. 홍인지문에서 시작해
낙산공원(위)을 지나서 한성대입구역으로 내려가 지하도를 건너 5번 출구로 나가면
혜화문(아래)이 나온다.

이석형의 집이 성균관 서쪽에 있어 냇물과 숲이 깊숙하고 그윽하다. 망건 바람으로 명아주 지팡이를 짚고, 휘파람 불며 노래하기도 하고, 손님이 찾아오면 붙잡고 술을 마시니 마치 신선과 같았다. 띠풀로 이엉한 정자 몇 칸을 동산 가운데에 짓고 이를 '물이 넘치는 것을 경계한다'는 뜻을 지닌 '계일정戒溢亭'이라 하였다.

이석형의 후손인 월사 이정구李廷龜가 《월사집》에서 이석형과 그의 집에 대해 쓴 글이다. 이석형은 성균관 연화방 집터에 네모난 연못을 파고서 물이 흐르는 아래쪽에 도랑을 돌로 막은 뒤, 연못에 물이 가득 차면 열어놓고 줄어들면 막아 항상 물이 넘치지도 줄지도 않게 하고서 다음과 같은 글을 지었다.

물이 평온하면 몸이 고요하고, 물이 고요하면 성품이 맑고, 성품이 맑으면 온갖 물건이 와서 비친다. 이것을 마음에 비기면 희노애락이 아직 발동하지 아니하여 한곳으로 기울지 않은 상태라고 할 수 있다. 천하의 이치가 모두 여기에서 나온다. 이것은 천하의 근본인 곳이다. 흐린 물결이 흐려지는 것은 사람에 빠져서 점점 얽매기 때문이다. 그런데 사람마다 물이 맑고 흐린 것은 잘 보지만 차고 넘치는 것에는 소홀하게 보아 넘기기 일쑤이다. 마음을 맑게 하여 본체本體의 밝음을 얻으려고 한다면 배움을 좋아하는 사람이 아니고서는 능히 못한다. 조금 삼가지 않으면 교만과 넘침이 절로 이르니 곧 사람마다 반드시 경계하여야 할 것이다. 그러므로 나의 정자 이름을 '계일'이라고 한 것이다.

크다면 크고 작다면 작은 도성 안에서 조선 500년 사직을 일구었던 것이다. 명종 때 천문지리학자 남사고南師古가 동으로 낙산, 서로 안현鞍峴을 가리키며 반드시 붕당이 생길 것인데, "낙이란 것은 각마各馬이니, 동東을 주장하는 당黨은 각기 나눠질 것이요, 안鞍은 혁안革安이니, 서西를 주장하는 당은 혁명한 후에 안정되리라" 했다. 그 말이 들어맞아서인지 동인은 여러 갈래로 갈라지고, 서인은 인조반정 후에 안정되었다.

낙산으로 오르는 길, 성벽 아래 집들은 1980년대 풍경인데, 서울에 이런 모습이 지금까지 그대로 남아 있다는 것이 신기할 따름이다.

동망봉에서 영월을 바라보다

이곳 낙산 동쪽에 자리잡은 봉우리가 동망봉이다. 비운의 임금인 단종의 아내였던 정순왕후가 강원도 영월로 유배를 간 단종을 향해 이곳에서 아침저녁으로 제를 올렸다고 한다. 당시 지금의 동대문역에서 낙산까지 이르는 구간에서 이 일대의 아낙네들이 정순왕후를 돕기 위해 채소를 팔았던 것이 동대문시장의 전신이라는 말도 있지만, 대개 큰 대문 근처에 시장이 형성되었던 전례에 비추어볼 때 정순왕후를 안타깝게 여긴 사람들이 만들어낸 이야기일 것이다.

낙산공원에서 암문을 지나서 내려가면 한성대입구역이고, 지하도를 건너서 5번 출구로 나가면 혜화문이 나온다. 혜화문은 도성 북동쪽에 있는 사소문의 하나로 정면 3칸, 측면 2칸의 익공식 우진각지붕 건물이다.

태조 5년(1397)에 도성을 에워싸는 성곽을 축조하면서 함께 세운 이 문은 사소문 가운데 동문과 북문 사이에 위치했으므로 동소문東小門이라고도 한다.

혜화문은 폐쇄된 숙정문을 대신하여 한양의 북쪽 관문 역할을 했다. 혜화문을 나서면 수유고개(지금의 강북구 수유동)를 거쳐 의정부·양주, 원산에서 경흥까지 이어졌기 때문이다. 처음에는 문 이름을 홍화문으로 했다가 성종 14년(1483)에 새로 창건한 창경궁의 동문을 역시 홍화라고 함에 따라 혼돈을 피하기 위하여 중종 6년(1511)에 혜화로 고쳤다.

건물은 여러 차례의 수리를 거쳐 숙종 10년(1684)에 문루를 새로 지었는데, 일제강점기인 1928년에 도시를 확장하면서 헐렸다. 원래 혜화문은 혜화동로터리에서 돈암동으로 이어지는 도로 언덕에 있었는데, 1994년 본래 자리보다 북쪽에 복원되었다.

혜화문에서 경신중학교와 최순우 옛집을 지날 때까지 끊어져 있던 성곽은 서울과학고등학교 부근에서 다시 나타난다. 성곽길은 와룡공원 쪽으로 이어지고 여기서부터 계속 오르막길인 북악산 등산로이다.

도성의 북쪽 대문이었던 숙정문

와룡공원 쉼터에서 잠시 쉰 뒤 25분 정도 걸으면 말바위안내소가 있다. 이곳을 지나 잘 정돈된 성곽길을 따라가면 숙청문으로도 불렸던 숙정문이 나온다.

숙정문

한양도성 사대문 가운데 하나로 도성의 북쪽 대문이다.
현존하는 도성문 중 유일하게 좌우 양쪽으로 성벽이 연결되어 있다.

숙정문은 종로구 삼청동의 북악산 동쪽 고갯마루에 있는 한양도성 사대문 중 하나로 북대문 또는 북문이라고도 부른다. 경복궁의 주산인 북악산의 동쪽 고개에 자리잡고 있는 이 문은 태조 4년(1395)에 건립되었다. 처음 성을 쌓을 때에는 북악산 쪽으로 끌어당겨서 쌓았는데, 연산군 10년(1504) 7월에 문의 위치를 동쪽으로 옮겨 지었다.

태종 13년(1413)에 풍수가인 최양선崔揚善이 임금에게 북악산 동쪽 고개와 서쪽 고개는 경복궁의 양팔에 해당되므로 여기에 문을 내면 안 된다고 청했다. 그의 말을 받아들여 창의문(일명 자하문)과 함께 문을 폐쇄하고 길에 소나무를 심은 뒤 일반인의 출입을 통제했다.

원래 이 문은 높은 산 중턱에 있으므로 길이 험하기 때문에 사람들의 통행이 빈번하지 않았던 곳이라 문을 폐쇄해도 아무런 지장이 없어서 영구히 닫아두었다. 다만 나라에 가뭄이 심할 때에 이 문을 열고 숭례문을 닫는 풍습이 있었다. 이것은 북은 음陰이며 남은 양陽인 까닭에 가뭄이 심할 때 양을 억제하고 음을 부양하는 음양오행사상에서 나온 것이다. 또 다른 이야기로는 실제로는 용이 없으니까 도롱뇽을 잡아다가 아이들에게 괴롭히게 하여 도롱뇽을 울게 하기도 했다고 한다.

풍수설에 북문을 열어놓으면 음풍陰風이 들어와서 서울 사대부집 부녀자들이 풍기문란해진다고 하여 항상 문을 닫아두었다.

예종 원년에 남소문(장충단에서 한남동으로 넘어가는 고갯마루에 있던 문)을 폐쇄하라는 하명이 있었다. 그 이유는 음양가들이 손방巽方을 싫어하기 때문이라고 했다. 양주 북한산으로 통하는 숙정문 역시 지금 폐문하고 쓰지 않으니, 언제부터 막았는지 알 수가 없다. 이 성문을 열어두면 성안에 상중하간지풍桑中河間之風이 불어댄다 하여 이를 폐했다고 한다.

조선 후기 실학자 이규경李圭景이 지은 《오주연문장전산고五洲衍文長箋散稿》에 실린 글이다. 그러나 숙정문에 대한 풍수설은 정월 보름 전에 이 문을 3번 오가면 액운이 없어진다고 해서 부녀자들의 나들이가 많아지자 남정네들도 모여들어 풍기가 문란해졌기 때문에 퍼진 것이라고 한다.

원래의 이름이 숙청문이던 이 문이 어느 때부터 숙정문으로 바뀌었는지는 확실하지 않지만, 《중종실록》 이후 모든 기록에 숙정문이라 되어 있다. 1976년 이 문을 복원하고 숙정문이라는 편액을 걸었다.

서울이 눈에 잡힐 듯 보이는 북악산

도성의 북쪽에 자리잡은 숙정문을 지나면 촛대바위에 이르고, 서쪽을 보면 북악산 정상이다.

북악산은 경복궁 북쪽에 대나무순같이 우뚝 솟은 산으로 백악 또는 공극산, 면악이라고도 부른다. 고려 숙종 9년(1104)에 윤관尹瓘 등이 남경 터를 아뢰기를, "삼각산, 면악 남쪽의 산형과 수세가 가히 도읍을 세울 만하다"라고 했다. 신라 말 풍수지리가인 도선道詵도 충천목성衝千木星이 가히 궁궐의 주룡主龍이 된다 했던 곳이다. 이 산에 오르면 서울을 받치고 있는 북한산이 한눈에 보이고 앞에는 경복궁과 청와대가 펼쳐져 있고, 조선에서 현재로 이어진 서울이 눈에 잡힐 듯 보인다.

북악산의 정상인 상상봉에 조선시대 초기에 많은 사람들의 신앙처로 자리잡은 백악신사白嶽神祠가 있었는데, 어느 때 없어졌는지는 알 길이 없다. 다만 조선 중기의 빼어난 문장가인 권필權韠에 대한 이야기가 전해져 내려온다.

권필이 어렸을 때 북악산의 정상에서 놀던 중에 백악신사 안을 들여다 보았다. 그 안에 정녀부인 신위神位의 화상畵像 족자를 발견하고 "도대체 이 조그마한 여신이 무엇이기에 이 밝은 하늘 아래에서 많은 남녀들의 신앙을 받는단 말인가?"라고 말하며 그 자리에서 족자를 찢어버렸다. 권필은 사람들이 이 북악산에 올라와서 백악신사 앞에서 굽신거리며 절을 하고 예를 올리는 것이 우스운 일이라며 못마땅하게 여긴 것이다.

기이한 일이 일어난 것은 그날 밤이었다. 권필의 꿈에 하얀 저고리에 청색 치마를 두른 어리고 꽃다운 여자가 화가 잔뜩 나서 찾아와 다음과 같이 말했다.

나는 하느님의 딸로 하느님 앞에서 일하는 국토國土라는 남자 신에게 시집 온 정녀부인이다. 고려의 나라 운세가 다 되어 하느님께서 이씨를 도와 한양에 도읍을 정하고 국토신으로 하여금 남산에 내려와서 동쪽 땅 조선을 든든히 지키게 했다.

그 뒤로 내가 남편과 헤어진 것을 하느님께서 각별히 여겨 백악으로 내려 보내셔서 국토신과 함께 나라를 지키게 하였거늘, 이제 200년이 지난 오늘에 와서 너와 같은 어린아이에게 모욕을 당하고 보니 분을 참을 수 없다. 머지않아 하느님께 하소연하여 원수를 갚을 터이니 그리 알아라.

꿈에 나타난 여인은 백악신사 정녀부인 화상 그대로여서 권필은 불길한 마음을 가지고 살았다. 그 뒤로 몇십 년이 지나 권필은 광해군의 부인 유씨의 아우 유희분柳希奮 등의 방종을 풍자한 궁류시宮柳詩로 시화詩禍를 입어 함경도로 유배를 가던 전날 밤 동대문 밖 주막집에서 술에 취해 잠깐 눈을 붙였다. 그때 정녀부인이 나타나 "이제 나의 원한을 풀게 되었다"라고 말하며 등을 돌린 채 사뿐사뿐 사라지는 것이었다. 화들짝 놀래서 깨어보니 꿈이었다. 권필은 그날 밤, 세상을 등졌다. 그의 나이 마흔셋이었다.

이 이야기가 사실인지, 아닌지를 확인할 길은 없다. 하지만 그때까지 사람들의 백악신사에 대한 믿음이 얼마나 절실했는지 유추해볼 수 있는 이야기라 하겠다.

사소문 가운데 유일하게 남아 있는 창의문

북악산에서 가파른 성벽길을 내려가 만나는 창의문(보물 제1881호)은 정면 3칸, 측면 2칸의 우진각지붕 건물이다. 창의문은 일명 자하문이라고도 부르며 서울 성곽 사소문 중 하나로 서북쪽에 있는 문이다. 태조 5년(1396)에 건립되어 숙정문과 함께 양주, 고양 방면으로 향하는 길이었으나 태종16년(1416) 풍수지리설에 의해 폐쇄하여 통행을 금지시켰다가 중종 1년(1506)에 다시 문을 열어 통행이 가능해졌다.

현재의 창의문은 영조 17년(1741)에 세운 것으로 사소문 가운데 유일하게 조선시대 문루가 그대로 남아 있는 문이다. 1956년에 이 문을 보수할 때 장여 속에서 묵서墨書가 나왔는데 여기에는 영조 17년 6월 16일에 상량했다고 적혀 있어 건립 연대를 정확히 알 수 있다.

창의문은 숭례문이나 홍인지문의 석축과 같은 양식의 축대를 작은 규모로 쌓고 그 위에 세운 단층 문루이다. 가구架構 방식은 평주平柱의 주두柱頭 위에 바로 대들보를 얹고 이 위에 다시 화반형華盤形 부재를 놓아 마룻보와 중도리의 짜임을 받쳤다. 천장은 서까래를 모두 노출시킨 연등천장椽背天障이며, 처마는 겹처마이다.

1968년 1월 21일 창의문에서 북한 민족보위성 정찰국 소속인 124군부대 무장 게릴라 31명이 청와대로 침투하려고 하는 사건이 벌어졌다.

북한에서 게릴라전 특수훈련을 받은 무장 게릴라들은 청와대 습격에 관한 구체적인 작전 지시를 받고 1월 18일 자정을 기해 휴전선 군사분계선을 돌파했다. 이들은 서부 전선의 미군 담당 군사지역에 잠입하여 하룻밤을 보내고 19일 밤 8시 30분경 임진강의 얼음판을 횡단, 당시 경기도 고양시 삼봉산에서 하룻밤을 보낸다. 그 뒤 20일 앵무봉을 통과하여 비봉·승가사로 이어지는 산악길을 타고 21일 밤 10시 서울 시내 세검정 파출소 관할 자하문초소에 이르렀다. 자하문초소에서 경찰관의 첫 검문을 받게 되자, 이들은 "방첩대원들이다", "신분증은 볼 필요가 없다", "우리 부대로 가자" 등의 위협적인 언사를 서슴지 않으며 계속 행진했다. 약

북악산과 창의문

북악산(위)에서 창의문(아래)까지의 길은 한양도성 전체 구간 중 으뜸가는 절경이라 할 만하다.
이 구간은 안전을 위해 모두 계단으로 조성해놓았다.

400여 미터를 더 행진했을 무렵 연락을 받고 출동한 경찰 병력과 첫 접전이 벌어졌다.

게릴라들이 먼저 자동소총을 쏘며 수류탄을 투척했다. 현장을 지휘하던 종로경찰서장 최규식 崔圭植이 총탄에 맞아 전사하고, 경찰관 2명이 중상을 입었다. 이때부터 게릴라들은 현장을 지나가는 버스 안에 수류탄 1발을 투척하여 승객에게 부상을 입히는가 하면, 자동소총에 실탄과 수류탄을 몸에 지니고 뿔뿔이 흩어져 온갖 만행을 저질렀다. 서대문구 홍제동 민가에서는 한 시민이 게릴라들과 격투를 벌이다가 총격으로 사망하는 등 이날 밤 민간인 5명이 살해되었다.

군경합동수색진은 일당 가운데 김신조 金新朝를 발견하여 생포하는 한편, 이들에 대한 소탕전에서 그날 밤 게릴라 5명을 사살했다. 그 뒤 경기도 일대에 걸쳐 군경합동수색전을 전개, 31일까지 28명을 사살했다. 나머지 2명은 도주한 것으로 간주되어 작전은 종료되었다.

이 사태 이후 창의문에서 북악산을 오르는 성곽길은 폐쇄되었다가 2006년 4월 일반인들에게 개방되었지만 지금도 신분증을 지참하고 신청서를 작성해야만 출입이 가능하다.

자하문 터널을 지나면 시인 김관식 金冠植이 남긴 '자하문 밖'이라는 시가 떠오른다.

사람이 사는 길은 물이 흘러가는 길
산마을 어느 집 물 항아리에
나는 물이 되어 고여 있다가

바람에 출렁거려 한 줄기 가느다란 시냇물처럼

여기에 흘러왔을 따름인 것이다

흐르고 흘러가는 것이 어디 물뿐일까? 한도 없이 흘러간 세월이며 사람도 흐르고 흘러서 가는 것을.

창의문 밖 세검정과 석파정에 얽힌 내력

자하문 터널을 지난 차들이 동서로 오고가는 이 근처에 세검정 洗劍亭과 석파정 石坡亭이 있다. 관서팔경 중 하나인 세검정은 인조반정 당시 반정군이 거사 후에 이곳을 흐르는 맑은 시냇가에서 칼을 씻었다는 데서 붙여진 이름이다. 하지만 일제강점기 사학자 문일평이 쓴 《조선사화》에는 그와는 다른 이야기가 실려 있다.

사실에 있어서는 인조반정과는 하등의 관계가 없고, 숙종 때 삼청동에 설치했던 총융청을 북한산성의 수비를 위하여 영조 때 이곳으로 옮기면서 경치 좋은 데를 택하여 수간정사를 새로 세우고 세검정이라 이름 지으니 때는 정조 24년이었다.

세검정 시냇가에서는 칼을 씻은 것이 아니라 사관들이 실록 편찬이 완료되면 실록의 기초 자료인 사초를 씻어 글자를 없애는 세초 洗草 작업이 진행되었다. 이는 실록의 내용이 알려지는 것을 방지할 뿐 아니라 귀한 종이를 재활용하기 위한 것이었다.

정조 임금은 세검정을 두고 다음의 시를 읊었다.

전쟁을 경계한 뜻 되새기며 이 정자에 임하니
한성 북쪽 하늘 높고 뿔피리 소리 청량해라
사랑스런 저 샘물 깊고도 힘차서
시원스런 물줄기 온 산을 울리누나

정조의 총애를 받았던 다산 정약용이 소나기가 퍼부을 때 세검정의 폭포 구경을 하고자 이곳을 찾았던 때가 정조 15년(1791) 여름이었고 다음은 그때 지은 〈세검정기遊洗劍亭記〉의 일부이다.

창의문을 나서자 벌써 손바닥만 한 빗방울이 두세 방울 떨어진다. 말을 빨리 달려 세검정 아래 이르니, 수문 좌우의 산골짜기 사이는 이미 암고래 숫고래가 물을 뿜어내는 듯했고, 옷소매 역시 빗방울로 얼룩덜룩했다. 정자에 올라 자리를 펴고 앉으니, 난간 앞의 나무들은 이미 미친 듯 나부끼고 뿌려대는 빗방울로 한기가 뼈에까지 스며들었다. 그러더니 비바람이 크게 일며 산의 물이 갑자기 들이닥치는데, 순식간에 계곡을 메우고 골짜기를 울리며 물결이 일어 부딪치며 쿵쾅거리고, 모래를 일고 바위를 굴리며 와르르 달려 달아난다. 물이 정자의 주춧돌을 할퀴는데, 그 형세가 웅장하고 소리는 맹렬하여 서까래와 난간이 흔들린다.

세검정

세검정은 창의문 밖 북한산과 북악산의 두 산 사이에 위치하며
열조列朝의 실록이 완성되면 실록 편찬에 참여한 이들이 사초를 물에 씻는
세초洗草를 하고 관원에게 잔치를 베풀던 곳이었다.

161

이렇듯 수많은 사람들이 찾아와 아름다운 경치에 심취했던 세검정은 1941년에 가까운 곳에 있던 종이공장이 불타면서 주춧돌만 남긴 채 소실되었으며 현재의 정자는 1977년에 복원된 것이다. 겸재 정선이 그린 〈세검정도〉 속 풍경과는 사뭇 달라진 세검정이 언제쯤 옛 모습을 되찾을 수 있을까.

서울 성곽의 북서쪽 밖 종로구 부암동에 있는 석파정(서울시유형문화재 제26호)은 고종의 아버지인 흥선대원군 이하응李昰應의 별장으로 안태각과 낙안당, 망원정과 유수성중관풍루流水聲中觀楓樓 등 여덟 채의 건물로 구성되어 있다.

석파정의 뜰에는 오래된 노송老松들이 차일처럼 그늘을 드리우고 있으며, 서쪽 바위산에서 흘러내린 계류溪流 한가운데에는 평대를 쌓고 그 위에 서양식 건축 기법이 더해진 유수성중관풍루를 세웠다. '흐르는 물소리 속에서 단풍을 바라보는 누각'이라는 뜻을 지닌 이 정자는 네모지붕이나 기와를 씌우지 않은 색다른 지붕을 하고 있다.

한편 석파정에 딸린 사랑채인 석파정 별당(서울시유형문화재 제23호)은 1958년 종로구 홍지동으로 옮겨졌으며, 원래의 터 뒤쪽 바위에는 '삼계동三溪洞'이라는 글자를 새겨놓아서 원주인인 영의정 김흥근金興根이 살았을 당시에는 삼계동정사三溪洞精舍라 불렀다.

대원군이 석파정을 자신의 소유로 삼은 이야기가《매천야록》에 다음과 같이 실려 있다.

김흥근은 북문 밖 삼계동에 별장이 있었는데, 장안의 으뜸가는 명원이었다.

대원군이 그 별장을 팔라고 하였지만 김흥근이 거절하였다. 대원군은 다시 청하길 '하루'만 빌려달라고 했다. 그 무렵 별장이나 정자를 가진 사람은 남들이 놀이에 빌려달라고 하면 부득불 허락하는 것이 한양의 풍습이어서 김흥근은 마지못해 허락했다. 대원군은 마침내 임금께 한 번 행차하기를 권해 임금을 모시고 갔다. 김흥근은 임금께서 임했던 곳을 신하의 의리로는 감히 다시 쓸 수 없다고 하여 다시는 삼계동에 가지 않았으므로 삼계동정사는 마침내 대원군의 소유가 되었다.

그 뒤에 대원군은 별장의 이름을 석파정石坡亭으로 바꾸고 자신의 호도 석파로 했다고 한다. 소유권은 이희李熹에서 이준李埈으로 다시 이우李堣 등으로 세습되어오다가 한국전쟁 직후 고아원·병원 등으로 사용되기도 했다. 그러나 현재는 개인 소유 건물이다.

부암동에는 정치를 피해 풍류를 즐기며 살던 세종의 셋째 아들 안평대군 이용 집터(서울시유형문화재 제22호)가 있다. 이곳에는 커다란 바위 면에 안평대군이 쓴 것으로 전해지고 있는 '무계동武溪洞'이란 글자가 큰 현판 모양으로 새겨져 있어 안평대군이 도원에서 기쁘게 놀았던 꿈을 꾸고서 지었다는 정자인 '무계정사'가 있던 곳임을 알려준다.

안평대군은 도성의 북문인 창의문 밖 이곳에 정자를 짓고 1만 권의 장서를 갖추고 글 잘하는 선비들을 불러 모아 함께 시문을 즐겼다. 그러나 안평대군이 역모로 몰려서 사약을 받고 죽은 뒤에는 이곳도 폐허가 되고 말았다.

사대부들이 풍류를 즐기던 인왕산 자락

창의문을 지나 인왕산 자락에 이르면 윤동주 시인의 시비가 새겨져 있고, 다시 인왕산으로 오르는 성곽길로 이어진다. 조선시대 사대부들은 인왕산을 많이 올랐는데, 그중 조선 중기 정치가이자 문장가인 김상헌金尙憲은 인왕산을 답사한 뒤 〈유서산기遊西山記〉를 남겼다.

갑인년(광해군 6, 1614) 가을, 모친께서 안질이 걸렸다. 좋은 샘물이 서산에서 나오므로, 병든 사람이 씻으면 왕왕 효험이 있다는 말을 듣고, 마침내 날을 잡아 길을 떠났다. 형님(김상용)과 나, 광찬과 광숙도 따라갔다. 인왕동으로 들어가 예전에 우의정을 지낸 양곡 소세양蘇世讓의 옛집을 지났다. 청심당·풍천각·수운헌이라고 이름을 붙인 건물들은 무너진 문과 부서진 주춧돌만 남아 있어 거의 알아볼 수 없었다.

양곡 소세양은 문장으로 당대에 현달하고 부귀하였던 데다가, 또 집을 잘 설계한다는 명성이 있는데, 건물의 꾸밈이 교묘하고 화려하였다. 사귄 사람들도 모두 한때 문장으로 이름을 날린 사람들이었다. 그가 짓고 읊조린 시문들은 반드시 기록하여 후대에 전할 만한 것이었을 텐데, 백 년도 채 되지 못한 지금 한둘도 남아 있지 않다. 선비가 의지하여 후대에 베풀 바는 여기(집의 설계와 시문의 창작)에 있지 않은 것이다.

그 시대나 지금도 마찬가지다. 거대한 건물이나 외양을 잘 치장하여 그것으로 자기만족을 느끼는 사람들이 많은데, 집이라는 것, 건물이 얼마나

인왕산 윤동주 시인의 언덕

창의문을 지나 인왕산 자락에 이르면 '윤동주 시인의 언덕'이라 적힌 바위 옆엔
시인의 대표작 '서시'가 적힌 거대한 시비가 있다.

165

오래 견고하게 남아 있을 것인가. 10년도 아니 5년도 못 가서 허물어지고 무너지는 집들. 김상헌의 글을 읽으면 그때나 지금이나 그다지 달라지지 않았음을 알 수 있다.

인왕산으로 오르는 성곽길은 가파르다. 가쁜 숨을 몰아쉬며 인왕산 정상을 향해 가다가 북쪽에 보이는 능선이 그림과 같다. 기차바위라고 불리는 능선이 상명대를 지나 북한산의 비봉으로 연결되는 탕춘대성이다. 탕춘대성이라 부르는 까닭은 세검정 동쪽으로 100미터쯤 되는 산봉우리에 탕춘대라는 누대가 있었기 때문이다.

풍류를 좋아한 연산군은 재위 12년(1506)에 경치가 좋은 이곳 일대를 연회 장소로 삼고 시냇물이 내려다보이는 바위 위에 봄을 즐긴다는 뜻의 탕춘대蕩春臺를 지었다고 한다. 영조 때에는 이 일대에서 무사들을 선발하여 훈련을 시켰는데, 영조 29년(1753)에 탕춘중성蕩春中城을 새로 쌓았으며, 영조 30년(1754)에는 탕춘대를 고쳐 연융대라 하고, 세검정 길가에 있는 큰 바위에 '연융대鍊戎臺'라는 석 자를 새기게 했다. 지금은 종로구 신영동에 탕춘대터 표석이 남아 있다.

한편 인왕산 자락 최고의 전망대인 세심대洗心臺에는 암행어사로 이름 높은 박문수朴文秀의 시 한 편이 남아 있다.

그대와 내가 시 읊조리며 운대에 오르니
일만 그루 오얏꽃 복사꽃이 희고 붉게 피었네
이러한 풍광에 이러한 즐거움으로
해마다 태평의 술잔에 길이 취한다오

꽃과 버들로 유명한 필운대

인왕산 자락에 있는 필운대의 꽃과 버들은《신증동국여지승람》에서 국
도팔영으로 꼽을 만큼 풍류를 즐기던 사대부들에게 유명했다. 이곳에 관
한 기록이《한경지략》에 다음과 같이 실려 있다.

필운대는 인왕산 아래에 있는데, 이오성李鰲城(이항복)이 젊은 시절에 필운
대 아래에 있는 권도원수(권율)의 집에 붙어서 살았기에 스스로 호를 필운이라
고 하였다. 지금 바위벽에 '필운대弼雲臺' 석 자가 새겨져 있는데, 오성의 글
씨라고 한다.

필운대 옆의 여염집에서 여러 가지 꽃을 가꾸어 서울 사람들이 봄철에 꽃구경
을 나설라치면 먼저 이곳을 손꼽았다. 사람들이 술을 차고 매일같이 모여들어 시
를 읊었는데, 그 시를 속칭 '필운대풍월弼雲臺風月'이라 하였다. 또 대 옆에
육각현六角峴이 있다. 바로 인왕산 기슭이어서 필운대와 더불어 유명하다.

필운동의 끝자락에 있는 배화여고에서 보면 서울의 곳곳이 한눈에 들
어온다. 인왕산을 등지고 바라보면 왼편으로 우뚝 솟은 북악산이 보이고,
그 두 산 사이로 북한산의 비봉과 문수봉이 보인다. 보현봉과 백운대가
조망되는 이곳에서 남쪽을 보면 바로 지척에는 남산이 있고, 그 너머로는
한강이 유유히 흐른다.

이곳 필운대로 마실을 갔던 연암 박지원도 '필운대 꽃 구경'이라는 시
한 편을 남겼다.

나비의 꽃 회롱 하필 극성이라 나무라노

사람들 도리어 나비 따라 꽃과 인연 맺으려 달려가네

아지랑이 뜬 저 너머에 한낮의 봄은 새파랗고

길에는 붉은 먼지 자욱하고 마실 풍경 드설레네

새 울음 각각인 건 제 뜻대로라지만

도처에 꽃이 핀 건 저 하늘 뜻대로지

명원名園에 앉아 둘러보니 소년들 하나 없고

머리 허연 노인들만 작년과 달라진 게 서글프네

한편 조선 후기 실학자 이덕무는 필운대가 있는 필운동 부근에서 글을 고쳐주며 살았다. 그는 당대의 문장가인 박지원·박제가朴齊家·유득공 등과 교류했는데, 유득공의 저서《고운당필기古芸堂筆記》에는 잘못 쓴 글을 고치며 살았던 이덕무와의 일화가 실려 있다.

작고한 벗 무관(이덕무)은 참으로 한 시대 문단의 으뜸이었다. 나도 그릇되게 명성이 있어서 새로 배우는 후배들 중 시와 문장을 가지고 와서 고쳐주기를 청하는 사람이 있었다. 하루는 무관이 붓을 내던지고 한숨을 쉬며 나에게 다음과 같이 말했다.

서울에는 온갖 물건마다 모두 땜장이가 있네. 부서진 소반, 부서진 냄비나 떨어진 신, 헤진 망건을 잘 고치면 넉넉히 생계를 꾸려나갈 수가 있지. 나나 자넨 늙은 데다 글 솜씨마저 거칠어졌네. 어찌 가만히 앉아서 굶주리기를 기다릴 수 있겠나. 붓 하나 먹 하나 끼고, 필운대, 삼청동 사이를 다니면서 "파시破詩"

때워 하고서 외치면 어찌 한 사발 술과 한 접시 고기야 얻지 못하겠는가.

하여 서로 크게 웃었다. 최근 서학사와 이야기하다가 이 일을 말하고는 함께 포복절도하였다. 그러더니 나를 '시 땜장이'라고 불렀다.

유득공이 살았던 그 당시는 문장을 고쳐주는 것이 썩 내키지 않는 일이어서 이덕무와 함께 자조 섞인 말을 나누고 한바탕 웃음으로 끝을 냈지만 지금은 글이나 논술을 배우는 학원도 생기고, 대학 합격도 논술이 좌우하는 믿기지 않는 시대가 되었다.

무학대사가 주산으로 삼고자 했던 인왕산

인왕산은 서울의 서쪽인 종로구 옥인동·누상동·사직동·부암동과 서대문구 현저동·홍제동의 경계에 있는 큰 산이다. 조선을 건국한 태조 이성계가 궁궐터를 잡을 때 무학대사가 인왕산을 주산으로 삼고, 북악산과 남산을 용호로 삼으려 했다. 그러나 정도전은 "자고로 제왕은 남면南面하여 천하를 다스렸고, 동향한 것은 듣지 못하였다" 하며 적극적으로 반대하여 북악산 아래에 궁궐이 들어섰다. 자신의 뜻이 좌절되자, 무학이 탄식하면서 "내 말대로 하지 않으면 200년 후에 내 말을 생각하게 되리라" 했다.

신라 말의 도승 도선대사의 《산수비기山水秘記》에 "도읍을 정할 때 정鄭씨 성(정도전을 일컬음)의 말을 좇으면 5대가 되기 전에 왕위 찬탈의

169

화가 일어날 것이요, 200년 내외에 나라가 탕진될 위험이 있다"고 전해
온다고 한다. 그 말이 들어맞아서인지 단종 때에 세조의 왕위 찬탈이 일
어나고, 200년 만에 임진왜란이 일어났다.

또한 명종 때 천문지리학자 남사고가 예언하기를 인왕산 아래 사직골
에 왕의 기운이 있다고 했는데, 실제 예언이 들어맞아 선조가 사직골에서
태어났다. 광해군 때는 인왕산 아래 색문동에 왕의 기운이 어려 있다는
소문이 퍼져 그 기운을 누르기 위하여 인왕산 아래에 경희궁·인경궁·자
수궁을 지었으나, 결국 인조반정이 일어났다.

임진왜란이 끝난 뒤 이곳 인왕산에 올랐던 김상헌은 전쟁의 여파로 황
폐해진 서울 도성을 바라보며 다음과 같은 글을 남겼다.

앞쪽으로 남산을 바라보았다. 마치 유약한 아이를 어루만지는 듯한 형상이
다. 남쪽의 성이 산허리에 굽어 있다. 그 아래 어찌 인걸이 용처럼 누워 있을
수 있겠는가. 인걸은 지금 반드시 여기에 있지 못할 것이다.

여염집 만 채가 땅에 붙어 있는데, 마치 고기비늘처럼 빼곡하다. 전쟁이 끝
난 후 23년, 태어나는 아이들이 나날이 늘어가고 집들이 많아지는 것도 이처럼
왕성하다. 그 가운데 남자는 대략 헤아려도 10만 아래는 아닐 것이지만, 한 사
람이라도 임금을 보좌하여 요순 시절을 만들 수 있는 이가 없다. 그러므로 나
라의 힘이 더더욱 약해지고 백성들이 더더욱 사나워지며, 변방이 더더욱 소란
해져, 나라가 허물어진 것이 오늘에 이르도록 하고 있을 뿐이다. 하늘이 재주
있는 이를 내리는 것이 어찌 이리 인색한가? 아니면 재주 있는 이를 내렸으되
알지 못하여 쓰지 못하는 것인가? 이 역시 시운이며 운명이 아니겠는가?

인왕산

인왕산은 바위산으로 정상에 가까울수록 험준하다. 큰 바위들과 어우러져 끊어질 듯
이어진 성벽은 한양도성의 빼어난 아름다움을 드러낸다.

경복궁 빈 정원은 성이 무너지고 목책이 빠져 있다. 용과 봉을 새긴 전각들은 모두 무성한 잡초에 묻히고, 그저 경회루 앞 못에 연꽃잎이 바람에 흔들리며 석양에 어른어른하는 것만 보였다.

기축옥사의 여파가 가시기도 전에 임진왜란과 정유재란이 일어났고, 전쟁이 끝나자마자 당쟁은 더욱 극심해졌다. 궁궐이 폐허가 되고 나라의 기강이 무너졌는데도 "나하고 생각이 같으면 군자고, 나하고 생각이 다르면 소인이다〔君子小人之辯〕"라는 조광조趙光祖의 말처럼 세상이 날로 집단과 개인의 이기주의로 퍼져나가는 것을 지켜보는 사람의 마음이 어떠했겠는가.

중국의 사상가 범중엄范仲淹은《악양루기岳陽樓記》의 서문에 "백성들의 근심을 먼저 근심하고 백성들의 즐거움은 모든 사람이 즐거워한 뒤에 즐긴다〔先天下之憂而憂 後天下之樂而樂歟〕"라는 글을 남겼는데, 그것은 꿈과 같은 이상이란 말인가.

인왕산 아래 길마재 남쪽에 자리잡은 승전봉勝戰峯에 조선 인조 때 역모를 꾀했던 이괄李适의 자취가 남아 있다.

이괄은 무과에 급제하여 태안군수를 역임하고, 광해군 14년(1622)에 함경도 병마절도사로 부임하기 직전, 인조반정에 가담하여 작전지휘를 맡아 반정을 성공으로 이끌었다. 청나라와의 국경 분쟁이 잦아지자 평안도 병마절도사 겸 부원수로 영변寧邊에 출진하여 성책을 쌓고 국경 경비에 힘썼다. 인조 2년(1624)에 이괄의 아들 전旃이 지식층과 사귀다가 공신들의 횡포로 인한 시정의 문란을 개탄한 것이 과장되어, 반역의 무고를 받게 되었다. 영변의 군영에 금부도사가 당도하자 이괄은 무능하고 의심 많은 공신들에 대한 적개심이 폭발하여 난을 일으켰다.

그가 1만 2000명의 군사를 거느리고 탁월한 작전으로 서울로 진격하자 인조는 공주로 피란을 갔다. 이괄은 서울을 점령하고 흥안군을 왕으로 추대했다. 그때 도원수 장만張晩이 정충신鄭忠信의 말을 듣고, 밤을 틈타서 무악산 꼭대기에 진을 쳤다. 그 뒤 이괄을 꾀어내자, 이괄은 "적을 무찌른 뒤에 아침밥을 들겠으니. 도성 사람들은 다 나와 내가 싸움하는 것을 구경하라" 하며 호언장담을 했다. 성안 사람들이 이괄의 말을 듣고 인왕산에서 남산까지 늘어서서 인산인해를 이루었는데, 사람들이 어찌나 많이 모였던지 인왕산은 흰 빨래를 널어놓은 것처럼 보였다고 한다. 이괄의 군사가 장만의 군사들을 쳐들어갔다. 그런데 느닷없이 강한 바람이 동쪽으로부터 무악 꼭대기를 향하여 불기 시작했다. 그 바람을 타고 반군이 맹렬하게 쳐들어가고 있는데, 별안간 바람이 반대 방향으로 불면서 모래가 휘몰아쳐서 전세가 뒤바뀌고 말았다.

이괄의 선봉이었던 한명연韓明璉이 부상을 당해 쓰러지자 반군은 사기가 뚝 떨어져 서로 짓밟으며 도망을 치기 시작했다. 구경을 나왔던 사람들이 서대문과 서소문을 닫아버리자 이괄이 패잔병을 거느리고 남대문으로 돌아 서울에 들어왔다가 곧 수구문으로 도망을 쳐서 이천에 이르렀다. 그때 이괄은 부하였던 기익헌奇益獻, 이수반李守反에게 목이 잘려 난은 평정되었다. 이때의 싸움을 안현(지금의 서대문구 안산)전투라고 하며, 이곳을 그때부터 승전봉이라고 했고, 그 말이 변하여 신정봉이라고도 부르고 있다.

악명 높았던 인왕산 호랑이

요즘 호랑이를 무서워하는 사람이 있을까? 아마도 없을 것이다. 어른도 아이도 동물원에 있거나 〈동물의 왕국〉 같은 TV프로그램 속에서나 보았지, 어슬렁거리는 호랑이, 숨어 있다가 순식간에 달려드는 호랑이를 본적이 없기 때문일 것이다.

조선시대에는 서울 장안에 호랑이가 제집 드나들 듯 오가며 피해를 입히곤 했다. 그래서 '인왕산 호랑이'라는 말이 생겨나고 인왕산 자락에 호랑이 동상이 있는 것이다.

조선 태종 5년(1405) 7월에는 경복궁 내전까지 호랑이가 들어와 횡행했고, 세조 10년(1464) 9월에는 창덕궁 후원에 들어왔으며, 연산군 11년(1503) 5월에는 종묘에 침입했고, 그 밖에도 민가에 많은 피해를 입혔다. 세조는 친히 3번이나 북악산에 올라가서 호랑이를 잡았으며 도성 밖으로 나가 호랑이를 사냥하기도 했다. 명종 때에 양근 땅에서 30여 명이 호랑이로부터 해를 입었고, 선조 때에는 고양 등지에서 흰 이마의 호랑이가 횡행하여 400여 명이 해를 입었다. 조정에서는 호랑이를 잡기 위해 군대를 출동시키기도 했다.

영국의 지리학자 이사벨라 버드 비숍은 《조선과 그 이웃 나라들》에서 다음과 같이 호랑이에 대해 전하고 있다.

호랑이와 귀신에 대한 공포 때문에 사람들은 밤에는 거의 여행을 하지 않는다. 관리의 신분증을 가진 사람들이 부득이 밤에 여행을 할 경우에는 마을에 들러 횃불 가진 사람들의 호위를 부탁하는 것은 당연한 일이다. 야행을 할 경우 길손들은 보통 몇몇이 서로를 끈으로 묶고 등롱을 밝히고 횃불을 흔들며, 고함을 지르고 꽹과리를 치며 길을 간다. 조선 사람의 호랑이에 대한 공포는 너무나 유명해서, '조선 사람은 일 년의 반을 호랑이를 쫓느라 보내고 나머지 반을 호랑이에게 잡아먹힌 사람의 문상을 가느라 보낸다'고 하는 중국 사람들의 말이 거짓이 아님을 알 수 있다.

W. E. 그리피스가 1890년대 무렵에 한반도의 구석구석을 여행한 뒤에 지은 《은자의 나라 한국》이라는 책에 "조선 사람들은 반 년 동안 호랑이를 사냥하고 나머지 반 년 동안에는 호랑이가 조선 사람을 사냥한다"라고 실린 것으로 보아 조선 후기까지만 해도 호랑이에 대한 공포감이 어떠했는지를 알 수 있다.

조선 숙종 때 실학자 홍만선洪萬選이 농업과 일상생활에 관한 광범위한 사항을 기술한 책인 《산림경제山林經濟》에는 "밤에 산길에서 노래를 하거나 큰 소리를 내지 말라. 범이 들으면 쫓아와 잡아먹는다"고 실려 있는데, 호랑이는 아무나 잡아먹지 않았다고 한다. 죽은 사람이나 죽은 고기는 안 먹고 병든 사람이나 임신한 여자도 안 먹었으며, 상주喪主는 물론이고 스님이나 술에 취한 사람도 잡아먹지 않았다고 한다. 오죽했으면 호랑이보다 더 무서운 동물인 '퉤'라는 가상의 동물을 만들어내 어디를 갈 때마다 '퉤 퉤'하고 침을 뱉으며 갔을까. '퉤'라는 말은 어쩌면 해태의 변질된 말인지도 모르겠다.

그렇게 악명 높았던 호랑이가 1900년대 일제의 유해조수구제조치有

害鳥獸驅除措置로 멸종되면서 '범 없는 굴에 토끼가 스승'이라는 속담처럼 호랑이나 표범 없는 산골마을에 멧돼지가 늘어나면서 인명을 해치거나 농작물에 집중 피해를 입히고 있다.

박지원이 《호질》에서 "범이 사람을 먹는 것을 헤아려도 사람이 저희들끼리 서로 잡아먹는 것만큼은 많지 않다"라고 했던 것처럼 사람이 사람을 서로 죽이는 것은 변치 않는 세상 풍경이다.

범보다 더 가깝고도 무서운 것이 자동차라서 1년 중 며칠은 자동차 사고를 당한 사람의 문병을 가거나 조문을 가는 것이 연례행사가 되었으니, 살다 보면 모든 것이 뒤집어지는 경우도 많다. 옛날에는 호랑이에게 사람이 잡혀갔는데, 요즘에는 호랑이를 구경하기가 하늘의 별 따는 것만큼이나 어려워졌으니 말이다.

김구 선생의 최후를 지켜본 경교장

사직터널 쪽으로 내려가 삼거리할머니 슈퍼에서 시원한 맥주로 입가심을 하고, 골목길을 따라 걷다 보면 홍난파의 옛집과 백범 김구의 최후를 지켜본 경교장을 지난다.

종로구 평동에 있는 경교장(사적 제465호)은 대한민국 임시정부 주석을 지낸 백범 김구가 집무실과 숙소로 사용했던 역사적 장소이다.

이승만의 이화장, 김규식의 삼청장과 함께 대한민국 정부 수립 이전에 건국 활동의 중심을 이룬 3대 요람이다. 1938년 금광으로 돈을 번 최창학

경교장과 그 내부

경교장은 대한민국 임시정부의 주석이었던 백범 김구 선생이 1945년 중국에서 돌아온 이후 1949년 6월 26일 암살당할 때까지 집무실과 숙소로 사용했던 건물이다.

崔昌學이 건축면적 396.69제곱미터, 연면적 945.45제곱미터 규모로 지었으며, 1930년대 건축술을 잘 보여주고 있다. 원래 이름은 죽첨장竹添莊이었다. 8·15 광복 이후 최창학이 김구의 거처로 제공했는데, 김구가 죽첨장이라는 일본식 이름 대신 근처에 있는 경교京橋라는 다리의 이름을 따서 경교장으로 개명했다.

건물은 단아한 2층 양관으로 전면 분할의 비례가 아름다우며, 1층의 좌우창을 원형으로 돌출시켰고, 그 상부를 의장의 중심체로 했다. 현관 2층부에는 6개의 붙임 원주를 사용하여 5개의 들임 아치창을 냈다.

김구가 반탁·건국·통일 운동을 주도할 당시에는 흔히 '서대문 경교장'이라고 일컬었으며, 민족 진영 인사들의 집결처로 이용되었다. 또한 1949년 6월 26일 김구가 집무실에서 안두희의 흉탄에 의해 서거한 곳이기도 하다.

이후에는 최창학에게 반환되었고 대만 대사관저로 사용되다가 한국전쟁 때에는 미국 특수부대가 주둔하는 등 여러 차례 주인이 바뀌었다. 1967년 삼성재단에서 매입하여 강북삼성병원 본관으로 사용되어왔다. 이후 서울시에서 소유는 그대로 두되 전체 공간을 복원하기로 합의해 김구 선생이 사용하던 모습대로 재현하여 2013년 3월 2일부터 시민에게 개방되고 있다.

다산 정약용이 친구들과 풍류를 즐겼던 서련지

경교장의 지척에는 서대문터가 있다. 이곳 서대문에 서련지라는 연못이 있었는데, 지금은 사라지고 없고, 서대문터라는 표지판만 서 있다.

서대문터에는 다산 정약용의 자취가 남아 있다. 다산도 젊은 날에는 풍류를 즐겼는데, 그는 서른다섯 살이던 정조 20년(1796) 7월에 죽련시사竹欄詩社라는 풍류계를 맺었다. 죽련시사에서 활동하던 문인들은 대체로 30대에 과거에 급제한 관료 문인들로 당시 정약용과 친교를 맺었던 이치훈·이유수·한치응 등 15명의 선비들이었다. 그들이 계를 맺고서 규약을 정한 내용이 다산의 문집《여유당전서與猶堂全書》에 실려 있다.

살구꽃이 처음 피면 한 번 모이고, 복숭아꽃이 처음 피면 한 번 모이고, 한여름 참외가 익으면 한 번 모이고, 서늘한 초가을 서지西地에 연꽃이 구경할 만하면 한 번 모이고, 국화꽃이 피면 한 번 모이고, 겨울이 되어 큰 눈 내리는 날 한 번 모이고, 세모에 화분의 매화가 꽃을 피우면 한 번 모이기로 한다. 모일 때마다 술과 안주, 붓과 벼루를 준비해서 술을 마셔가며 시가를 읊조릴 수 있도록 해야 한다. 나이 많은 사람까지 한 바퀴 돌고 나면, 다시 시작하여 반복하게 한다. 정기 모임 외에 아들을 낳은 사람이 있으면 한턱내고, 고을살이를 나가는 사람이 있으면 한턱내고, 승진한 사람도 한턱내고, 자제가 과거에 합격한 사람도 한턱내도록 한다.

서련지는 죽련시사 문인들이 연꽃이 필 때 모였던 곳이다. 이 연못에는 연꽃이 많기도 했지만 연꽃이 크기로 소문이 자자했다. 죽련시사를 맺은 선비들은 동이 트기 전 모여서 연못에 배를 띄우고 연꽃 틈에 귀를 갖다 대고는 눈을 감고 숨을 죽인 채 무언가를 기다렸다. 연꽃이 필 때 꽃봉오리가 터지며 나는 아름다운 맑은 음을 듣기 위해서였다. 다산과 그의 친구들은 '청개화성 聽開花聲', 즉 꽃 피는 소리를 듣는 풍류를 즐겼던 것이다.

서대문을 지나 예원고등학교와 중앙일보, 대한상공회의소를 지나면 숭례문이고 바로 그곳에 남지터라는 비석이 서 있다.

숭례문에서 시작하여 다시 숭례문에 이르는 길, 그 길을 아침 8시에서 저녁 6시까지 10시간에 걸쳐 걸으면 좋은 한양도성 답사다.

4

서울을 둘러싸고 있는 산들

북한산에서 도봉산까지

서울의 진산 북한산

대부분의 서울 사람들이 느끼지 못하고 살아가지만 서울의 산천은 아름답다. 다만 곁에 있기 때문에 우리가 그 진면목을 알아보지 못할 뿐이다. 서울의 도봉구에서 오래 살았던 정공채 시인이 '서울의 보석'이라는 시에서 "우리 서울에, 희게 빛나는 크나큰 보석들이 있음을 서울 사람들은 잘 모른다"고 한 것처럼 서울 사람들은 주변에 그처럼 아름다운 산들이 많은 데도 그 산들은 오르지 않고 먼 데 있는 산들만 찾아다닌다.

서울이 다른 나라의 수도보다 아름다운 것은 산과 강이 자연스럽게 도시를 감싸며 흐르고 있기 때문이다. 특히 풍수지리에 의거해 도읍지가 된 한양은 그 영역을 결정할 때도 산세를 살펴 내사산(북악산·낙산·남산·인왕산)을 정하고 이 산들의 능선을 따라 성벽을 쌓았으니 그것이 바로 한양도성이다. 한양의 바깥 경계에 해당하는 외사산은 남쪽의 관악산과 북쪽의 북한산, 여기에 동쪽의 아차산과 서쪽의 덕양산이 서울을 감싸면서 호위하고 있다. 그 외에도 한강 북쪽에는 도봉산·청계산·불암산 등 크고 작은

산들이 우뚝우뚝 솟아 있고, 한강 남쪽에는 관악산 자락의 청계산·삼성
산 등이 병풍처럼 드리워져 있다.

그중에서도 서울의 어느 곳에서도 보이고, 예로부터 빼어난 아름다움
으로 소문난 산이 북한산이다.

삼각산은 도성 북쪽 30리 양주 땅에 있는데, 일명은 화산華山이요, 신라 때
에는 부아악負兒岳이라고 하였다. 평강 분수령에서부터 잇따른 봉우리와 첩
첩한 뫼 뿌리가 잇따라 뻗어 와서 서쪽으로 양주에 이르러 서남쪽에서 도봉산
이 되고, 또 북산이 되니, 사실 경성의 진산이다. 고구려 동명왕의 아들 비류와
온조가 남쪽으로 나와서 한산漢山에 이르러 부아악에 올라가서 살 만한 곳을
찾아보았으니, 곧 북산이다. 백운, 만경을 국망國望이라고도 하고, 인수仁壽
의 세 봉우리가 있으므로 그렇게 이름한 것이다. (…) 만경봉이 동쪽으로 굽어
돌아서 석가, 보현, 문수 등의 여러 봉우리가 되었는데, 보현봉의 곁가지 산발
이 곧 도성의 주맥主脈이기 때문에 총융청에서 보토처補土處를 설치하고 주
관하여 보축하였다.

문수봉의 동쪽 가지가 형제의 두 봉이 되고, 또 남쪽으로는 구준봉, 백악산이
되며, 문수봉의 서쪽 가지가 칠성봉이 되고, 거기서 두 갈래로 나뉘어 떨어져서,
나한, 중봉, 혈망 이상의 여러 봉이 되어 중흥수구重興水口에 이르며, 한 가지
가 서쪽으로 달려가서 승가사의 비봉과 불암, 향림사의 후봉인 백운봉이 되며,
서쪽으로 돌아서는 영취, 원효의 두 봉이 되어 중흥수구에 와서 멈춘다.

맑은 날이면 서울의 이곳저곳에서 삼각형으로 빛나 예로부터 삼각산

서울의 산과 집들

서울이 다른 나라의 수도와 달리 아름다운 것은 크고 작은 산들이
도시를 자연스럽게 감싸고 있기 때문이다.

이라고 불리기도 한 북한산에 대해 《신증동국여지승람》에 이와 같이 실려 있다.

병자호란 당시 청나라에 볼모로 잡혀가던 김상헌은 고국산천, 즉 서울과 북한산을 등지고 청나라로 떠나며 다음의 시를 남겼다.

> 가노라 삼각산아 다시 보자 한강수야
>
> 고국산천을 떠나고자 하랴마는
>
> 시절이 하수상하니 올동말동하여라

《세종실록지리지》에는 북한산이 "한성부는 본래 고구려의 남평양성이 었고, 일명 북한산군인데 근초고왕 24년(369년)에 남평양성으로 도읍을 옮겼는데 북한성으로 부른다"고 되어 있다. 또한 조선 후기 승려 성능性能이 펴낸 북한산성에 관한 지리책 《북한지北漢誌》에는 "삼각산은 인수봉, 백운봉, 만경봉의 세 봉우리가 우뚝 서서 깎아 세운 삼각과 같다 하여 이러한 이름이 붙은 것인데, 일명 화산 또는 화악華嶽이라고도 한다"고 기록되어 있다.

북한산을 두고 고려시대의 문장가인 이존오李存吾는 다음과 같은 시를 남겼다.

> 세 송이의 기이한 봉우리 멀리 하늘에 닿았는데
>
> 아득한 대기大氣에 구름 연기 쌓였네
>
> 쳐다보니 날카로운 모습, 장검長劒이 꽂혔는데

가로 보니 어슷비슷 푸른 연꽃 꽂혔네

언젠가 두어 해 동안 절간에서 글 읽을제

이 년간 한강가에 머물렀네

누가 있어 산천이 무정하다고 말하던가

이제 와서 서로 보니 피차에 처량하네

북한산에 북한산성이 있다

수많은 사람들이 오르고 글을 남긴 북한산에는 북한산성(사적 제162호)이 있다. 이 성은 경기도 고양시 덕양구 북한동과 서울 은평구, 강북구 일대에 있는 백제시대의 토축산성이다.

이 성은 삼국시대부터 한강 유역을 차지하려는 고구려, 신라, 백제 사이의 쟁탈지였다. 북한산성은 백제가 위례성에 도읍할 때 도성을 지키는 북방의 성으로 개루왕 5년(132)에 세워진 것이다. 이곳에서 백제의 주력군이 고구려의 남진을 저지했고 백제 13대 임금인 근초고왕의 북진정책에 따라 북정군北征軍의 중심 요새가 되어 평양성을 공격해 고구려 고국원왕을 참살하는 전공을 올리기도 했다.

그러나 고구려 광개토왕의 뒤를 이은 장수왕이 재위 63년(475)에 북한산성을 포위하고 함락한 뒤 백제 개로왕을 죽이고 도성을 차지했다. 백제는 결국 공주의 웅진성으로 도읍을 옮기고 신라와 힘을 합쳐 고구려의 남진을 막았다. 그러나 신라는 진흥왕 14년(553)에 백제와의 동맹을 어기고 백제의 영토인 한성漢城 지역을 점령했다. 북한산 신라 진흥왕 순수비(국보 제3호)는 이 시기를 전후하여 세워진 것으로 추정된다.

신라 진평왕 25년(603) 8월 고구려 장군 고승高勝이 신라의 북한산성을 포위하자 진평왕이 1만의 군사를 지휘해 이를 구원했다. 또한 태종무열왕 8년(661) 5월에 고구려 장군 뇌음신惱音信이 말갈군과 함께 20여 일간 북한산성을 포위하여 치열한 공방전이 전개되었다. 이때 성주 동타천冬陀川은 2800여 명의 군민과 필사적으로 성을 방어했다.

특히 이 전투는 신라가 백제를 멸망시키고 백제부흥군의 도전을 받고 있던 때였으므로 만약 고구려에게 함락되었다면 삼국통일 계획에 큰 변화를 초래했을 것이다. 이 전공으로 성주 동타천은 대사(제12관등)에서 대나마(제10관등)로 승급되었다. 그 후 11세기 초 고려 현종은 요나라(거란)의 침입을 피해 태조의 유해를 모신 재궁梓宮을 옮겨오고 성을 증축했다. 고려 고종 19년(1232) 이곳에서 몽골군과의 격전이 있었고, 우왕 13년(1387)에 성을 고쳐 쌓았다.

조선시대에는 임진왜란과 병자호란 등의 외침을 자주 겪으며 임금이 의주로 피난을 가기도 했다. 선조 29년(1596)에 조정에서는 이곳 북한산성을 도성 외곽성으로 축성해야 한다는 의견이 일어났다. 그때 병조판서였던 이덕형李德馨이 "도성 근처에 이런 형세가 있는데 그대로 버려두는 것이 가히 아깝다"고 했다. 그 뒤 효종 10년(1659) 이조판서 송시열에게 명하여 고쳐 짓게 했다.

북한산성의 축성에 대한 찬반양론은 이후로도 계속 이어졌으나 숙종 37년(1711)에 이르러 숙종이 "북한산은 곧 온조의 옛 도읍지이며 도성

북한산성 대서문

북한산성에는 삼국시대의 토성이 약간 남아 있기는 하나,
대개 조선 숙종 때 쌓은 것으로 성곽의 여장은 허물어졌고,
대서문과 장대지·우물터·건물터로 생각되는 방어시설 일부가 남아 있다.
사진은 북한산성의 대서문.

또한 지극히 가깝다. 염려되던 물도 산성 안에는 넉넉하다고 하니 지금 축성하는 것이 옳다. 큰 계획이 이미 정해졌다면 재력의 많고 적음은 문제될 것이 없다. 그곳의 돌을 이용해서 쌓으면 어찌 많은 비용이 들겠느냐" 하고 명하여 대대적인 축성공사를 하여 둘레 7620보의 성벽이 완성되었고, 성곽에는 대서문·동서문·북문 등 13개의 성문과 불을 피우던 곳으로 동장대·남장대·북장대 등이 설치되었다. 성내에는 중흥사를 비롯한 12개의 사찰과 99개의 우물, 26개의 작은 저수지, 그리고 8개의 창고가 있었다. 현재 북한산성에는 삼국시대의 토성이 약간 남아 있기는 하나 대부분 조선 숙종 때 쌓은 것으로 성곽의 여장은 허물어졌고, 대서문과 장대지·우물터·건물터로 생각되는 방어시설 일부가 남아 있다.

성곽의 깊숙하고 후미진 곳에 적이 알지 못하게 만든 비상출입구인 백운봉암문(위문이라고도 함)에서부터 백운대로 오르는 길은 암벽등반처럼 아찔아찔하다. 발 아래 인수봉은 그 바로 아랫자락인 깔딱고개에서 올려다보면 불알처럼 보인다는데 그 불알이 부아負兒-불火-화火-화華로 변천하여 북한산이 '화산'이 되었을 것으로 추정하는 설도 있다.

추사 김정희가 발견한 신라 진흥왕 순수비

드디어 백운대 정상에 선다. 북한산의 주봉인 백운대에 서면 원효봉 아래 쌓여진 성벽은 구불구불하고 그 너머 멀리 한강이 그림처럼 보인다. 또한 저 멀리 비봉이 보인다. 비봉에는 신라 진흥왕이 한강 유역을 영토

로 편입한 뒤 이 지역을 방문한 것을 기념하기 위하여 신라 진흥왕 순수
비를 세웠는데, 비를 보존하기 위하여 현재는 국립중앙박물관으로 옮겨
전시하고 비봉에는 모형의 비를 세워두었다.

북한산 비봉에 세워진 비가 진흥왕 순수비라는 것은 조선 순조 16년
(1816)에 추사 김정희가 밝혀냈다. 추사가 판독하여 세상에 알리기 전까
지는 이성계의 왕사였던 무학대사의 비라고 알려져 연구 대상에서 제외
되었었다. 이것을 추사 김정희가 바로잡은 것인데 당시 그의 나이는 불과
서른한 살이었다. 뒷날 김정희는 또 다른 진흥왕 순수비의 하나인 황초령
비와 북한산 순수비의 비문을 고증한 논문 〈진흥이비고眞興二碑攷〉에서
당시의 상황을 다음과 같이 서술하고 있다.

신라 진흥왕 순수비는 지금 경도의 북족으로 20리쯤 되는 북한산 승가사 곁
의 비봉 위에 있다. 길이는 6척 2촌 3푼이고 너비는 3척이며 두께는 7촌이다.
바위를 깎아서 받침으로 삼았고, 위에는 방첨을 얹었는데 지금은 그 방첨이 밑
에 떨어져 있다. 전액이 없고 음기도 없다. 비문은 모두 12행인데 글자가 모호
하여 매 행마다 몇 자씩인지를 분별할 수가 없다. 아래로는 제6행의 '상賞' 자
와 제8행의 '사沙' 자가 글자의 끝이 되었고, 위로는 현존한 제1행의 '진眞' 자
가 가장 높은데 그 이상은 분별할 수가 없다. (…)

이 비문에 연월年月이 마멸되어 어느 해에 세워졌는지 모르겠다. 그러나 진
흥왕 본기에 의하면 남천주를 설치한 때가 비열홀주比列忽州를 폐한 때와 서
로 같은 해인데, 황초령의 비가 비열홀주를 폐하던 해에 세워졌고 보면 이 비
도 의당 같이 남천주를 설치하던 때에 세워졌어야 한다. 그러나 이 비에는 남

천군주南川軍主라는 글자가 있으니, 반드시 남천주를 설치한 이후에 세워졌을 것이다. 또 진흥왕의 재위 기간이 37년이고 보면, 그것이 세워진 때는 29년에서 37년에 이르기까지의 사이에서 벗어나지 않는다.

이 비는 아무도 아는 사람이 없어 요승 무학이 잘못 찾아 여기에 이르렀다는 비〔妖僧無學誤尋到此之碑〕라고 잘못 칭해왔다. 그런데 가경 嘉慶(청나라 인종의 연호) 병자년 가을에 내가 김군 경연과 함께 승가사에서 노닐다가 이 비를 보게 되었다. 비면에는 이끼가 두껍게 끼어 마치 글자가 없는 것 같았는데 손으로 문지르자 자형이 있는 듯하여 (…) 탁본을 한결과 비신은 황초령비와 서로 흡사하였고, 제1행 진흥의 '진' 자는 약간 민멸되었으나 여러 차례 탁본을 해서 보니, '진' 자임에 의심할 여지가 없었다. 그래서 마침내 이를 진흥왕의 고비로 단정하고 보니, 1200년이 지난 고적이 일조에 크게 밝혀져서 무학비라고 하는 황당무계한 설이 변파되었다. 금석학이 세상에 도움이 되는 것이 바로 이와 같은 것이다. 그러나 이것이 어찌 우리가 밝혀낸 일개 금석의 인연으로 그칠 일이겠는가.

추사는 친구 김경연 金敬淵과 함께 비의 옆면에 "이는 신라 진흥왕의 순수비이다. 병자년(순조 16, 1816) 7월에 김정희와 김경연이 와서 읽었다〔此新羅眞興王巡狩之碑 丙子七月金正喜金敬淵來讀〕"라고 새기고, 그 옆에 예서체로 "정축년(순조 17, 1817) 6월 8일 김정희 조인영이 함께 와서 남은 글자 68자를 살펴어 확정하다〔金正喜趙寅永審定殘字六十八字〕"라고 새겼다.

추사는 그 뒤에도 북한산 신라 진흥왕 순수비에 대한 연구를 게을리 하

북한산 신라 진흥왕 순수비

추사 김정희가 발견하고 판독하여 세상에 알려진 북한산 신라 진흥왕 순수비는
삼국시대 역사를 연구하는 데 귀중한 자료가 되고 있다.

지 않았다. 그러한 결과로 여러 가지 의문점을 해소하게 되었다.

비바람 몰아치는 가운데 그리운 사람을 생각하니, 그리운 정을 풀 수가 없습니다. 형은 무슨 생각을 하면서 문을 굳게 닫고 혼자 지내십니까?

그런데 재차 비봉의 고비古碑를 가져다가 반복하여 자세히 살펴보니, 제 1행 진흥대왕 아래 두 글자를 처음에는 구년九年으로 보았는데, '구년'이 아니고 바로 '순수巡狩' 두 글자였습니다. 또 그 아래 '신臣' 자 같이 생긴 것은 '신'자가 아니고 바로 '경境' 자이니, 이것을 전부 통합해보면 곧 '진흥태왕순수관경眞興太王巡狩管境' 여덟 자가 되는 것입니다. 이 예例는 이미 함흥 초방원草蒡院의 북순비北巡碑에 나타났습니다.

그와 함께 추사는 비문에 나오는 '남천南川'이라는 지명의 유래를 다각도로 연구, 검토하여 비가 만들어진 연대를 정확하게 밝혀냈다.

또 제8행에는 '남천'이라는 두 글자가 있는데, 이 두 글자는 바로 이 비의 고실故實에 있어 가장 중요한 곳입니다. 진흥왕 29년에 북한산주北漢山州를 폐하고 남천주南川州를 설치하였으니, 이 비는 의당 진흥왕 29년(568) 이후에 세운 것이지, 진흥왕 16년(555)에 북한산주에 순행하여 봉강封疆을 척정拓定할 때에 세운 것이 아닙니다.

추사는 북한산 비봉의 비가 신라 진흥왕 순수비라는 것을 밝힌 뒤 북한산의 순수비와 황초령의 순수비를 일연一然이 지은 《삼국유사三國遺

事》와 한 글자 한 글자 비교하여 긴 글을 썼다. 그것이 바로 추사의 대표
적인 글이라고 평가받는 〈진흥이비고眞興二碑攷〉는 총 7000여 자에 이
르는데, 글자의 판독과 문장의 해석, 그리고 서체의 탐구와 비석의 형태
에 대한 연구가 들어 있다. 특히 《삼국사기》와 《증보문헌비고》를 비롯한
역사서와 비교하는 치밀함을 보여주는 글로 고증학 논문이라는 평을 받
고 있다.

북한산 신라 진흥왕 순수비는 추사의 해안과 집념이 이룬 우리나라 금
석학 연구의 금자탑이며, 비에 새겨진 당시의 역사적 사실 등은 삼국시대
의 역사를 연구하는 데 귀중한 자료가 되고 있다.

매월당 김시습이 자주 찾았던 북한산

백운대의 남쪽에 있는 만경대는 조선을 개국한 태조 이성계로부터 천
도의 명을 받았던 무학대사가 올라 나랏일을 생각했다고 하여 국망봉으
로 불리기도 한다.

다음은 조선 후기 문장가인 이옥李鈺이 북한산의 중흥사 유람을 마치
고 남긴 글의 일부이다.

바람이 메말라 까실까실한 느낌을 주고 이슬이 깨끗하여 투명하다. 이것이
8월의 멋진 절기이다. 물은 힘차게 운동하고, 산은 고요히 머물러 있는 것이
북한산의 멋진 경치이다. 개결하고 운치가 있으며 순수하고 아름다운 두세 사

195

람이 모두 멋진 선비이다. 이런 사람들과 여기에서 노니니, 그 노니는 것이 멋지지 않을 수 있겠는가.

누구와 함께 어디를 가느냐가 중요한 것이라고 볼 때 마음 맞는 두세 사람이 산에 오르면서 산의 정기를 받아들이며 정겨운 이야기를 나누기도 하고 또는 침묵하면서 서로를 그윽하게 바라보는 것, 이 얼마나 아름답고 훈훈한 멋이겠는가. 그러한 아름다운 멋을 이옥은 다음과 같이 풀어 놓았다.

요컨대 그윽해서 멋진 것이 있고, 상쾌해서 멋진 것이 있으며, 활달해서 멋진 것이 있고, 아슬아슬해서 멋진 것이 있으며, 담박하여 멋진 것도 있다. 시끌시끌하여 멋진 것도 있고, 적막하여 멋진 것도 있다. 어디를 가든 멋지지 않은 것이 없고, 어디를 함께하여도 멋지지 않은 것이 없다. 멋진 것이 이렇게도 많다. 이 선생은 말한다. "멋지기 때문에 놀러왔지. 이렇게 멋진 것이 없었다면 이렇게 가보지도 않았을 거야."

북한산 중턱에는 조계사의 말사인 도선사가 있다. 신라 말기의 승려 도선이 경문왕 2년(862)에 창건한 이 절에는 도선국사에 대한 이야기가 남아 있다.

이곳을 찾았던 도선이 이 지역의 산세를 보니 1000년 뒤의 말법시대 未法時代에 불법을 다시 일으킬 곳이라고 예견하고 절을 창건한 뒤, 큰 암석을 손으로 갈라서 마애관음보살상을 조성했다고 한다. 그 뒤 조선 후기까지

이 절의 중건이나 중수에 관한 기록은 전하지 않지만 북한산성을 쌓을 때 승병들이 도선사에서 방번防番을 서기도 했다. 철종 14년(1863)에 당대 최고의 권력을 누리고 있던 김좌근金左根이 시주하여 이 절을 중수하면서 칠성각을 신축했고, 고종 40년(1903)에는 혜명慧明 스님이 고종의 명을 받아 대웅전을 중건했으며, 이듬해에 국가기원도량으로 지정되었다.

한평생을 이 나라 산천을 떠돌아다닌 매월당 김시습金時習은 북한산을 자주 찾았던 사람 중 한 명이다. 단종 3년(1455)에 김시습의 운명을 결정지은 사건이 일어나는데, 그가 스물한 살이 되던 해다. 그때의 상황이 김시습의 시문집《매월당집梅月堂集》에 다음과 같이 실려 있다.

을해년(1455)에 삼각산에서 글을 읽고 있었는데, 서울에 다녀온 사람이 전하는 말 중에 세조가 단종에게 임금의 자리를 빼앗았다는 소식이 있었다. 그 말을 들은 김시습은 문을 굳게 닫고서 나오지 않은 지 3일 만에 크게 통곡하면서 책을 불태워버리고 거짓으로 미친 체하며 더러운 뒷간에 빠졌다가 도망하여 머리를 깎고, 스스로 설잠이라고 불렀다.

그는 산사를 떠나 전국 각지를 방랑하기 위해 중의 행색으로 송도로 향하면서 다음의 시 한 편을 지었다.

이제부터 내가 명승지를 찾아가려 한다면
만 리 길 저 강호를 멋대로 달려가리라

김시습은 그가 쓴 시의 뜻처럼 일정한 방향이나 목표도 없이 세상의 부귀를 뜬구름처럼 여기고 이리저리 떠돌다가 무오사화의 주인공인 김일손金馹孫과 이 산에 들렀다. 그때의 상황이 김일손의 문집인《탁영집濯纓集》에 다음과 같이 실려 있다.

탁영濯纓 김일손이 계허契許(깊은 마음으로 사귐)하여 망년忘年으로 사귀었다. 이때에 와서 선생이 중흥사에 있다는 말을 탁영이 듣고 남추강南秋江(남효온)과 함께 술을 마시고 찾아갔다. 사람을 피하여 셋이 올라 밤이 새도록 웃으며 이야기하다가 마침내 백운대로 올라가서 도봉산에 이르기까지 돌아다니다가 5일 만에야 헤어졌다.

김시습과 깊이 사귄 김일손은 무오사화 때 비운의 죽임을 당했다. 무오사화는 성종 때 김종직金宗直이 세조의 왕위 찬탈을 풍자해 지은 〈조의제문弔義帝文〉을 당시 춘추관 기사관이었던 김일손이 사초에 실은 데서 일어났다. 그런데《탁영집》에는 김일손에게 〈조의제문〉을 신도록 권고한 이가 김시습이었다고 하는 내용이 실려 있다. 그것이 사실이라면 조선 전기의 가장 뛰어난 문장가 중 한 사람인 김일손이 무오사화로 인해 죽임을 당하게 된 원인이 그때 김시습과 함께한 기행에서 비롯된 셈이다.

선조 임금의 명으로《김시습전》을 지은 율곡 이이의 글에 김시습의 외모와 성격이 가감 없이 드러나 있다.

사람 된 품이 얼굴은 못생겼고 키는 작으나 호매영발豪邁英發하고 간솔簡

率하여 위의威儀가 있으며 경직하여 남의 허물을 용서하지 않았다. 따라서 시세時勢에 격상激傷하여 울분과 불평을 참지 못하였다. 세상을 따라 저앙低仰할 수 없음을 스스로 알고 몸을 돌보지 아니한 채 방외(속세를 버린 세계)로 방랑하게 되어, 우리나라의 산천치고 발자취가 미치지 않은 곳이 없었다. 명승을 만나면 그곳에 자리잡고 고도에 등람登覽하면 반드시 여러 날을 머무르면서 슬픈 노래를 부르며 그치지 않고 불렀다.

한편 북한산의 백운대 북쪽에 역적봉이라는 이름의 봉우리가 있는데, 그 이름을 얻게 된 이유가 재미있다. 이 봉우리가 한양을 등지고 북쪽을 향하여 숙였기 때문에 그 형세를 보고 역적봉이라 지은 것이다.

세 봉우리 깎아 내민 것 아득한 태곳적 일이리

신선의 손바닥이 하늘 가리키는 그 모습, 천하에도 드물리

소년 시절에 벌써부터 이 산의 참 모습 알았거니

사람들 하는 말이 등 뒤엔 옥환玉環(양귀비) 살쪘다고 하네

목은 이색의 시가 남아 전하는 북한산은 그때나 지금이나 사람들이 즐겨 찾는 서울의 명산으로 자리매김하고 있다.

관악산에 올랐던 조선의 사대부들

서울의 조산祖山인 관악산은 한강을 경계선으로 강남의 서쪽 벌판에 우뚝 솟아 강북의 북한산과 마주하고 있다. 청계산과 삼성산으로 이어지는 관악산은 이들 산 중에서 가장 높은 봉우리이다.

검붉은 바위로 이루어진 관악산은 꼭대기가 마치 큰 바위기둥을 세워놓은 것처럼 보여서 '갓 모습의 산'이란 뜻의 '갓뫼(간뫼)' 또는 '관악冠岳'이라고 불렀다. 옛 지도에는 관악산이 '관악'으로 많이 나오는데, 악岳 자체가 산山을 뜻하기 때문에 그 뒤에 다시 '산' 자를 붙이지 않은 것이다.

조선 중기 유학자인 남명南冥 조식曺植은 산천을 두고 "산을 보고, 물을 보고, 사람을 보고, 세상을 본다"고 했다. 조식의 말과 같이 산과 강, 그리고 세상과 사람을 보기 좋은 산인 관악산은 개성 송악산, 가평 화악산, 파주 감악산, 포천 운악산과 함께 경기도 오악五岳 중의 하나였다. 산이 높고 크지는 않지만 준령과 큰 나무들이 중첩했으며, 깊은 산은 아니면서도 오래된 나무들과 폭포들이 많다. 서울의 남쪽에 자리잡은 산으로 10여 개 봉우리의 골짜기마다 유서 깊은 절들이 산재해 있다.

사시사철 경치가 아름답고 연주대를 비롯한 빼어난 명소가 많은 이 산을 올라서 기행문을 남긴 사람이 조선 세조 때 문신으로 집현전 박사를 역임한 성간成侃이었다.

그는 어느 해 여름 관악산 자락의 관악사에서 더위를 피하면서 산 깊은 골짜기와 괴석을 보러 다녔다. 얼마쯤 지나자 관악산 일대 명소 중 볼 것은 모두 다 보았다고 여겨 동행한 중들에게 다음과 같이 말했다.

"이제 관악산의 산수는 싫도록 다 보았소. 다만 이 산의 북쪽 절벽이 기이한 것 같은데, 그곳을 가보지 못했으니, 앞장서서 안내해주지 않겠소?"

성간의 말에 중들은 다음과 같이 답했다.

"산 북쪽은 숲이 더욱 깊숙하고, 바위가 험악하여 길이 끊어져 더 갈 수가 없습니다. 그러나 갈 수 있는 곳까지는 안내하겠습니다."

성간이 그들과 함께 수없이 많은 난관을 겪으며 올라가보니 집채 같은 바위들이 빙 둘러 있었고, 그 밑은 거의 천길 낭떠러지 같아서 정신이 아찔했다고 한다. 그는 그곳에서의 감회를 다음과 같이 남겼다.

두 다리를 편 채 바위 위에 걸터앉아 한참 있으니, 이 골짜기 저 골짜기에서 불어오는 솔바람이 더위를 씻어주었다.

저 아래에서 뛰노는 물고기와 나는 새, 무성한 초목이 또렷하게 보일 듯하다. 또 서쪽 하늘과 맞닿은 바다에는 구름 안개가 자욱하며, 마침 일몰 때여서 햇살에 비친 구름이 붉은 것도 같고, 푸른 것도 같으며, 검은 것도 같고, 흰 것도 같아서 마치 귀신이 모인 듯하다.

아, 이 산에 노닐던 선비나 중이 몇이나 되는지 모르지만, 이 바위에서 본 경치를 말하는 자가 없었다. 그런데 내가 노닐면서 다행히 발견하게 되었으니, 아마도 조물주가 나를 위해서 마련한 것이 아닌가 싶다.

장자莊子가 말하기를 "큰 숲이나 산이 사람에게 좋기는 하지만 신기神氣가 너무 가득 차면 별로 좋지 않다"고 하였는데, 그의 말이 꼭 옳은 것은 아니다.

무릇 사람이 세상을 살아가자면, 밖으로는 온갖 일이 모여들고, 안으로는 온갖 생각이 치밀어 기운이 막히고, 뜻이 침체하게 된다. 그러다가 큰 숲과 경치, 아름다운 시내를 만나 그 우뚝한 자세를 보고 장쾌한 소리를 들으면 지금까지 답답하던 가슴속이 홀연히 풀리게 되는 것이다.

그래서 예로부터 산수의 도움을 얻은 자가 많으니, 어찌 장자의 말을 믿을 수 있겠는가.

아무래도 그곳이 연주대 부근일 것 같다. 예로부터 큰 바위가 많은 산은 신기가 많아 그 신기를 이기지 못하는 사람들에게는 안 좋은 곳이라고 말한 장자의 말을 비판한 것 같지만, 산을 오르는 사람의 마음과 그 산에 올라 느끼는 사람의 마음을 잘 표현한 글이라 하겠다.

정조 때의 정치가인 채제공은 정조 10년(1786) 봄에 예순일곱 살의 나이에 관악산을 답사하고 〈유관악산기 遊冠岳山記〉라는 기행문을 지었다. 다음은 그의 문집 《번암집 樊巖集》에 수록된 관악산 기행문 중 일부이다.

다음 날 해가 뜨자마자 산행을 시작해서 연주대를 향해 올라갔다.

동행한 승려들이 나에게 말했다. "연주대는 여기서 10리쯤 됩니다. 길이 매우 험하여 나무꾼이나 중들도 또한 쉽게 넘어갈 수 없습니다. 기력이 미치지 못하실까 걱정됩니다."

내가 말하였다. "천하만사는 마음에 달렸을 뿐이라, 마음은 장수요, 기운은 들개다. 장수가 가는데 그 졸개가 어찌 가지 않겠는가?"

마침내 절 뒤편의 가파른 벼랑길을 넘었다. 길을 가다가 끊어진 길과 깎아지른 벼랑을 만나기도 하였다. (…)

ⓒ정종원

관악산

관악산은 그 꼭대기가 마치 큰 바위기둥을 세워놓은 것처럼 보여서
'갓 모습의 산'이란 뜻에서 '관악冠岳'이라고 불렀다.
서울 근교에 자리하고 있어서 연일 많은 등산객으로 붐빈다.

엉금엉금 기어서 마침내 정상에 도착했다. 정상에는 바위가 있는데, 널찍하여 수십 명이 앉을 만하였다. 그 이름은 차일암遮日巖이다. 예전 양녕대군이 왕위를 피하여 관악산에서 살 때, 가끔 이곳에 올라 궁궐을 바라보았는데, 햇살이 뜨거워 오래 머물 수 없어, 작은 장막을 치고 앉아 있었다. 바위 귀퉁이에 네 개의 구멍을 오목하게 파서 장막의 기둥을 연결시켰다. 그 구멍이 지금까지 뚜렷하게 남아 있다. 이 때문에 연주대라 하고 차일암이라고 한 것이다.

연주대는 구름 속까지 우뚝 솟아 있다. 내 자신을 돌아보니 천하 만물 중에 감히 높이를 다툴 만한 것이 없어 보였다. 사방의 봉우리들이 자그마해서 마치 하늘과 바다가 이어져 있는 듯하다. 그러나 하늘에서 보자면 바다고 바다에서 보자면 하늘처럼 보일 터이니, 하늘과 바다를 또한 누가 분간할 수 있겠는가.

관악산 정상에 있는 연주대는 관악산의 최고봉으로 대학동과 과천시와의 경계에 우뚝 솟은 자연 바위벽으로 절벽에 연주암이 있다. 바라볼 때마다 서늘한 아름다움으로 다가오는 연주대는 10여 개의 창槍을 모아 세워놓은 듯한 모양으로 서 있고, 그 위에 연주암이 있는데, 50미터 이상의 깎아지른 듯한 절벽으로 삼면이 둘러싸여 있다.

이 산 아래에서 한 시절을 살았던 추사 김정희가 전라도 해남의 두륜산의 일지암에 있던 초의선사에게 수많은 편지를 보냈다.

중이 와서 초의의 서한을 전하고 또 다포도 전해주었네. 이곳의 샘 맛은 바로 관악산 한 맥에서 흘러나온 것인데, 두륜산에 비하면 갑을甲乙이 어떨지 모르겠지만, 역시 공덕功德의 삼사三四는 있겠기에 빨리 보내온 차를 시험해보니 샘 맛도 좋고 차 맛도 좋아서 한 조각 회환의 인연이었네. 이는 차가 그렇게 만든 것이오. 편지로 그런 것은 아니니 그렇다면 차가 편지보다 낫단 말인가.

더구나 근일에는 일로향실一爐香室(초의선사의 산실 이름)에 쭉 머물러 있다니, 무슨 좋은 인연이 있는가.

추사와 오랜 인연을 맺었던 초의선사가 인편에 보낸 차를 받고서 보내는 답신에 추사의 쓸쓸한 그리움이 담겨 있다.

"달을 안고 옹기종기 모여 사는 우리들, 근심 잘 날 없어도 마음만은 부자라네, 우리 동네 달동네"라고 노래한 일일연속극 〈달동네〉가 안방을 독차지했던 때가 1980년이었는데, 그 달동네의 무대가 근처 산림이 무성하다 하여 신림新林이라는 이름을 가지고 있던 관악산 자락의 신림동과 봉천동 일대였다. 달동네의 대명사였던 신림동과 봉천동 일대는 서울대학교의 이전으로 대학촌으로 변모했다.

산이 맑고 골짜기가 많은 청계산

서울의 산들은 흙으로만 이루어진 토산土山은 많지 않고, 돌이나 바위가 많은 악산惡山이 대부분이다. 서울시 서초구와 경기도 과천시, 의왕시, 성남시 경계에 걸쳐 있는 청계산은 서울의 산 중에는 드문 토산이다. 청계산은 과거에는 청룡산이라고 불렸는데, 청룡이 승천했다 하여 청룡산이라 불렀다고도 하고, 풍수지리적으로 한양의 주산을 관악산으로 보

앉을 때 좌청룡에 해당하여 청룡산이라 불렀다는 이야기도 있다. 청계산
에 설치된 안내판에 따르면 청계산이란 이름은《대동여지도》에 처음으로
등장한다고 한다.

청계산은 남북으로 흐르는 능선을 중심으로 펼쳐진 산세가 수려하며
500미터에 달하는 계곡에는 맑은 물이 흐르고 수림이 울창해 경치가 뛰
어나다. 과천의 서울대공원에서 청계산을 바라보면 대공원 뒤에 병풍처
럼 둘러 있으며 정상에는 망경대가 우뚝 솟아 있다. 청계산의 정상에 서
면 북서쪽으로 펼쳐진 계곡 아래로 과천시, 동물원과 식물원이 있는 서울
대공원, 각종 놀이기구가 있는 서울랜드, 국립현대미술관, 과천 경마장이
한눈에 내려보이며 토요일이나 일요일이면 가볍게 산을 오르려는 등산객
들로 인산인해를 이룬다.

바위가 많이 솟아 있는 북한산이나 관악산, 도봉산, 수락산과 달리 청
계산 등산로에는 부드러운 흙이 덮여 있어 쉽고 편안하게 오를 수 있다.
따라서 산행시간이 짧고, 코스가 길지 않으며 산행로가 완만하여 가족이
나 친구들과 함께 산행하기 쉬운 산이다.

청계산 자락 과천은 추사 김정희가 과지초당瓜地草堂이라는 거처를
마련하고 후학을 가르치며 여생을 보낸 곳이다. 다음은 추사가 과천에서
말년을 보낼 당시 아끼던 제자 김석준金奭準에게 쓴 편지의 일부이다.

그대가 오니 꽉 찬 것 같았는데, 그대가 가니 텅 빈 것 같네. 그 가고 옴이 차
고 비는 묘리와 서로 통함이 있단 말인가. (…)
비바람이 으시으시하고 산천은 아득히 멀고, 한 모개 파란 등불은 사람을 비

© 정종원

청계산

서울을 에워싸고 있는 산들 중에서 가장 남쪽에 위치하고 있는 청계산은
산세가 수려하며 맑은 물이 흐르고 수림이 울창해 경치가 뛰어나다.

추어 잠 못 들게 하는데, 이 사이에 있어 어떤 말을 주고받으며, 어떤 꿈을 꾸고
깨며 어떤 생각을 하고 있는가. 역시 청계와 관악 산속에서 자리를 마주하고 베
개를 나란히 하고 누워서 닭 울음을 세던 그때에 미쳐가기도 하는가.

노원의 명산, 불암산과 수락산

노원구 중계동 뒤에 있는 불암산은 경기도 남양주시와 경계를 이루며
덕능고개를 사이에 두고 수락산과 이웃하고 있는 산으로 높이는 510미터
이다. 큰 바위로 된 봉우리가 마치 부처가 송락(소나무 겨우살이로 만든 여승
이 쓰는 모자)을 쓰고 있는 것과 같으므로 불암산佛岩山 또는 천보산天寶
山, 필암산筆岩山이라고도 부르는데, 서울시 경계에 위치한 5개 산 가운
데 가장 낮다. 그러나 정상 부분이 온통 바위산을 이루고 있어 규모를 뛰
어넘는 기품을 자랑한다.

불암산은 사암으로 된 산이라 수목이 울창하지는 않으나 능선은 기암
으로 이어지고 봄의 철쭉은 아름다운 화원을 연상케 하며, 북한산·도봉
산·관악산 등과 더불어 많은 등산객이 찾는다. 불암산의 대표적인 사찰인
불암사는 신라 경문왕 때 지증국사가 개창한 사찰로 봉선사의 말사이다.

불암산의 푸른 산 빛을 바라보니 움켜쥘 수 있을 듯하다. 바위 봉우리가 빼
어나 범상한 모습이 아니다. 가까이에서 궁실을 보좌하여 동쪽 진산이 되어 서
쪽, 남쪽, 북쪽의 산과 함께 솟아 있었더라면 바위들이 치달리는 듯한 형상이

실로 나라의 형세를 웅장하게 하였을 것이다. 그런데도 교외 수십 리에서 마치 황야에 은둔한 사람처럼 서 있으니, 조물주 뜻이 자못 애석하다.

김상헌의 글을 음미하면서 북쪽을 바라보면 우뚝 서 있는 산이 수락산 이다.

수락산은 노원구 상계동 북쪽에 있는 산으로 아기자기한 암봉들은 저 멀리 설악산이나 월출산을 찾아간 듯한 느낌을 준다. 서울시와 경기도 의 정부시, 남양주시 별내면의 경계에 솟은 수락산의 남쪽으로는 불암산이 솟아 있고, 서쪽으로는 도봉산이 의젓하게 자리잡고 있으며 신라 때 지은 흥국사, 조선조 때 지어진 내원사·석림사·궤산정 등 명소가 산재해 있 다. 이러한 수락산의 형승에 대해 내원암 칠성각《신건기新建記》에 다음 과 같이 묘사되어 있다.

바위가 벽을 둘러치고 있으니 물이 굴러 떨어져 산 이름이 수락水落이요, 모래가 눈처럼 쌓였으니 골짜기 물이 맑아 그 이름이 구슬뫼〔玉液〕이라. 바위 들이 서로 걸터앉았으니 이름하여 향로香爐, 경천擎天을 이른다.

수락산은 산세는 험하지 않으나 곳곳에 암벽이 드러나 있어 수림이 울 창하지 않으며, 동쪽의 금류계곡에 금류동·은선동·옥류동의 세 폭포가 있어 지금의 이름을 얻었다고 한다.

수락산, 도봉산, 오봉산에는 호랑이가 많이 있어서 세조 9년(1463) 3월 에 양주 녹양리에 있는 말 4필을 호랑이가 물어가는 일이 발생했다. 세조는 친히 녹양리에 가서, 상호군 조득림趙得琳과 호군 박수장朴壽長을 좌우상대장으로 삼고, 오봉산과 수락산의 범을 잡았다. 그래도 호랑이의 피해를 막을 수가 없자, 할 수 없이 녹양리의 목장을 살곶이로 옮겼는데, 호랑이들이 다시 살곶이까지 몰려와서 말의 피해가 극심했다. 세조는 군사를 시켜 호랑이를 쫓는 한편, 각 고을마다 부군당府君堂을 짓고 산신제를 올려 그 피해를 막으려 하였다.

이 산을 사랑해서 숨어 산 사람들이 더러 있다. 조선의 아웃사이더인 매월당 김시습과 상촌 신흠申欽, 백사 이항복 그리고 숙종 때의 학자인 박세당朴世堂이 이 산자락에 살았다. 다음은 매월당 김시습의 '수락산의 남은 노을'이라는 시다.

한 점 두 점 떨어지는 노을 저 멀리

서너 마리 외로운 따오기 돌아온다

봉우리 높아 산허리의 그림자 덤으로 본다

물 줄어드니 청태 낀 물 드러나고

가는 기러기 낮게 맴돌며 건너지 못하는데

겨울 까마귀 깃들려다 도로 놀라 난다

하늘은 한없이 넓은데 뜻도 끝이 있나

붉은빛 머금은 그림자 밝은 빛에 흔들린다

김시습이 수락산에 거처하고 있을 때의 일이다. 김시습은 비가 내린 뒤에 골짜기의 물이 불어나면 종잇조각 100여 장을 끊은 다음 붓과 벼루를

210

가지고 뒤따르게 한 뒤 흐름을 따라 내려가다가 반드시 여울이 급한 곳에 자리를 잡고 앉아서 침통하게 읊조리며 시를 지었다. 혹은 절구, 혹은 율시, 혹은 고풍을 종이에 써서 흐르는 물에 띄워 멀리 흘러가는 것을 보고는 또 쓰고 또 흘려보내고 했다. 종일토록 글을 써서 물 위에 흘려보낸 후 종이가 다 떨어지면 돌아왔는데, 하루에 지은 글이 몇백 편이었다. 이런 일 또한 그의 뜻을 파악하기 어려운 점이었다.

생육신의 한 사람으로 김시습과 교분이 두터웠던 추강 남효온南孝溫에 대한 일화가 수락산에 남아 있다. 남효온이 수락산으로 김시습을 찾아왔다가 산속에서 길을 잃었다. 깊은 산속에서 복숭아 열매를 따 주린 배를 채우면서 쓴 시가 그 당시를 짐작케 한다.

맹수들 지나간 자취 채 마르지 않았군
짙은 구름 어느 곳이 도인의 거처인가
나무들이 하늘에 솟아 길이 없는 듯해서
돌 틈에 숨는 다람쥐를 가만히 바라보네

상촌 신흠도 이곳 수락산 기슭에서 살면서 살아온 자신의 삶을 뒤돌아보며 〈검신편檢身篇〉에 다음 글을 남겼다.

자기의 허물만 보고 남의 허물은 보지 않는 이는 군자이고, 남의 허물만 보고 자기의 허물은 보지 않는 이는 소인이다. 몸을 참으로 성실하게 살핀다면 자기의 허물이 날마다 앞에 나타날 것인데 어느 겨를에 남의 허물을 살피겠는가.

ⓒ정종원

불암산

서울 노원구와 경기도 남양주시에 걸쳐 있는 불암산은 정상에 있는 큰 바위가
마치 부처님의 모습을 닮았다고 하여 불암산이라고 부르게 되었다.

ⓒ이승태

수락산

수락산은 산세가 험하지 않으며, 동쪽의 금류계곡에 금류동, 은선동, 옥류동의
세 폭포가 있어 많은 사람들의 휴식처가 되고 있다.

남의 허물을 살피는 사람은 자기 몸을 성실하게 살피지 않는 자이다. 자기 허물은 용서하고 남의 허물만 알며 자기 허물을 묵과하고 남의 허물만 들추어 내면 이야말로 큰 허물이다. 이 허물을 고칠 수 있는 자야말로 바야흐로 허물 이 없는 사람이라 할 수 있다.

우뚝 솟은 바위가 일품인 도봉산

북한산 동북쪽에 있는 도봉산은 닭의 볏 모양의 기이한 봉우리가 하늘 높이 솟아 있어서, 팔팔한 정기가 어려 있는 산이다. 상봉인 자운봉은 높 이가 717미터로 사패산을 서쪽에 두고 남쪽으로는 만장봉과 주봉이 다시 갈라져서 북한산과 대치되는 오봉과 연결되어 있다.

도봉산에 있는 만장봉은 넓고 큰 바위가 천장만장千丈萬丈으로 깎아 질러서 기세가 아주 굉장하기 때문에 붙여진 이름인데, 그 봉우리 외에도 자운봉을 비롯한 특이한 봉우리들이 줄을 지어 서 있으며, 천축사·망월 사·원통사·녹야원·보문사·청룡사·회룡사·관음암·만월암 등의 고찰 이 있다. 조선 중종 때 학자 조광조를 기리기 위해 세운 도봉서원 앞 도봉 계곡은 골짜기의 수석이 기이하여 선비들이 휴양을 즐기던 곳으로 알려 져 있다.

도봉산의 어느 절인지 모르는 절을 찾아서 시 한 편을 남긴 사람이 조 선 전기 문장가인 서거정徐居正이다.

어느 해일까, 이 산 아래 절을 지은 것이

종일토록 손님들의 발이 맴돌고 있다

창문을 여니 구름이 처마에 헤쳐 들고

베개 베고 누우니 개울 소리가 땅 울리듯 한다

옛 탑은 층층이 허망하게 서 있고

동강 난 비의 글자는 알아볼 수 없게

반쯤 풀 사이에 묻혀 있다

얼마 남지 않은 인생 모든 인간사 다 버리고

이대로 이곳에 머물러 있고 싶다고 중과 의논하네

서거정 역시 이 나라의 산천을 좋아해서 틈만 나면 산천을 주유했는데, 산을 그냥 오른 것이 아니라 산천의 이치를 깨닫기 위해서였음을 그가 남긴 다음의 글에서 유추해볼 수 있다.

세상의 모든 것은 각각 그 성질을 가지고 있다

산은 산대로의 성性이 있고, 물은 물대로의 성이 있으니

우뚝 솟은 것을 누가 산인 줄 모르며

줄줄 흘러가는 것을 누가 물인 줄 모르리오

하지만 거기에서 다른 것 같으면서 같은 것이 있고

같은 것 같으면서도 다른 것이 있음은

변화가 일정함이 없는 묘리妙理로 보아야 한다

매월당 김시습은 도봉산을 사랑해서 '도봉의 뾰족한 묏부리에서'라는 다음 시를 남겼다.

봉의 형세 드높은 모습은 검의 서슬과 같은데

파리한 등과 늙은 잣나무가 풍상風霜을 능멸하네

깃발은 아득하게 절 앞에 벌어졌는데

천둥 번개 번쩍여서 푸른 하늘 만질 듯하네

맑게 서리 맞은 단풍 속의 눈을 매혹하고

보슬보슬 바위 물은 사람 간장을 씻어주네

한껏 봐도 다함 없어 눈 언저리 차가운데

낙엽 지고 하늘 높아 기러기떼 돌아오네

산을 사랑하고, 그래서 수없이 많은 산을 오르내린 김시습은 산에 들어 어떻게 산을 배워야 하는지 한 편의 글로 남겼다.

대저 사람이 산에 오르면 먼저 그 높은 것을 배우려고 할 줄 알아야 하느니. 또 물을 만나면 그 맑음을 배울 것을 먼저 생각하고 들에 앉으면 그 굳음을 배울 것을 생각하며 소나무를 보게 되면 그 푸름을 배울 것을 생각하고, 달과 마주하게 되면 그 밝음을 먼저 배울 것을 생각하는 태도가 바로 머리를 제대로 굴릴 줄 아는 자의 모습이니라. 허나 장차는 머리를 제대로 굴리려는 자가 매우 드물 것인즉, 두고 보면 알 것이다. 필경 산에 오르면, 먼저 그 편한 것부터 알고자 기웃거리게 될 것이다.

© 정종원

도봉산

서울 북쪽 도봉구와 경기도 양주 경계에 있는 도봉산은
각 봉우리의 기복과 굴곡이 다양하여 절경을 이루고 있으며,
칼바위 · 기차바위 · 해골바위 · 피바위 등 재미있는 이름의 바위들이 많다.

김시습의 예언처럼 산을 오르겠다는 사람들은 많아졌는데, 대부분의 사람들이 조금이라도 산의 정상에까지 차를 타고 가기 위해 안달하고, 조금만 가파른 산이면 케이블카를 만들어 힘도 들이지 않고 오르려고 애를 쓰고 있으니. 어찌 산을 오르는 것만 그러하랴, 모든 것이 편하고 빠른 것만을 추구하는 것이 세월 속에 일상이 되고 말았다.

일찍이 조선 전기 문신 강희맹은 《가산찬假山贊》에서 산천을 유람할 때 지녀야 할 마음의 자세를 다음과 같이 적고 있다.

산을 오르는 사람은 반드시 높고 큰 산을 오르고자 하고, 물을 구경하는 사람은 반드시 깊고 높은 물을 구경하고자 한다. 그것은 대개 우주宇宙 안의 장관을 다해서 나의 정신을 저 물物의 밖에까지 쏟아보자는 마음이 있기 때문이다.

산을 오르면서, 사물을 만나고, 세상을 만나고, 내가 나를 만나는 것, 그것이 바로 진정한 삶의 즐거움이 아니겠는가.

5

서울의 중심 한강

역사가 흐르는 강

큰 물줄기가 맑고 밝게 뻗어내린 강

강원도 태백시 창죽동의 검룡소儉龍沼에서부터 천 리 길을 숨 가쁘게 달려온 한강이 미사리에서 마지막 여울을 만나고, 광나루 부근에 이르면 흐름을 잊고 조용히 잦아든다.

옛날 중국인들이 조선에는 "천 리 되는 강이 없고, 백 리 되는 들판이 없다[江不千里 野不百里]"라며 소국小國이라고 했는데, 우리나라를 잘 모르고 했던 말이다. 우리나라의 강 중 압록강, 두만강, 낙동강 다음으로 긴 한강은 김포시 월곶면 보구곶리에서 서해로 접어드는 강으로 무려 1300리(514킬로미터)를 흐른다.

서울의 젖줄이면서 한반도의 젖줄, 나아가 민족의 젖줄이라고 일컬어지는 한강처럼 여러 이름으로 불리었던 강도 그리 흔치 않을 것이다. 중국의 위나라와 진나라 때의 지리지에는 이 강을 대수帶水라고 했고, 광개토왕릉비에는 아리수阿利水라 되어 있다. 《삼국사기》의 백제 건국 설화에는 이 강의 이름을 옥리하玉里河라 불렀고, 신라는 상류를 이하泥河, 하류

221

를 왕봉하王逢河라 불렀다. 고려 문헌에 한강은 큰 물줄기가 맑고 밝게 뻗어내린 긴 강이라는 뜻으로 열수列水라고 불린 기록이 있으며, 모래가 많기 때문에 사평도沙平渡 또는 사리진沙里津이라고도 불렀다.

한강의 명칭에 '한漢'이라는 글자를 쓰기 시작한 것은 중국 문화가 도입된 뒤부터다. 조선시대에는 오늘날 부르고 있는 한강 및 한수 또는 경강이라고 불렀는데, 한강은 본래 우리말인 한가람에서 비롯된 말이라고 한다. '아리', 즉 '알'은 고대에 '크다'나 '신성하다'는 의미로 쓰였는데, '한'도 이와 비슷한 뜻이다.

조선시대에는 해마다 제사를 올렸던 네 강, 즉 사독(동독은 낙동강, 서독은 대동강, 북독은 용흥강, 남독은 한강)에 들었는데 독瀆이란 바다로 직접 들어가는 긴 강을 뜻한다. 외국 서적에는 '서울강seoul river'이라고 기록되어 있기도 하다.

또한 서울 부근의 한강은 여러 이름으로 나누어 불렀다. 팔당댐은 도미진, 광장동 앞은 광진, 뚝섬 앞쪽은 동호, 한남동 앞쪽은 한강, 동작동 앞쪽은 동호 또는 동작강, 노량진동 앞쪽은 노들강, 원효로동 앞쪽은 용호 또는 용산강, 옛날에 마포나루가 있던 마포대교 언저리 쪽은 삼개 또는 마포강, 송파 부근은 삼전도, 양평동 부근은 양화도, 가양동 앞은 공암진, 오늘의 양화대교가 있는 쪽은 서호 또는 서강이라고 불렀다. 그와 더불어 서울 밖의 한강도 지역에 따라 오늘의 경기도 여주시 부근은 여강, 임진강과 합하여 서해로 빠져드는 김포시 북쪽은 조강, 고양시 행주산성 부근은 왕봉하라고 불렀는데 그곳 주민들은 지금도 이 이름들을 쓰고 있다.

조선 성종 때 편찬된《동국여지승람》에서는 한강을 다음과 같이 기록

ⓒ 유철상

한강

한강은 신석기시대부터 한반도 문화 발달의 터전이 되어왔으며
특히 조선 태조가 이곳에 도읍함으로써 정치 · 경제 · 문화의 중심을 이루게 되어
오늘날에 이르고 있다. 사진은 강변북로와 한강의 모습.

하고 있다.

한강은 도성 남쪽 10리 지점 곧 목멱산(남산) 남쪽(한남동)으로 옛날에는 한
산하라 하였다. 신라 때에 북독北瀆, 고려조에서는 사평도라고 하였는데 민간
에서는 사리진이라고 이름하였다. 그 근원이 강릉부의 오대산 우통于筒에서
부터 시작하는데 충주 서북쪽에 이르러 안창수(섬강)와 합하고 양근군 서쪽에
이르러 용진과 합하며, 광주 지경에 이르러 도미진이 되고 광진(광나루)이 되고
삼전도가 되며 두모포(두뭇개)가 되며 경성 남쪽에 이르러 한강도가 된다. 그리
고 여기서부터 서쪽으로 흘러서는 노량이 되고 용산강이 되며 또 서쪽으로 가
서 서강이 되고 시흥현 북쪽에 이르러서 양화도가 되며 양천현 북쪽에서 공암
진이 되며 교하군 서쪽에 이르러 임진강과 합하고 통진부 북쪽에서 조강이 되
어 바다로 들어간다.

그렇다면 한강의 발원지는 어디인가? 《세종실록지리지》, 《동국여지승
람》, 《택리지》, 《대동지지》 등 옛 문헌들에는 한강의 발원지를 오대산 우
통수라고 기록하고 있다. 조선 초기의 학자였던 권근權近은 기문記文에
우통수를 이렇게 적고 있다.

오대산 서대 장령 밑에 샘물이 솟아나는데 그 빛깔이나 맛이 특이하였다. 무
게도 보통 물보다 무거웠고 사람들은 그 샘물을 우통수于筒水라고 불렀다. 우
통수는 바로 한강의 수원이다. 사람들은 우통수의 빛과 맛이 변하지 않음이 마
치 중국 양자강의 경우와 마찬가지라는 뜻에서 중령中嶺이라고도 불렀다. 중

령이란 중국의 고사에 나오는 물 이름인데 여러 줄기의 냇물이 모여서 강을 이루고 바다를 이루지만 중령의 물만은 다른 물과 어울리지 않고 그 찬 맛을 그대로 간직하고 있다는 고사를 말하는 것이다.

한강은 곳곳에서 물길이 모여 만들어진 큰 강이기 때문에 여러 곳이 발원지로 꼽히지만 실측해본 결과 가장 물길이 긴 발원지가 태백의 검룡소이다. 오대산의 우통수보다 검룡소에서부터 시작되는 골지천의 물줄기가 더 길어 한강의 본류로 보는 것이다.

한강에 떠 있던 잠실섬과 부리도

생성과 소멸을 반복하는 것이 우주 순환의 원리이듯 한강에 있던 섬도 수천만 년의 세월 속에서 퇴적과 침식에 따라 생겨났다가 사라지고 다시 생기곤 했다. 40여 년 전만 해도 여러 개의 섬과 드넓은 백사장이 있었던 한강은 1960년대 말부터 시작된 공유수면 매립과 한강종합개발의 여파로 그 모습이 크게 바뀌고 말았다.

조선시대의 지도를 보면 한강에는 잠실, 저자, 여의, 난지의 큰 섬이 있었다. 이 섬들은 평소에는 육지와 백사장으로 이어져 있다가 큰물이 지면 섬이 되었고, 물이 줄어들면 다시 육지와 연결되었다.

1960년대까지만 해도 해마다 홍수로 인해 범람하던 서울 동쪽의 모래섬이었던 잠실에는 현재 한국에서 가장 높은 빌딩이 들어섰다. 잠실은 원래 지금의 광진구 자양동 쪽에 붙어 있는 반도형의 땅이었다. 이때까지 한강은 잠실섬의 남쪽으로 굽이쳐 지금의 석촌호수를 거쳐 잠실종합운동 장 서쪽으로 흘렀다. 잠실과 신천 일대를 하중도라고 했던 것은 한강 가운데 있었기 때문이다.

한강은 본래 송파에 접어들면서 신천강과 송파강(남쪽)으로 갈라져 큰 섬인 잠실섬과 서남쪽의 작은 삼각주 모양의 부리도를 만들어냈다. 또 잠실 왼쪽에는 무동이라는 작은 섬이 한강 흐름의 변화에 따라 생겼다가 사라지곤 했다. 부렴마을이 있던 부리도는 비가 오지 않을 때는 잠실과 백사장으로 연결되었다. 그 당시 부리도는 잠실섬과 백사장을 사이에 두고 연결되어 있어 같은 생활권이었다.

세월과 개발의 여파로 사라져버린 부리도가 《한국지명총람》에는 다음과 같이 실려 있다.

한강가에 있어서 큰물이 지면 사방에 물이 들고, 오직 이곳만이 물 위에 떠 있는 것 같으므로, 한자명으로 부리도浮里島라고 하였다.

또한 《동국여지비고》에서는 이 일대를 다음과 같이 전하고 있다.

한강 물이 넘쳐서 지류가 생겼는데, 이 샛강을 신천新川이라고 한다. 가물 면 걸어서 건널 수 있고, 물이 불면 두 줄기 강물이 되어 저자도 아래에서 한 줄기로 합쳐진다. 중종 23년(1528)에 군대를 동원해 돌을 날라다가 쓸려나가 는 강둑을 보호하려 했으나 성공하지 못했다.

위의 글에서 보듯 한강 북쪽에 붙어 있던 잠실은 조선시대에 강북에서 떨어져 나왔는데, 자양동과 잠실 사이의 샛강은 그다지 넓지 않아서 배를 타지 않아도 건널 수 있었다. 현재 여의도 남쪽을 흐르는 샛강과 비슷했던 이 샛강이 배를 타고 건너야 하는 강으로 변한 것은 지도를 바꿀 만큼 한강에 큰 피해를 입힌 1925년(을축년) 대홍수 이후였다.

조선총독부는 홍수가 있은 뒤에 《근세에 있어서 조선의 풍수해》라는 책을 펴냈는데, 여기에는 당시 잠실 일대를 다음과 같이 기록하고 있다.

물이 빠진 뒤에는 퇴적한 모래와 진흙 때문에 도로와 마을의 흔적도 알 수 없을 정도로 황량한 모래벌판으로 변했으며, 겨우 포플러 나무와 나무 자재가 쌓인 것으로 보아 이곳이 마을의 터전이었음을 추측하게 한다.

그 뒤부터 잠실 사람들은 섬의 서북쪽에 있던 새내나루에서 나룻배를 타고서 신천강을 건너 뚝섬나루에서 내려 서울로 들어갔다.

어느 지역이라도 강가에 산다는 것은 쉬운 일이 아니었는데 이는 매년 되풀이되는 물난리 때문이었다. 전라도 나주 지역에는 영산강이 자주 범람해 '광산 큰 애기 오줌만 싸도 넘친다'라는 말이 전해온다. 한강 부근에 사는 사람들은 한술 더 떠서 '메기가 하품만 해도 넘치고, 개미가 침만 뱉어도 물에 잠긴다'라는 말을 만들어냈다. 그래서 이 지역 사람들은 여름철에 홍수가 나면 현재의 광진구 자양동이나 삼성동의 봉은사로 대피했다고 한다.

섬이었던 잠실과 부리도가 육지로 변한 것은 1971년에 시작된 잠실 공유수면 매립사업 이후였다. 1960년대 후반부터 반포지구, 구의동지구 등 한강 주변이 매립되어 엄청난 교환가치를 지닌 땅으로 변모하기 시작했는데, 잠실은 마지막으로 조성된 가장 큰 매립지였다. 정부와 서울시는 잠실의 북쪽 모래사장과 새내마을 일부를 침수시켜 샛강인 신천강의 너비를 확장하고, 본류인 송파강을 흙으로 메우기로 했다.

한강종합개발 과정에서 잠실섬과 육지를 연결하면서 옛 송파강 모래사장에는 국내 최대 실내 놀이시설인 롯데월드가 들어섰고, 탄천과 한강이 합류되던 물길 언저리에 잠실종합운동장이 들어섰다. 옛 한강 본류의 모습을 추측하게 하는 건 송파강을 일부 남긴 석촌호수뿐이다.

잠실 주민들이 한강을 떠나기 시작한 것은 토지보상을 받은 1972년에서 73년이었다. 그때 보상을 받은 사람들이 현재의 잠실본동 새마을시장 옆으로 이주해 집을 짓고 살아 마을 이름이 '신천'이 되었다. 그들은 잠실대교 쪽에 시영아파트 등이 들어서면서 하나둘씩 신천을 떠났고 새로운 사람들이 물밀듯 들어오기 시작했다. 또한 잠실의 행정구역도 강북인 성동구 자양동(현 광진구 자양동)에서 강남인 송파구 잠실동과 신천동으로 바뀌었다.

흔적도 없이 사라진 송파나루와 삼전도

송파 부근에는 삼전도라는 나루터가 있었다. 삼전도는 한강 상류의 남안에 위치하여 서울과 부리도를 연결하는 나루터로서 교통의 중요한 기능을

228

석촌호수

1971년 4월 잠실 쪽 한강의 섬, 부리도의 북쪽 물길을 넓히고,
남쪽 물길을 폐쇄함으로써 섬을 육지화하는 매립사업이 시작되었고,
그때 폐쇄한 남쪽 물길이 현재의 석촌호수로 남게 되었다.

담당했다. 《여지도서》에 "송파대로는 이천의 경계까지 가는데, 관아에서 동쪽으로 거리가 90리이다"라고 실려 있는 송파는 물길과 육로의 교통이 번잡했던 곳이었다. 삼전도는 서울 근교 5진(나루) 중의 하나로 세종 21년(1439) 설치되었으며, 삼밭나루라고도 불렀다.

삼전도는 병자호란 이후 쇠퇴하고 대신 송파나루가 이 지역의 주된 나루가 되어 수어청에서 별장別將을 파견해 관리했다. 송파나루는 하중도를 끼고 있어 삼전도보다 물이 풍부한 덕에 맞은편의 뚝섬보다 크게 번성할 수 있었다. 그리하여 상공업의 발달로 물화物貨의 유통량이 대폭 증가한 조선 후기에 송파나루는 원주·춘천·충주·정성·영월·단양 등 한강 상류에서 내려오는 각종 물화의 집산지가 되었다.

예나 지금이나 사람들은 강가를 좋아했고, 그래서 중국의 사신들은 한강에서 배를 띄우고 풍류를 즐겼음을 알 수 있다.

한편 삼전도가 있던 곳은 강물이 많아서 1950년대 말까지는 나룻배가 다녔으나 지금은 잠실대교가 놓여지고, 주변의 농촌경관이 주거지화되면서 나루터로서의 기능은 완전히 상실되었다. 송파나루는 1960년대까지 뚝섬과 송파를 잇는 정기선이 운항되어 명맥을 유지하다 잠실섬과 부리도가 지도에서 자취를 감추었듯 샛강의 매립과 교량의 건설로 흔적도 없이 사라지고 말았다.

말이 떼 지어 노니는 모습을 즐기던 화양정

송파에서 강을 따라 내려가면 세종 때 말들이 떼를 지어 노니는 모습을 즐기기 위해 지었다는 별장 화양정이 있었다.

이곳은 화양정이 세워지기 전부터 나라의 땅으로 말을 기르던 목장이 자 군사훈련을 하던 곳이었으나, 세종이 재위 14년(1432)에 이곳에 정자를 세우고 《주서周書》에 나오는 '귀마우화산지양歸馬于華山之陽'이라는 글귀에서 따서 '말을 화산 남쪽으로 돌려 보낸다'는 뜻의 화양정 華陽亭이라는 이름을 붙였다고 한다.

조선 전기 문신인 양성지梁誠之가 화양정에서 시 한 편을 읊었다.

한가할제 말 가는 대로 동성 밖을 나서니
저 멀리 들판 풍경 새롭고 산뜻하여라
하늘에 닿은 먼 산은 푸르기가 그린 눈썹 같고
비 내린 뒤 방초芳草는 푸르름이 이부자리 같네
꾀꼬리 오르락내리락 아침 햇볕에 울고
소와 말 부산하게 시방으로 흩어지네
호탕한 봄바람 삼월도 저무는데
술 들고 나와 좋은 경치 구경하세

한편 이 정자는 회행정回行亭이라고도 부르는데 이런 이름을 갖게 된데는 단종과 명성황후와 관련이 있다.

세조 3년(1457) 6월 21일에 단종이 노산군으로 강등되어 다음 날 군사들의 호위를 받으며 영월로 귀양을 갈 때 화양정에서 전송했다. 이때 단종이 "화양정, 화양정" 하고 중얼거리며 이 길이 부디 다시 되돌아올 수 있는 회행길이 되었으면 하고 떠났으나 결국 돌아오지 못하고 말았다. 이에 사람들이 슬퍼하며 그 원혼이나마 돌아오기를 비는 마음에서 화양정을 회행정으로 부르기도 했다는 것이다.

또한 고종 19년(1882) 6월에 임오군란이 일어나 명성황후가 변복을 하고 창덕궁 뒷문으로 나와 장호원으로 피해갈 때 광나루까지 가던 도중 이곳 화양정에서 잠시 쉬어갔다고 한다. 뒷날 명성황후가 창덕궁으로 환궁하게 되자 사람들이 '정말 화양정이 회행정이 되었다'며 고개를 끄덕였다는 이야기도 전해진다.

화양정은 그 규모가 매우 웅장했다고 한다. 사각정으로서 기둥 둘레가 한 아름이 넘었으며 그 내부가 100여 칸 이상이었다고 한다. 그러나 화양정은 1911년 큰 벼락을 맞아 무너졌으며, 지금은 광진구 화양동 느티나무공원 내에 화양정터라는 표석만이 남아 있다.

잃어버린 섬 저자도

개발과 보존은 항상 상호보완적이지 않고 대립적이다. 개발 속에서 새롭게 부각되는 것도 있지만 개발 속에서 사라져버린 것들이 너무 많다. 그중 하나가 옥수동 두모포와 금호동 무수막 사이 한강에 있던 저자도이다. 옛날 이 섬에 닥나무가 많아 닥나무 '저楮' 자를 써 저자도로 불렀다.
또한 섬 남쪽에 어린아이가 춤추는 것처럼 생긴 바위가 있어 무동도舞童
島라고도 불렸다.

이 섬에 기우단이 있어서 날이 크게 가물면 나라의 정이품, 종이품관이
와서 제사를 지냈는데, 맑은 한강이 둘러 있고 흰 모래와 무성한 갈대숲
그리고 수목이 울창하여 경치가 매우 좋았다고 한다.

《신증동국여지승람》에는 저자도에 대해 "삼전도 서쪽에 있는데, 고려
의 한종유韓宗愈가 별장을 이곳에 두었다. 아조我朝 세종왕이 정의공주
에게 하사하였는데, 공주의 아들 안빈세에게 전해져 내려왔다"라고 실려
있다.

저자도의 풍경을 고려 후기 문신인 한종유는 다음과 같이 노래했다.

> 십 리 평평한 호수에 가랑비 지나갔는데
> 긴 피리 소리 갈대꽃 사이로다
> 금솥의 국 맛 조화調和하던 그 손으로
> 지금은 낚싯대 메고 석양녘 모래터로 내려온다네

주변 경치가 절경이던 저자도는 왕족이나 양반들의 놀이터였다. 《세종
실록》에 따르면 세종이 저자도에서 배를 띄우고 강변에서 군사들이 씨름
하는 광경을 보며 즐겼다고 한다.

조선 초기 학자인 정인지鄭麟趾가 저자도에 대해 적은 글을 보자.

경도京都는 뒤에 화산華山을 지고, 앞으로 한강을 마주하여 형승이 천하에 제일간다. 중국의 사군자士君子들이 사신으로 우리나라에 오면, 반드시 시를 지으면서 놀며 구경하다 돌아가는데, 동쪽 제천정에서부터 서쪽으로 회우정에 이르기까지 수십 리간에는, 공후귀척公侯貴戚이 많아 정자 누대를 마련하여 두어 풍경을 거두어 들였다.

동쪽 편에는 또 토질이 좋고, 물과 풀이 넉넉하여 목축에 적당한데, 준마가 만 필은 되는 듯 바라보기에 구름이 뭉친 것 같다. 그 가운데의 높은 언덕은 형상이 가마[釜]를 엎어놓은 것 같으며, 그 위에 낙천정이 있는데, 우리 태종대왕이 선위하신 후에 편히 쉬시던 곳이다.

남쪽으로는 큰 강에 임하였으며, 저자도 작은 섬이 완연히 물 가운데에 있는데, 물굽이 언덕이 둘리고, 흰 모래와 갈대숲의 경치가 특별히 좋다.

또한 15세기를 살았던 문장가 강희맹이 "봄꽃이 만발하여 언덕과 산을 뒤덮었네"라는 시 한 소절을 남긴 저자도는 조선 후기에는 철종이 그의 부마인 박영효朴泳孝에게 이 섬과 함께 압구정(압구정동 한강가의 정자)을 하사했었다. 그때 박영효를 철종의 딸에게 소개한 사람이 박지원의 손자인 박규수朴珪壽였고, 그의 가르침을 받은 박영효는 김옥균·홍영식·서광범 등과 함께 갑신정변의 주역이 되었다. 박영효가 갑신정변에 가담한 죄로 한때 몰수되기도 했지만 수몰되기 전까지 박영효가 그 섬의 마지막 소유주였다.

조선 후기 문신인 강석기姜碩期는 저자도에서 물길을 따라 한강을 내려가는 모습을 보고 다음의 시를 지었다.

중랑천

한강 본류와 중랑천의 물줄기가 만나는 곳에 퇴적작용이 반복되면서 만들어진 섬
저자도가 있었으나 현재는 수몰되었다. 사진은 중랑천의 모습.

잔잔한 호수에 흐르는 물기름같이 매끄러운데

좋은 친구들 손에 손 잡고 낚싯배로 올라가네

늦가을 비옷을 적시고 모두 술에 흠뻑 취했는데

갈대꽃 환하게 갈매기 나는 물까지 비춘다

1930년대만 해도 동서로 2킬로미터, 남북 885미터에 이르는 큰 모래 섬이었으며 경관이 빼어났던 저자도는 1925년 대홍수가 나면서 큰 피해를 입었다. 하지만 이 섬이 없어지게 된 원인은 한강 개발 때문이었다. 1936년에 뚝섬의 제방을 쌓으면서 이 섬의 모래와 흙을 파다가 메웠고, 설상가상으로 옥수동 두모포 앞을 지나는 경원선 철도의 둑을 고쳐 쌓을 때도 이 섬의 흙과 모래를 파다가 쌓는 바람에 원래 섬의 모양새를 잃어 버리고 말았다.

1950년대나 60년대의 여름에는 시민들이 나룻배로 건너와 삼복더위 를 식히는 휴양지였던 저자도가 회복이 어렵게 훼손되기 시작한 것은 1960년대 말이었다. 1969년 현대건설은 건설부로부터 공유수면 매립허 가를 받은 뒤 저자도의 모래를 파내 압구정지구를 매립하는 데 이용했고, 1972년 매립이 끝날 즈음 저자도의 상당 부분은 물속에 잠겼다. 서울의 한강에 있는 모든 섬들이 개발에 밀려 상처를 입는 가운데 저자도 역시 흔적도 없이 사라지게 된 것이다.

저자도가 없어지는 동안 다른 쪽에서는 새로운 섬이 탄생하기도 했다. 서래섬은 1982년에서 86년까지 2차 한강개발 때 반포대교와 동작대교 사이 반포2동 앞에 조성한 인공섬으로 3개의 다리가 연결되어 있다. 애초 이곳에는 일부 옛 지도에 '기도碁島'라고 나오는 반포섬이 있었으며, 한강개발 때는 모래언덕이 있었다.

저자도는 한강 본류와 중랑천의 물줄기가 만나는 곳에 강물이 몰고 온 모래와 흙이 쌓이는 퇴적작용이 반복되면서 만들어진 섬이었다. 그래서 계속되는 퇴적작용으로 넓이가 갑절쯤 늘어난 밤섬처럼 저자도도 시간과 자연에 의해 천천히 부활할 가능성이 있다.

중국 사신 예겸이 이름 지은 압구정

오늘날 압구정동 동호대교 옆 현대아파트에는 조선 세조 때의 권신 한명회韓明澮가 선비들과 함께 시흥을 즐기던 압구정이란 정자가 있었다. '압구정'이란 이름은 명나라 사신으로 온 한림학사 예겸倪謙이 한명회의 부탁을 받아 지은 것이다.

《신증동국여지승람》에 실린 압구정에 대한 글을 보자.

상당부원군 한명회가 두모포 남쪽 언덕에 정자를 지었다. 사신으로 명나라에 들어가 정자의 이름을 한림학사 예겸에게 청하였더니, 예겸이 이름 짓기를 '압구'라 하고 기문을 지었다. 그 뒤 을미년에 또 사신으로 명나라로 들어가 조정 선비들에게 시를 청하였더니, 무정후 조보趙輔 등이 말하기를, "이분이 압구정 주인이다" 하고 한 가지로 시를 지어 보는데, 정자 이름이 마침내 중국에 들리게 되었다. (…) 내 이름 짓기를 '압구'라 하고 이르기를, "갈매기는 물새의 한가한

자이다. 강이나 바다 가운데 빠졌다 떴다 하고, 물가나 섬 위에 날아다니는 것으로, 사람이 길들일 수 있는 물건이 아닌데, 어찌 진압할 수 있겠는가" 하였다.

한명회가 그의 호號로 삼고 수많은 사람들과 풍류를 즐겼던 이 압구정이라는 정자가 있었던 데서 압구정동이라는 지명이 유래되었다. 압구정은 예로부터 풍경이 수려해 중국 사신들을 위한 연회가 열린 곳으로도 유명하다. 하지만 세월 속에 압구정도 부침을 겪게 된다. 구한말에는 개화파 정치인인 박영효가 소유했으나 그가 고종 21년(1884) 갑신정변의 주모자로 몰리면서 정자도 함께 파괴되었다. 1970년대 말 이곳에 아파트단지가 들어서면서 터까지 사라졌다. 압구정동 현대아파트 재건축 정비계획안에 따르면 재건축 시 공원을 조성해 한명회의 압구정 정자를 복원할 계획이다. 조선시대 진경산수화의 대가인 겸재謙齋 정선鄭敾이 그린 압구정 그림 두 점을 복원의 근거로 삼았을 것이다.

한편 이곳 압구정에 조선의 빼어난 문장가였던 매월당 김시습에 얽힌 일화가 남아 있다. 한명회가 압구정이라는 화려한 정자를 짓고 그 경치를 감탄하는 현판들을 걸었는데 그 현판들 중에 다음과 같은 시가 있었다.

> 청춘에는 사직을 붙들고 靑春扶社稷
> 늙어서는 강호에 누웠네 自首臥江湖

압구정에 놀러가 이 현판을 들여다보던 김시습이 이 글씨를 다음과 같이 고쳐놓았다.

겸재 정선의 〈압구정〉

지금은 아파트가 들어서 있는 압구정동 한강변에는
세조 때 권신 한명회가 지은 압구정이라는 정자가 있었다.
이곳의 아름다운 경관이 겸재 정선의 그림 〈압구정〉에 남아 있다.

청춘에 사직을 위태롭게 하고 靑春危社稷

늙어서는 강호를 더럽혔네 自首汙江湖

김시습은 '부扶'를 '위危'로 '와臥'를 '오汙'로 고쳤는데 그 글을 사람들은 그럴듯하다고 했다. 나중에 이 현판을 본 현명회가 결국 그것을 떼어내고 말았다.

오늘날 압구정에는 아파트 숲들이 울울창창하고, 한강가에 갈매기들 사라진 지 오래되었으니, 세월을 탓하랴, 가고 없는 사람을 탓하랴.

박지원의 슬픈 제문이 남아 있는 동호

한강의 본류와 중랑천의 물이 합류되는 지점이라 두 물이 서로 어우러진다는 뜻에서 두뭇개 또는 두물개라 불렀고, 한자로 옮겨지면서 두모포 豆毛浦가 되었다. 도성의 동쪽에 있는 물가라는 뜻에서 동호東湖라고도 한 이곳은 경치가 아름다워 주변에 많은 정자가 세워졌다.

이곳에서 고래를 잡았다는 기록도 있다. 명종 20년(1565) 두모포에서 한 어부가 흰 물고기를 발견했는데, 그 크기가 얼마나 컸던지 마치 큰 배 〔船〕 같았다고 한다. 당시 어떤 사람이 "고기가 바다에서 멀리 와서 강에 와 죽은 것이다. 윤원형尹元衡의 '형衡' 자가 '행行' 자와 '어漁' 자로 되었으니, 고기가 죽은 것은 곧 원형이 죽을 징조였다"라고 말했다고 전해진다.

명종 때 세도재상이던 윤원형에 대한 또 다른 이야기도 남아 있다. 윤원형의 첩 난정蘭貞이 매년 두세 차례씩 두어 섬의 밥을 지어 두모포에 와서 물고기들에게 밥을 주었는데, 소문을 들은 사람들이 "백성들의 먹을 것을 빼앗아다가 강물고기에게 밥을 주니 이것을 빼앗아다가 저것을 주는 것이 까마귀나 제비가 개미나 벌레를 잡아먹는 것보다 더 심하다"라고 말했다. 그 당시 세도가들과 그 측근들의 끝 모를 욕심이 얼마나 극심했는지를 유추해볼 수 있는 일화다.

이곳을 배경으로 박지원은 아름답고 슬픈 글 한 편을 남겼는데, 다름 아니라 누님이 죽은 뒤에 지은 〈큰누님 박씨朴氏 묘지명〉이다.

백규(박지원의 매형)가 어진 아내를 잃고 난 뒤 가난하여 살 방도가 없어지자, 어린것들과 계집종 하나, 크고 작은 솥과 그릇, 옷상자와 짐이 든 궤짝을 가지고 산골로 가기 위해 상여와 함께 배를 타고 출발하였다. 내가 두포斗浦의 뱃전에서 전송한 뒤에 통곡하고서 돌아왔다.

아아! 슬프다. 누님이 시집가기 위해 새벽에 화장하던 모습이 마치 어제 일만 같구나.

내 나이 그때 여덟 살이었다. 내가 장난치며 누워 발을 동동 구르면서 새신랑의 말투를 흉내 내어 말을 더듬거리며 점잔을 빼자, 누님은 수줍어서 그만 빗을 내 이마에 떨어뜨렸다. 나는 화가 나 울면서 먹물을 분가루에 뒤섞고 침으로 거울을 더럽혔다. 누님은 옥으로 된 오리〔玉鴨〕와 금으로 만든 벌〔金蜂〕 따위의 패물을 꺼내어 내게 주면서 울음을 그치라고 달랬다. 그때로부터 벌써 스물여덟 해가 지났구나.

강가에 말을 세우고 강 위쪽을 바라보니 붉은 상여의 명정銘旌은 바람에 휘날리고, 뱃전의 돛 그림자는 물 위에 꿈틀거렸다. 곧 기슭을 돌아가 나무에 가려 다시는 볼 수 없이 사라지고 말았다. 그때 강가의 먼 산들이 검푸른 것이 마치 누님의 쪽진 머리 같았고, 강물 빛은 누님의 거울 같았으며, 새벽달은 우리 누님의 고운 눈썹 같았다.

눈물을 흘리며 누님이 빗을 떨어뜨렸던 일이 떠올랐다. 유독 어렸을 적 일만 역력하게 떠올랐다. 생각해보면 즐거웠던 기억은 많았는데, 세월은 덧없이 길고 그 사이에는 대부분 이별의 근심을 괴로워하고 가난을 걱정하고 괴로워하면서 보냈으니, 인생이 덧없는 것이 마치 꿈결과 같구나. 남매로 지낸 날들이 어찌 그리도 빨리 지나갔더란 말인가.

떠나는 사람 정녕코 다시 온다 약속을 남기고 가지만, 보내는 사람 눈물로 여전히 옷깃을 적시게 하네. 조각배 이제 떠나가면 어느 때 돌아올까. 보내는 사람만 헛되이 강가에서 외롭게 돌아가네.

박지원이 누이를 떠나보내며 읊은 제문을 두고 연암의 처남이며 오랜 친구였던 이재성은 다음과 같이 평했다.

마음의 정리에 따르는 것이 지극한 예禮가 되었고, 의경을 묘사함이 참 문장이 된다. 글에 어찌 정해진 격식이 있으랴! 이 글을 옛사람의 문장을 기준으로 읽으면 당연히 다른 말이 없을 것이지만, 지금 사람의 문장으로 기준을 삼아 읽는다면 의아해하지 않을 수 없으리라. 원컨대 상자 속에 넣어서 간직했으면 한다.

이항복의 소유였던 천일정과 달구경하기 좋았던 제천정

옥수동과 한남동을 가르는 지맥이 한강 물가에 접한 묏부리 남쪽 기슭에는 한국전쟁 전까지 천일정이라는 사유 정자가 있었다. 조선 성종 때 정승 황희黃喜의 손자사위인 의정공 김국광金國光이 고려시대의 절터였던 이곳에 처음으로 정자를 지었으며, 그 뒤 오성부원군 이항복이 정자를 소유했고, 조선 후기에는 하정 민영휘閔泳徽의 별장이 되었다.

천일정天一亭의 현판 휘호는 청나라 사람인 옹동화翁同龢가 민영휘에게 써준 글씨이고, 정자 이름은 당나라 왕발王勃의 《등왕각藤王閣》에 실린 '추수공장천일색秋水共長天一色'(가을 물빛이 하늘빛과 함께 길다)이라는 구절에서 따서 지었다.

천일정은 1000평이나 되는 넓은 터전에 동쪽으로 아늑한 안채가 있고 정남향으로 조금 높은 터에 청원당淸遠堂이란 현판이 걸린 중사랑채가 있었으며, 그 남쪽으로 조금 낮은 강가 바깥사랑채에는 천일정 현판이 걸려 있었다. 한강변 높은 곳에 축대를 쌓고 ㄱ자형 평면으로 배치했으며, 앞쪽으로 돌출된 누각 아래로는 사각 장초석을 세웠고 팔작지붕을 얹었다. 멀리 강 건너 압구정이 바라보이던 이 정자는 한국전쟁 당시 폭격으로 사라지고 한남대교 북단에 자그마한 표석만이 쓸쓸히 남아 있다.

용산구 한남동 한남역 주변에는 천일정 말고도 또 하나의 정자가 있었다. 강가 언덕에 위치했던 제천정은 조선시대 왕실 소유의 정자로 주변의 경치가 아름다워 세조 때부터 명종 때에 이르기까지 한강변의 정자들 중 왕들이 가장 자주 찾았다고 한다.

이곳은 '제천완월濟川翫月'이라 하여 달을 구경하기가 좋은 곳으로 경기십영에 드는 명소였다. 광희문을 나와 남도지방으로 내려가는 길목 나루터 옆에 있었기 때문에 왕이 선릉이나 정릉에 참배하고 돌아오는 길에 잠시 들러 쉬기도 했다. 또 중국 사신이 오면 이 정자에 초청하여 풍류를 즐길 수 있도록 했다.

성종은 형인 월산대군이 세상을 떠난 뒤 제천정에 자주 나왔는데 정자의 규모가 작고 좁다 하여 크게 고쳐 짓게 했으며, 명종 13년(1558)에는 임금이 이 정자에 올라 수전水戰을 관람했다고 한다.

인조 2년(1624) 이괄의 난 때 인조가 왕대비와 함께 종묘와 사직단의 신주를 받들고 공주로 피란을 가게 되었다. 그때 밤에 한강을 건너면서 제천정에 불을 질러 그 불빛에 의지하여 강을 건넜다고 한다. 그것으로 미루어 이때 불타 없어진 것으로 보인다. 하지만 1958년에 발행된 《서울명소고적》에는 청일전쟁 때까지도 정자 건물이 남아 있었으며, 그 후 미국인 선교사인 언더우드H. G. Underwood가 왕실로부터 불하 받았는데, 뒤에 어느 틈에 없어졌는지 그 자리조차 찾기 힘들다고 기록되어 있다.

제천정에 올라 시를 읊은 선비가 한두 명이 아니다. 조선 전기 문신 노사신盧思愼의 시 한 편을 보자.

오랜 비 처음 개니 갠 빛도 좋을시고
누樓 앞의 봄 물결 푸른 구름 뭉쳐 있다
강 연기 막막하더니 바람 불어 걷히고
산안개 부슬부슬 새가 가지고 오네

배는 비단 닻줄 끌며 꽃 핀 나루터로 돌아가고

술은 은하수 기울이듯 옥잔에 떨어지누나

즐거운 모임 얼마인데 이별하기는 쉬운 것이

풍경 다시 보려고 배회하고 또 배회하네

삼남대로가 지나던 동작나루

한남대교에서 반포대교를 지나 동작구 동작동 동작대교 부근에는 동작나루〔銅雀津〕 또는 동재기나루라고 하는 나루터가 있었다. 삼남대로의 길목인 동작나루가 있던 동작동은 조선시대 말까지 과천군 상북면 동작리였는데 지금은 서울의 도심이 되어 있다. 이 부근에 있었다는 이수교는 말죽거리와 과천으로 가는 길목에 있는 다리였고 다리 남쪽에는 배나무골이 있었다고 한다.

동작나루는 조선시대에 서울과 수원 이남 지방을 연결하던 3대 나루터 중 하나로 조선시대에는 병선兵船이 배치되어 있었다. 《연산군일기》 연산군 8년(1502) 2월 14일자에 임금이 경기감사 노공필盧公弼에게 "한강의 삼전·노량·양화도 등처의 진부津夫(사공)들이 관선은 숨겨두고 다만 사선私船으로써 건너게 하여 선가船價를 너무 비싸게 받으므로 길 가는 사람이 진작 건너지 못하고 강가에서 노숙하는 사람이 많으니, 경은 그것을 엄중히 고찰하여 길 가는 사람들에게 강 건너는 불편을 주지 말라"는 명을 내려 나그네들의 불편을 덜어주게 한 내용이 있다. 연산군이라 하여 못된 짓만 했던 것은 아닌가 보다.

영조 4년(1728) 이인좌李仁佐의 난이 일어난 것을 계기로 동작나루의 관리를 철저히 하고자 별장을 파견했으며, 영조 22년(1746)부터는 노량 나루에 배치되어 있던 관선 15척 중 3척을 이곳에 배치해서 무료로 지나는 길손들을 실어 나르는 대신 임검臨檢을 하도록 했다. 이어 정조 9년 (1785)에는 백성들이 강을 쉽게 건널 수 있도록 "한강과 노량나루의 관선 은 10척, 서빙고와 동작나루에 5척을 배치한다"고 하였으나 이것은 오히 려 역효과를 불러왔다고 한다. 무료인 관선을 감춰두고 운행을 기피하면 서 민간의 사선들이 비싼 도강료를 받아 가난한 나그네들을 골탕 먹였던 것이다.

한편 이곳 동작나루는 철종 8년(1857) 철종 임금이 지금의 서초구 내 곡동에 있는 인릉에 참배를 갈 때 배다리를 놓았던 곳이기도 하다.

이곳을 찾았던 조선 후기의 실학자인 이덕무가 다음의 시를 남겼다.

찬 강 나무에 서릿발이 무늬졌는데

별안간 빈 배 노 젖는 소리 부지런도 하구나

때마침 오리들 헤엄질에 물결 꽃무늬 같은데

달려와 보니 산봉우리는 말 머리 위의 구름이네

비단 돌 밟는 신소리 언제나 그치려는지

부채 바람에 날리듯 금모래 날아와 어수선하구나

물가 주막에서 옷 갈아입고 시골길 재촉하였건만

오랜 나그네길 돌아와서도 개운치가 않구나

한강변 모래언덕이었던 노들섬

동작나루가 있던 곳에서 강을 따라 내려가면 노들섬이 나온다. 지금의 용산구 이촌동 쪽과 연결된 모래언덕이었던 이곳을 조선시대에는 모래밭 마을이라는 뜻의 '사촌沙村'이라 했고, 모래밭 쪽으로 해가 넘어가는 풍경을 '사촌모경沙村暮景'이라 하여 용산팔경의 하나로 꼽기도 했다.

한강변의 모래언덕이었던 이곳이 섬이 된 것은 일제가 1917년 한강 북단의 이촌동과 남단의 노량나루를 연결하는 한강인도교(현 한강대교)를 놓으면서부터다. 다리가 지나는 모래언덕에 흙을 돋아 다리 높이로 쌓아올려 인공섬을 만들고, 이곳을 중지도中之島라 이름 지었다. 1925년 대홍수로 유실된 둑을 1934년 복구했을 때 이 타원형 인공섬의 남북 길이는 165미터였고 1958년만 해도 1만 평 정도의 크기였으며, 주변에는 100만 평의 한강 백사장이 형성되어 있었다.

배를 타고 한강을 건너던 시절에 다리를 밟고 한강을 건너는 것은 신기한 경험이다 보니 노들섬에는 철제 다리를 밟고 한강을 건너려는 사람들의 발길이 끊이지 않았다. 1935년에는 노들섬까지 전차 궤도가 놓이면서 한강인도교역이 생겨, 노들섬은 일제강점기에 창경원(현 창경궁), 남산공원과 더불어 유원지로 사랑받았다.

광복 후 1960년대까지만 해도 노들섬은 여름에는 수영장과 낚시터, 겨울에는 스케이트장으로 시민들의 사랑을 받았다. 또한 국군의 날에는 에어쇼가 열려 서울을 비롯한 지방 사람들까지 몰려와 인산인해를 이루었다.

노들섬과 한강 백사장은 1968년 시작된 한강개발계획으로 유원지의

한강철교와 한강인도교

1900년 한강 북단의 이촌동과 남단의 노량나루를 연결하는
한강 최초의 다리인 한강철교가 가설되고,
1917년에는 바로 옆에 사람이 건널 수 있는 한강인도교(현 한강대교)가 가설되었다.

노들섬

노들섬은 본래 한강변의 모래언덕이었으나 일제가 인도교를 지으면서
다리의 중앙에 있던 모래언덕에 둑을 쌓으면서 중지도라는 이름이 붙었고,
1995년 노들섬으로 개칭되었다.

기능을 상실하게 된다. 당시 계획의 뼈대는 한강 북단 이촌동 연안을 따라 한강제방도로(현 강변북로)를 건설하는 것이었다. 경원선 철길을 따라 놓인 기존 둑의 바깥쪽에 새 둑을 쌓고, 두 둑 사이를 한강 백사장에서 퍼온 모래로 메웠다. 수자원개발공사는 1969년까지 한강대교 동쪽에서 파낸 모래로 새 둑 안쪽을 메워 12만여 평의 새 땅(동부이촌동)을 얻었고, 모래준설 업체인 공영사도 서쪽에 6만여 평의 땅(서부이촌동)을 추가로 확보했다.

노들섬의 풍경도 확 달라졌다. 진흥기업은 1973년 매립공사를 시작해 노들섬의 크기를 과거보다 동서로 5배가량 확장해 이 땅을 국가로부터 넘겨받았다. 주변 모래밭은 매립에 사용돼 사라졌고, 그 자리에 강물이 들어왔다. 섬 둘레엔 시멘트 둔치도 생겼다. 사유지가 되어버린 노들섬에는 사람들의 발길이 점차 잦아들었다.

그나마 노들섬 주변에 듬성듬성 남아 있던 모래더미는 1982년 2차 한강종합개발 때 지저분하다는 이유로 저수로 정비 사업이 실시되어 아예 자취를 감췄다. 매립지에는 한강맨션, 신동아아파트 등 이촌동 아파트단지가 한강을 병풍처럼 둘러쳤고, 1980년대 초반까지 7000여 가구가 들어섰다. 사람들은 그 당시 한강 정비를 통한 도시 성장과 경제 발전을 '한강의 기적'이라고 불렀다.

노들섬은 서울의 최중심부에 있는 섬이면서도 한강개발사업 뒤 여러 차례 개발계획이 세워지고 무산되는 과정이 반복되었다. 서울시는 2015년 노들섬을 '음악중심의 복합문화기지'로 조성하기로 최종 결정해 2019년 9월 노들섬이 조성된 지 100여 년 만에 복합문화공간으로 탈바꿈하게 될 예정이다.

백로가 노닐던 노들나루

옛 사람들은 노들섬 일대 한강을 용산강이라고 불렀다. 이중환은《택리지》에서 용산강 부근을 다음과 같이 묘사했다.

한양 남쪽 7리쯤에 용산호龍山湖가 있다. 옛날에는 한강 본류는 남쪽 언덕 밑으로 흘러가고, 또 한 줄기는 북편 언덕 밑으로 둘러 들어와서 10리나 되는 긴 호수였다. 서쪽에 염창 모래언덕이 막아서 물이 새지 아니하고 연이 그 안에 자라나 있다. 고려 때 가끔 임금의 행차가 이곳에 머물러 연꽃을 구경하였는데, 본조에서 한양에다 도읍을 정한 뒤에 조수가 갑자기 대질러서 염창 모래 언덕이 무너져버렸다. 그리하여 조수가 바로 용산까지 통하니 팔도의 화물을 수송하는 배는 모두 용산에 정박하게 되었다.

용산강의 나루터는 백로가 노닐던 나루라서 노들나루라는 이름이 붙었다고도 하며, 원래 흑돌〔黑石〕, 늙은돌, 노들이라 하던 데서 노들강이 되고 노량나루〔鷺梁津〕가 되었다고 한다. 한강나루, 양화나루와 더불어 서울 3대 나루 중 하나인 노량나루에는 나룻배 15척이 있었다고 하는데 이곳에 나루가 만들어진 것은 태종 14년(1414)의 일이었다.

《태종실록》태종 14년(1414) 9월 2일자에, "처음으로 광진廣津과 노도露渡에 별감을 두었다"고 기록되어 있는 이곳이《세종실록》세종 8년(1426) 1월 20일자에는 다음과 같이 실려 있다.

임금께서 세자를 거느리고 노도강변에 납시어 방포放砲를 관병하고 내금,

내시위, 사복시의 관원과 상호군 중에서 말 타고 총을 세 번 쏘아 세 번을 다

맞춘 이에게 전통箭筒을 하사하였다.

노량나루에는 정조 임금이 화성華城에 있는 사도세자의 능을 참배하

러 행차할 때마다 배다리가 놓였다. 능행이나 다른 일로 임금이 도강하기

위해서 필요했던 배다리는 여러 종류의 배들을 징발하여 나란히 이어놓

은 뒤 그 위에 판자를 깐 임시 부교浮橋를 말한다.

배다리는 고려 정종 11년(1045)에 임진강에 처음으로 설치되었으며,

조선시대에는 연산군이 청계산에 사냥을 가기 위해 민선 800척을 동원하

여 한강에 배다리를 놓은 적이 있었다.

그 뒤 정조의 화성 행차 시 배다리를 놓을 때는 한강에서 운행하는 조

세선을 비롯한 관선과 일반 상선, 개인들의 작은 배도 동원되었다

도성이 있는 서울 부근의 한강은 크고도 넓었기 때문에 배다리를 만드

는 일이 쉽지 않아 이를 주관하는 주교사舟橋司라고 하는 관청을 별도로

두었다. 배다리의 양쪽 끝과 중앙에는 홍살문을 둘 정도로 격식이 있었으

며, 큰 배를 가운데 배치하고 양쪽 강변으로 작은 배를 배치하여 가운데

가 높고 양쪽이 낮은 모양을 이루게 했다.

배에다 귀틀을 건너지르고 그 사이에 철판을 깔아 우물마루를 깔듯이

상판을 만들었다. 또 배에 난간을 설치하고 단청까지 하여 고정된 나무로

만든 다리 못지않은 격식을 갖추었다.

그 당시 만들었던 배다리의 모습이 정조가 혜경궁 홍씨의 회갑연에 대

해 자세히 기록하게 한《원행을묘정리의궤》의〈주교도舟橋圖〉에 자세하게 표현되어 있다.

왕가에서 강을 건널 때에는 삼군 장수가 강 이편과 저편에서 열을 지어 서 있고, 각角과 북을 호응취주呼應吹奏하는 가운데, 좌군左軍의 구운九運이 선행을 맡고, 중군 십칠운十七運이 그 뒤를 받치고, 어가가 행차하였다. 후미 는 우군 삼운이 맡았다.

정조가 노량나루에 행차하면 배다리를 가설하는 동안 잠시 쉴 자리가 필요해 근처에 정자를 짓고, '북쪽의 산과 한강의 모습이 마치 용이 꿈틀 대고 봉황이 나는 것처럼 보여 억만 년 가는 국가 기반을 의미하는 것 같 다' 하여 용양봉저정龍驤鳳翥亭이라고 이름 지었다. 그러나 배다리로 인한 부작용 또한 만만치 않았다고 한다. 배다리가 놓일 때면 크고 작은 배 800여 척이 강제로 징발되어 20여 일 동안 묶여 있었기 때문에 일반인 들은 한강을 건널 수조차 없었다. 그런 연유로 백성들의 원성이 자자해서 〈한강원가〉라는 다음의 민요가 생겨나기도 했다.

강원도 뗏목장수 뗏목 뺏기고 울고 가고
전라도 알곡장수 통배 뺏기고 울고 가면
삼개(마포) 객주 발 뻗고 울고
노량나루 색주가 머리 잘라 판다

노량진 동산에 있는 사육신묘

노량진 동산에는 사육신묘(서울시유형문화재 제8호)가 있다. 단종 복위를 꾀하다가 세조에게 죽임을 당한 사육신의 묘가 공식적으로 인정받게 된 것은 숙종 때부터다. 숙종은 재위 17년(1681)에 사육신의 충성심과 장렬한 의기를 추모하는 민절서원愍節書院을 세우고, 같은 해 9월 친히 이곳을 참배한 후 여섯 충신의 관직을 추증하고 시호를 내렸다. 정조 6년(1782)에는 그들의 업적을 기리는 신도비가 건립되었다. 신도비 비문에는 다음의 글이 새겨져 있다.

성삼문 등 여섯 충신이 사형을 당할 당시 서울은 형용할 수 없을 지경으로 혼란에 빠졌던 까닭에 그들의 시체를 묻을 겨를조차 없었는데, 다행스럽게도 생육신 한 사람인 김시습이 밤중에 남몰래 이곳에 시체를 모시었으니 창망 중에 그 시체들이 제대로 챙겨졌는지 알 수 없는 일이다.

사육신묘가 있는 마루터기 위 고개가 아차고개인데 영등포 이남에 살고 있던 어떤 선비가 '사육신'을 처형함은 부당하다고 하기 위하여 도성을 향해 달려가다가, 이 고개에 이르러 '사육신'이 새남터에서 처형되었다는 소식을 듣고 '아차 늦었구나' 하고 탄식했다고 한다.

이 몸이 죽어 가서 무엇이 될꼬 하니
봉래산 제일봉에 낙랑장송 되었다가

254

성삼문의 묘

노량진 동산에는 단종 복위를 꾀하다가 세조에게 죽임을 당한 여섯 충신,
즉 사육신의 묘가 있다. 사진은 사육신 중 성삼문의 묘이다.

백설이 만건곤 할제 독야청청하리라

성삼문의 시 한 구절만이 사람들의 입에서 입으로 전해져올 뿐이다.

사육신묘 서쪽 기슭에는 조선 후기 문신 박태보朴泰輔를 추모하기 위해 세운 노강서원이 있었다. 박태보는 숙종 15년(1689)에 인현왕후의 폐위를 반대하는 소를 올렸다가 혹독한 고문을 받고 진도로 유배를 가던 중이곳 서원터에 살고 있던 신호申護라는 사람의 집에서 묵다가 세상을 떠났다. 박태보가 죽은 뒤 숙종은 곧 후회해 그를 영의정으로 임명했고, 숙종 21년(1695)에 그를 기리는 서원을 세우고, 숙종 27년(1701)에는 '노강서원'이라는 편액과 문열공이라는 시호를 내렸다.

그 뒤 한국전쟁 때에 소실되었던 것을 1968년 노량진에서 경기도 의정부시 장암동으로 옮겨 복원되었다. 서원에는 본전과 좌우에 동재, 서재 및 솟을삼문이 배치되었으며, 교육시설인 강당은 따로 두지 않았다.

나라 안 모든 세곡이 몰리던 마포나루

한강의 최대 나루였던 마포나루는 조선시대 수상교통의 요지였다. 옛 시절에는 마포를 삼개나루라고 불렀는데, 강 갯벌이 삼베를 덮어놓은 듯해서 붙은 이름이다.

《신증동국여지승람》에 "마포에서 서강까지를 보통 서호西湖라고 한다. 황해 전라·충청·경기도 하류의 조운이 모두 여기에 모인다"라고 실려 있는 마포나루에는 전국에서 미곡을 잔뜩 실은 배들과 소금배, 새우젓배, 조깃배가 들어왔다. '마포 사람들은 맨밥만 먹어도 싱거운 줄 모른다', '마포 뱃사람들은 상床 돌도 핥아 먹어버린다' 같은 말이 있을 만큼 흥청거리던 포구였다. 전국 각지에서 모인 세곡들이 서해바다를 지나 마포로 들어와 광흥창에 저장되었다가 녹봉祿俸으로 풀려나갔다. 그래서 마포 근처에는 싸전〔米廛〕이 많이 생겨났다.

조선 초기에 포구가 형성된 마포에는 숙식을 제공하는 객주와 여각이 들어서고, 거간꾼 노릇을 하며 장사 밑천을 빌려주는 대금업 貸金業이 성행했다. 마포에 있는 도매상들은 서울 시전에 상품을 공급하거나 보부상과 행상에게 쌀·옷감·소금·새우젓 등을 공급했다. 이곳을 통해 공급된 물건은 서울과 강원도 일대 그리고 경상도 내륙지방으로 퍼져나갔고 해주와 평양까지 그 상권의 영향이 미쳤다. 그 무렵 서울의 한강 일대를 중심으로 활동한 상인을 경강상인 京江商人이라 불렀고, 배로 상품을 실어 날랐던 상인을 선상船商이라 했다.

소금배들의 왕래가 잦았기 때문에 마포 일대에 '염전머릿골'이 형성되기도 했는데, 경강상인의 배가 더욱더 빈번하게 각 지방으로 오고 가면서 마포에는 화물 주인인 상인들을 상대로 물건을 매매하기도 하고, 화물을 맡아두거나 화물주들을 재워주기도 하는 객주집들이 들어섰다. 그 한편에는 초막을 치고 술과 음식을 파는 유랑창녀流浪娼女인 남사당패들이 자리잡고서 객주들이나 보부상들의 시름을 달래주었는데, 그들이 불렀던 노래는 다음과 같다.

한산 세모시로 잔주름 곱게 곱게 잡아 입고/안성 청룡사로 사당질 가세/이
내 손은 문고리인가/이놈도 잡고 저놈도 잡네/이내 입은 술잔인가/이놈도 빨
고 저놈도 빠네/이내 배는 나룻배인가/이놈도 타고 저놈도 타네

《한경지략》에 "용산강은 도성 남쪽 10리에, 마포는 도성 서쪽 10리에
있으니 곧 용산강 하류이다. 서강이 도성 서쪽 15리에 있어서 황해·전
라·충청·경기 등 하류 지역의 조선漕船이 모두 서강으로 모인다. 양화
도도 도성 서쪽 15리에 있다. 곧 서강의 하류가 된다"라고 기록된 것으로
보아 팔도의 조운이 몰려들었음을 알 수 있다. 삼남지방은 물론 평안, 황
해도에서 생산되는 모든 물품들이 대부분 배로 한강에 들어와 용산, 마
포, 서강에 부려졌다. 그 무렵 용산, 서강, 마포의 규모가 가장 컸고, 뚝섬
은 목재의 집산지였으며, 강남 쪽에서는 송파가 나라 곳곳에서 올라오는
미곡·목재·토산품 등의 집산지로서 유명했다.

세곡의 경우는 일시에 어떤 한 나루에만 무질서하게 집중되는 것을 막
기 위하여 용산창에는 경상·강원·충청 및 경기 상류에서 올라온 세곡을
저장했고, 서강변 광흥창과 풍저창에는 전라·충청 및 경기 하류의 것을
저장했다. 서강과 용산에 경창京倉을 만들어 조세미租稅米를 저장했는
데, 용산과 서강을 중심에 두고 한강 위쪽으로는 송파나루와 광나루, 그
아래쪽으로는 노량나루와 양화나루가 번성했으며, 나루마다 상점과 주막
이 들어서서 흥청거렸는데, 마포는 그 가운데에 자리잡은 나루였다.

1940년대 중반까지만 해도 서울 사람들은 얼굴만 보고도 마포 사람을
금방 알아냈다고 한다. 서울시사편찬위원회가 펴낸《동명연혁고》에는 마

포에 대한 다음과 같은 이야기가 실려 있다.

조선시대에 구전으로 전해오는 이야기로 목덜미가 까맣게 탄 사람을 왕십리 미나리장수라 하였고 얼굴이 까맣게 탄 사람을 마포 새우젓장수라 하였다. 그 이유는 왕십리에서 아침에 도성 안으로 미나리를 팔러 오려면 아침 햇볕을 등 뒤에 지고 와 목덜미가 햇볕에 탔기 때문이고, 마포에서는 아침에 도성 안으로 새우젓을 팔러 오려면 아침 햇볕을 앞으로 안고 와 얼굴이 햇볕에 새까맣게 탔기 때문이다.

이렇듯 생선·새우젓·소금·바닷말·땔감 등이 서해에서 마포로 올라와 남대문을 거쳐 서울 곳곳에 공급되었다.

동대문 밖 근교에서는 미나리, 한남동과 안암동 일대에서는 무와 배추, 자하문 밖에서는 능금과 복숭아, 감과 배들이 서울에 공급되었는데, 그때 서울 처녀들이 돈 벌러 나가는 광경이 〈건드렁타령〉에 실려 있다.

왕십리 처녀는 풋나물장수로 나간다지
고비 고사리 두릅나물 용문산채를 사시래요
건드렁 건드렁 건드렁거리고 놀아보자 (…)
애오개 처녀는 망건장수로 나간다지
인모망건 경조망건 곱쌀망건을 사시래요

한국전쟁으로 휴전선이 한강 하류를 가로막아 서해바다와 서울을 잇는 뱃길이 끊긴 뒤로, 역사가 깊은 마포나루는 하루아침에 그 기능을 잃어버렸고 마포 사람들도 더는 얼굴을 햇볕에 태울 일이 없게 되었다. 급속도로 진행된 변화의 물결 속에 한강가에서 한강에 밥줄을 걸고 마을을 이루며 살던 사람들, 이를테면 마포나루의 새우젓장수와 뚝섬나루의 쌀장수에게는 천지개벽이나 다름없는 일이었다.

철새도래지로 변신한 밤섬

마포와 여의도 사이의 한강에는 밤처럼 생겼다 하여 밤섬으로 불렸던 하중도가 있었다. 하중도는 하천의 유속이 느려지면서 퇴적물이 쌓여 강 가운데에 만들어진 섬을 말한다.

《서울명소고적》에 "맑은 모래가 연달아 펼쳐져 한강과 묘하게 서로 어울려 풍치가 빼어났다"고 나오는 밤섬은 '율도명사栗島明沙'라 하여 마포팔경 중 하나로 꼽혔다. 밤섬을 중심으로 주위에 푸른 버드나무 그늘도 좋고 또 물이 섬을 감싸면서 돌아나가는 사이로 고깃배와 놀잇배들이 한가롭게 떠 있는 모습이 더욱 아름다운 풍치를 자아냈다.

《신증동국여지승람》에는 "마포 남쪽에 있는데 약을 심고 뽕나무를 심는다"라고 나오고, 《동국여지비고》에는 "율주栗州를 밤섬 또는 가산駕山이라고 한다. 그 길이가 7리쯤으로 서울 서남쪽 10리 지점 곧 마포 남쪽에 있다. 나라에서 가꾸는 그 안의 뽕나무밭과 약포는 전의감典醫監의 소속이다"라는 기록이 있다. 한글학회가 발간한 《한국지명총람》에는 "율

© 유철상

밤섬

한강 가운데에 있는 이 섬은 밤처럼 생겼다고 해서 밤섬이라는 이름이 붙었다.
1968년 밤섬이 폭파되면서 주민들은 마포구 창전동으로 옮겼고,
이제는 철새도래지가 되었다.

도동은 서강변에 딸린 행정구역 명으로 서강 앞 한강 속에 있는 밤처럼 생긴 섬으로 고려 때에는 귀양을 보내던 곳으로 조선 순조 때까지는 뽕나무를 많이 심던 곳"이라고 실려 있다. 이러한 기록들로 보아 밤섬은 조선 초기부터 뽕나무를 심어 잠업이 성행한 지역이었음을 알 수 있다.

김정호가 지은 《대동지지》에는 "밤섬은 서강 남쪽에 있는 한 섬인데, 섬 전체가 수십 리의 모래로 되어 있으며, 주민들은 매우 부유하고 번창한 편이다"라고 실려 있다. 인조 때의 문신 이민구李敏求는 시에서 밤섬에 대해 "세 갈래 물 한 쌍 섬을 두른 것이 그 가운데를 백로주白鷺洲가 열렸다"고 했는데, 이런 시구로 보아 밤섬은 원래 두 개의 섬으로 되어 있고, 그 사이로 강물이 흘러서 세 갈래로 흐르는 한강이 더욱 아름다웠을 것으로 추정된다.

밤섬에는 배를 만드는 것을 업으로 하는 사람들이 많았다. 대개 봄여름에 배를 만들었으며 밤섬의 배목수들이 만들었던 배는 열 종류가 넘었다. 가장 큰 배는 짐을 실어 나르는 배로 길이가 15~18미터 정도였으며, 사람과 짐, 자갈, 모래 등 뭐든지 실었다. '나가사키'라는 15미터 정도의 조깃배는 앞이 뾰족하고 날씬한 것이 특징이었다. 그다음으로는 영월·단양 등 한강 상류로 올라가기 위해 부드럽고 늘씬하게 만든 나무못배인 '늘배'(12미터)가 있었다. 하지만 한국전쟁이 끝나고 한강과 임진강 하류에 보이지 않는 금인 휴전선이 그어지면서 바닷배들이 더는 서울로 들어올 수 없게 되자 배를 만드는 일이 줄어들게 되었다.

일제강점기에는 여의도보다 더 큰 섬이었던 밤섬은 한강개발로 사라지고 말았다. 1차 한강개발은 여의도 둑 건설과 밤섬 폭파로 시작되었고,

500여 년을 밤섬에서 살아온 주민들은 하루아침에 쫓겨났다.

이들의 가난하지만 평화로운 500여 년의 세월은 1968년 2월로 끝난 것이다. 당시 '불도저 시장'이란 별명의 김현옥 서울시장은 밤섬을 폭파해 여의도 개발에 필요한 골재를 얻도록 했다. 이에 따라 밤섬에서 내몰린 62가구 443명의 주민들 가운데 42가구 300여 명이 자신들의 고향을 한눈에 볼 수 있는 마포구 창전동 와우산 기슭으로 집단 이주했다. 사람들은 그곳을 가리켜 '밤섬마을'이라 불렀다.

폭파 뒤 수면 아래로 사라졌던 밤섬은 1980년대 한강의 수면 위로 다시 모습을 드러냈다. 처음에는 한강 수위가 낮을 때만 모습을 드러내다 수십 년간 지속적으로 퇴적물이 쌓여 이제 옛 밤섬보다 커졌고 지금도 계속 커지고 있다. 물가에서 잘 자라는 버드나무와 억새 같은 식물들이 번성한 밤섬은 세계적으로 보기 드문 도심 속 철새도래지가 되었다.

고려시대 귀양지 여의도

영등포구 여의도동에 속한 여의도는 한강 흐름의 한복판에 넓게 퍼져 있는 모래섬이었다. 작은 샛강을 사이에 두고 영등포와 떨어져 있는 한강 가운데의 섬으로 고려시대에는 죄인을 쫓아 보내던 귀양지였다. 《한국지명총람》에는 "옛날에는 연희면 여의도라고 하였고, 다시 고양군 용강면 여율리라고 부르다가 지금은 여의도라고 함. 예전에는 연병장, 지금은 비행장으로 쓰고 있는 한강의 삼각주로 된 섬"이라고 실려 있는데, 여의도에 있는 양말산의 한 부분은 지리학적으로 용의 머리에 해당하며 그 자리에 지금은 국회의사당이 들어서 있다.

1960년대의 여의도는 지금과 같은 타원형의 섬이 아니고 여의도의 상당 부분을 차지하고 있던 비행장의 이름으로만 존재했다. 여의도가 모래밭이었다는 점은 여의도의 이름에서도 유추해볼 수 있다. 배우리 한국땅이름학회 회장은 "여의도汝矣島는 옛날에 한자로 잉화도仍火島, 나의주羅衣洲라고도 적었는데, 이를 고유어로 풀면 '너(나)벌(불)섬', '너섬'으로 추정할 수 있다"며 "너벌섬은 '너른 모래벌판 섬'으로 해석된다"고 밝혔다.

여의도는 모래섬이다 보니 농사를 짓기에는 적합하지 않았다. 홍수가 나면 양말산을 제외한 대부분이 물에 잠기고, 가뭄이 심할 때는 영등포에서 밤섬까지 한강철교에서 양화대교까지 온통 모래벌판이었다고 하니 사람이 거주하기에는 어려웠을 것이다. 그래서인지 사람이 살았다는 기록은 별로 없다. 다만 《신증동국여지승람》에는 "잉화도(여의도)가 서강 남쪽에 있고 목축장이 있다. 사축서, 전생서의 관원 한 사람씩을 보내 목축을 감독한다"고 되어 있는 것으로 보아 조선 초부터 이곳이 나라의 말이나 양, 염소 등을 기르는 목축장이었음을 알 수 있으며, 양말산이라는 이름도 나라에서 말을 길렀다고 한 데서 유래한 것으로 보인다.

1916년 이곳에 간이 비행장을 만들면서 섬의 존재가 세상에 알려지기 시작했다. 1936년 김포 비행장이 건설된 후에도 여의도 비행장은 그대로 존속되었고 1945년 광복 후에는 미군 비행장으로 사용되었다. 이곳에 사람들이 살기 시작한 것은 광복 뒤의 일이다. 광복 전에는 일본군 비행장이 있던 탓에 주변에 민간인들의 주거가 금지되었던 것으로 전해진다. 광

여의도 국회의사당

모래섬이었던 여의도에 지금은 국회의사당과 방송사, 각종 금융관계사가 들어서고
63빌딩과 쌍둥이빌딩 등 고층건물이 들어서 있다.

복 직후 미군정은 양말산 기슭에 66제곱미터(약 20평) 남짓한 살림집들을 지어 만주·일본에서 귀국한 50가구를 살게 했다. 이들이 여의도의 첫 정착자들이었다.

그곳에 살았던 사람들은 "여의도 백사장에서 민들레, 냉이를 캐서 나물을 무쳐 먹고, 밤섬과 서강 사이를 흐르던 한강가에서 소쿠리로 재첩과 조개를 잡아 끓여 먹기도 했다"며 "비가 오고 나면 한강철교 아래로 물고기를 잡으러 갔는데, 팔뚝만 한 잉어도 자주 잡혔다"고 말했다. 하지만 그들의 평화로운 삶은 20년 정도밖에 가지 못했다.

1967년 김현옥 서울시장은 한강개발에 시동을 걸었고, 그 첫 사업이 바로 여의도 윤중제 공사였다. 김 시장은 1968년 밤섬을 폭파해 얻은 골재와 여의도모래톱의 모래를 가져다 높이 16미터, 둘레 7.6킬로미터의 제방(윤중제)을 쌓고 110일 만에 그 안쪽에 면적 2.9제곱킬로미터의 '새 여의도'를 만들었다. 이 과정에서 여의도 주민 1200여 명(200여 가구로 추정됨)은 봉천동과 신정동으로 강제 이주되었다.

1969년에 서울교가, 1970년에 서울대교(현 마포대교)가 완공되어 도심-여의도-영등포 지역이 연결되었다. 1976년에는 여의교가, 1981년에는 원효대교가 완공되어 여의도의 교통이 더욱 원활해졌다. 또한 광장이 조성되고 관공서들이 들어서고 본격적인 개발이 추진되어 여의도는 한국의 정치·경제·문화의 새로운 중심지가 되었다. 일찌감치 여의도에 땅을 사두었던 사람들은 돈방석에 앉았고 국회의사당, 전국경제인연합회, 각종 금융관계사, 한국방송공사 같은 언론기관과 순복음교회 등 크고 작은 기관과 아파트들이 들어서면서 여의도는 하루 활동인구 50만 명에 이르는 제2의 도심이 되었다.

한편 청소년들이 모여 자전거나 롤러스케이트를 타는 놀이터이자 운동장으로 사용되던 여의도광장은 서울시 공원녹지계획의 일환으로 1999년 1월 여의도공원으로 바뀌었다. 여의도공원은 여의도의 한강유람선이 발착하는 노들나루, 63빌딩 등과 더불어 서울의 관광명소 중 하나로 정착해 가고 있다.

미수 허목이 바라본 서강에서 임진강까지

조선시대에는 마포에서 양화나루에 이르는 한강을 서강이라 했는데, 서강에서 배를 타고 고양과 파주를 거쳐 연천군 왕징면의 징파나루까지 유람길에 나섰던 사람이 미수 허목이었다. 그때가 효종 9년(1658) 6월 10일, 병으로 벼슬을 사임하고 난 직후였다.

노를 저어 서강으로 내려가 조수가 물러나기를 기다리고 있으니, 자릉子陵이 술을 사 가지고 보러 왔는데, 서로 상대하니 즐거웠다.

그와 작별하고 나서 잠령蠶嶺 아래에 이르러 빗속에 선유봉을 보고 양화나루를 건너 행주산성 아래에 이르니, 위에는 계사년(선조 26, 1593)의 승첩비(권율의 행주대첩)가 있다.

바다에 가까워지자 강물이 비로소 흐리고 짠 기운이 있었다. 부도鳧島를 지나니 그 남안南岸은 장릉章陵(원종의 능)이었다. 장릉 아래는 김포군이다.

뱃사람이 서쪽으로 심악深岳을 가리키며, 봉성鳳城과 마주하는 곳이 해구
海口라 하였다. 그 밖은 조강祖江인데, '조강'이란 것은 두 강이 모여서 바다
로 들어가는 것을 뜻하고, 또 이르기를 삼기하三崎河라고도 한다. 그 북쪽 언
덕이 교하의 오도성이고, 서남쪽으로 강화가 보인다.

곧바로 서쪽은 덕수德水의 해암蟹巖인데, 여기까지 이르러 정박하고 한낮
조수를 기다렸다. 조수가 떨어질 때를 보니 어부가 배를 타고 강을 가로질러
그물을 펴고, 또 바닷가 아이들이 더벅머리로 발가벗고 배를 타고 그물질을 하
며 조수를 타고 오르락내리락한다. 바다 갈매기 수십 마리가 고기를 다투어 어
지러이 나는데, 사람과 서로 잊어버리니 사람은 고기를 보느라고 새를 잊어버
리고, 새도 역시 사람을 잊어버리는 것이다.

위의 글은 허목의 문집 《기언별집記言別集》에 실린 〈무술주행기戊戌
舟行記〉로 당시 서울의 한강에서 임진강과 한강이 만나는 조강 부근의
강과 바다의 풍경이 눈에 잡힐 듯 상세히 그려져 있다.

한양의 천연방어선을 이루는 양화나루

마포에서 강을 따라 좀 더 내려간 한강 북쪽 기슭에는 양화나루〔楊花
津〕가 있었다. 양화도라고도 불렀던 양화나루는 조선시대에 한양에서 강
화로 가는 주요 간선도로상에 있던 교통의 요지였을 뿐만 아니라, 한강의
조운漕運을 통하여 삼남지방에서 올라온 세곡을 저장했다가 재분배하는

곳이었다. 또 한양의 천연방어선을 이루는 군사상 요지로 진대 鎭臺가 설치되어 있었다.

교통·경제·군사상 중요한 기능을 차지했던 영화나루는 경치가 아름답기로도 유명했다. 《동국여지승람》은 "경기지방의 경치로는 한강이 으뜸이다. 누대가 높이 구름을 막고 물이 푸르러 거울처럼 비춘다. 나루로는 양화도가 있는데 물살이 번성하여 팔도의 물산을 모으고 나라의 빼어난 경치와 그 중요한 구실을 밝혀주고 있고 옷깃과 같이 중요한 부분이 된다"고 전하고 있다. 다음 시는 명나라 사신으로 이 나라에 들렀던 예겸이 양화나루의 아름다운 경치를 노래한 것이다.

한강의 옛 나루터 양화라고 하는데
좋은 경치 골라 지으니 물가 가까우네
문득 들으니 우는 기러기 모래판에서 일어나네

조선 전기 문신 서거정도 양화나루의 경치를 다음과 같이 노래했다.

양화도 어귀에서 뱃놀이하니
별천지가 바로 예로구나
어찌 신선과 학을 타고 놀아야만 하는가
해가 서산마루에 지면서
황금의 물결 이루노니
흥이 절로 인다

어린아이들이 여름이면 미역을 감고 풍류객들이 산수를 즐기던 이곳 양화나루에서 서울을 감싸는 송파까지의 한강 부분만을 따로 경강京江이라 불렀다. 경강의 주요 나루터들은 전국에서 몰려든 운수업자와 상인들로 언제나 북적거렸다. 흥정 끝의 말다툼, 호주머니를 노리던 투전, 해질녘의 술주정 등은 이 무렵 나루터의 일상이었다. 그렇듯 평화로웠던 양화나루에서 피비린내가 난 것은 고종 3년(1866)이었다.

옛 시절 양화진영이 있고 풍치가 아름답던 양화나루의 산마루에서 대원군은 천주교 신자들의 목을 쳤다. 그로 말미암아 용머리 같다 하여 용두산, 누에머리 같다 하여 잠두산, 속칭으로는 덜머리라고 불리던 곳이 절두산切頭山, 곧 사람의 머리를 자른 산이 되고 말았다.

나라의 문을 걸어 잠그고 쇄국정치를 폈던 대원군은 고종 3년에 이른바 병인박해 곧 프랑스인 신부 9명과 한국의 천주교 신자 8000여 명을 죽이는 사건을 일으킴으로써 프랑스 병선 두 채가 양화나루까지 들어와 시위를 벌이는 계기가 되게 했다. 그 바람에 서구에 대한 적개심이 더욱 더 치솟은 대원군은 "서양 오랑캐에 더럽혀진 국토를 사교도의 피로 씻어야 한다"고 하여 천주교 신자 색출령을 내리고 잡힌 신자들을 절두산에서 목을 잘라 한강물에 떨어뜨렸다. 한국 천주교는 병인박해가 있은 지 100년이 지난 1966년에 그 자리에 순교자 기념관과 기념성당을 세웠다.

이수광의 문집 《지봉유설》에 "(양화나루에서) 머리 뒤에 코가 있고 길이가 한 길이나 되는 이름 모를 하얀 생선이 잡혀 구경거리가 되고 있다"라고 기록되어 있는 것으로 보아 돌고래가 올라와 붙잡혔던 것이 확실하다. 1925년에도 6척가량 되는 고래가 한강에서 붙잡혀 화제가 되었다.

양화나루가 있던 자리에는 양화대교가 가설되었으며, 강변도로와 지하철 2호선이 설치되고, 특히 김포공항·강화·인천 등지와 연결되는 이지역은 여전히 교통 요지로서의 기능을 수행하고 있다.

산의 형세가 고양이를 닮았다는 선유봉

마포구 합정동과 영등포구 당산동 사이 한강 중간에 위치한 선유도는 한강 4개의 섬 중에 밤섬, 노들섬 다음으로 큰 섬이다.

선유도는 본래 선유봉仙遊峯이라는 작은 봉우리 섬이었다. 한글학회에서 펴낸《한국지명총람》에서는 선유봉에 대해 "한강의 경치 좋은 데 있는 산, 산의 형국이 고양이같이 생겼다고 한다. 풍경이 빼어나서 뱃놀이를 하던 섬"이라고 소개한다.

조선 영조 때 대제학을 지낸 서명응徐命膺은 서강과 양화나루 일대의 아름다움을 '서호십경'으로 읊었는데, 가장 아름다운 풍광으로 선유봉 아래 물에 비친 달(선봉범월仙峰汎月)을 꼽았다. 또한 왕세자 자리를 내던지고 명산대천을 찾아다녔던 양녕대군은 말년에 이곳에 '영복정'이라는 정자를 짓고 한가로운 삶을 즐겼다고 전해진다.

홀로 선유봉에 올라 먼 곳을 바라보니
넓고 아득한 우주 속의 작은 내 한 몸
삼한의 이 땅 천리에 뻗힌 산

만고의 하늘엔 둥근 달만 휘영청

중종 때 명필인 김경문金敬文이 노래한 선유봉의 정상에는 '지주砥柱'라는 두 글자가 쓰여 있었다. 그 왼쪽에는 이름과 도장이 뚜렷이 붉게 새겨졌었는데, 이 글자는 중국의 문장가로 조선 선조 때 사신으로 왔던 주지번朱之番이 쓴 것이라고 한다.

겸재 정선은 선유봉 부근의 그림을 많이 그렸다. 〈선유봉〉에는 말을 탄 선비 일행이 줄지어 모래밭을 건너는 모습이 그려져 있고, 그 외에도 정선이 〈양화환도〉, 〈소악후월〉, 〈금성평사〉 등에 선유봉의 수려한 풍경을 그려놓아 옛 모습을 유추해볼 수 있다.

70여 년 전만 해도 한강의 경치 좋은 곳에 서 있던 선유봉의 동·서·남쪽으로는 10만 평이나 되는 넓은 모래밭이 있어서 사람들이 양화리(합정동)와 양평리(당산동) 쪽으로 걸어 다녔다고 하며 서쪽으로는 작은 양화나루가 있어서 한강 건너편 큰 양화나루로 배를 타고 다녔다고 한다.

30여 가구가 오순도순 살면서 정을 나누던 선유봉 사람들은 매년 10월이면 선유봉 중턱에 자리잡은 아름드리 느티나무 앞에 모여 홍수가 나지 않게 해달라는 제사를 드렸다고 하며, 그래도 홍수가 나면 마을 사람들은 선유봉 높은 계곡의 용화사로 피난을 떠났다고 한다. 결국 선유도 사람들은 1925년 대홍수를 겪으며 이주를 생각하기 시작했고 1936년 선유봉을 떠났다.

일제는 비어 있는 선유봉을 채석장으로 사용하기 시작했다. 한강가에 홍수 방지를 위해 둑을 쌓고 여의도 비행장으로 가는 도로를 놓기 위해

겸재 정선의 〈선유봉〉

선유봉이라는 작은 언덕이 있던 한강 위의 작은 섬 선유도는
현재는 옛 정수장을 활용한 국내 최초의 재활용·생태공원이 되었다.
그림은 겸재 정선이 그린 〈선유봉〉.

273

1945년까지 선유봉의 절반 이상이 깨져 나갔다. 광복 후에는 미군들이 인천으로 가는 길을 만들기 위해 일제와 똑같이 돌을 캐갔다. 1962년에는 군인 출신 윤태일 서울시장이 길이 1108미터, 너비 13.4미터, 4차로의 제2한강교(현 양화대교)를 착공했다. 1968년 시작된 한강개발로 인해 선유봉은 결국 섬으로서의 기능을 상실하게 되었다. 선유봉 주변에 7미터 높이의 시멘트 옹벽을 쳤고, 한강제방도로(현 강변북로)를 건설한다며 선유봉 앞 모래를 파갔다.

1970년대 도시화·공업화에 따라 선유봉은 또 한 번 변화를 겪게 된다. 영등포구에 공단이 밀집하면서 급격히 늘어난 서울 서남부 주민들에게 식수를 공급하기 위해 1978년 서울시가 선유도에 정수장을 지었으며, 제2한강교의 건설로 인해 겨우 남아 있던 선유봉의 흔적마저 사라지고 말았다. 그러나 암사정수장과 강북정수장 등 대형 정수장이 건설되면서 노후하고 생산성이 떨어져 폐쇄되었던 선유정수장은 2002년 기존 정수시설을 재활용한 선유도 한강공원으로 다시 태어났다. 이 공원은 양화대교와 선유교로 육지와 연결되어 있는데, 선유교는 한강에서 유일하게 사람만을 위해 만들어진 다리다.

풍경이 아름다워 국제 연회장으로 쓰였던 망원정

양화대교 아래에는 한강시민공원이 있고, 그곳에 한강변 최대의 명소로 꼽혔던 망원정터(서울시기념물 제9호)가 남아 있다. 세종의 형이었던 효

령대군이 별장을 지어 강상江上의 풍경을 즐기던 곳이었고, 태종이 어느날 농사를 시찰하러 이 정자에 나왔을 때 날이 가문 중에 비가 흡족하게 쏟아졌다고 해서 희우정 喜雨亭이라고 했다. 그 이후 성종 15년(1484)에 성종의 형 월산대군이 정자를 크게 고치고 아름다운 산과 강을 잇는 경치를 멀리 바라본다는 뜻의 망원정望遠亭으로 이름을 바꾸었다.

명나라 사신들을 접대하던 국제 연회장이었던 망원정은 주변 풍경이 뛰어났을 뿐만 아니라 수륙군의 훈련장으로도 유명했다. 망원정에는 병인양요로 혼쭐이 났던 흥선대원군에 얽힌 일화가 몇 가지 남아 있다.

흥선대원군은 서양 군대의 신무기에 맞서기 위한 방책을 현상 모집했고 그때 채택된 것이 학우선鶴羽船이라는 전투함이었다. 학의 깃털을 겹겹으로 하여 배를 만들면 가벼워서 빨리 오갈 수 있을 뿐 아니라 적선의 총탄을 맞아 구멍이 뚫려도 선체가 깃털이라서 바로 복구가 가능하다는 것이었다.

대원군은 전국의 사냥꾼에게 명하여 학을 잡아 공출토록 했다. 깃털을 엮어 아교로 짓이겨 학우선을 만든 다음 이름을 비선飛船이라 짓고 망원정에서 진수식을 가졌는데, 띄우자마자 배는 물이 새어 가라앉았고 배에 탔던 수군을 구제하느라 법석을 떨어야 했다. 이 모습을 바라보던 대원군은 얼굴을 두 손에 파묻고서 한동안 고개를 못 들었다고 한다.

또 다른 일화도 있다. 평양 대동강에서 소각시킨 미국 상선 제너럴셔먼호의 잔해가 그곳에 남아 있다는 것을 알게 된 대원군이 당시 야금술冶金術로 소문이 났던 김기두金箕斗라는 사람을 시켜 철갑선을 만들게 했다. 기관은 제너럴셔먼호의 것을 쓰고 석탄이 없으므로 증기를 내는 연료는 목탄으로 대용케 했다. 대원군이 망원정에 입석하고 국산 화륜선 진수식을 보기 위해 찾아온 수만 관중이 지켜보는 가운데 불을 붙이니 기관이 움직이는 소리가 들리긴 했다. 그러나 대원군을 비롯한 수많은 사람들의 기대와는 달리 한 시간 동안 배는 열 걸음 정도밖에 가지 못하고 움직이지 않았다. 강둑에서 들리는 웃음소리를 들으며 대원군은 얼마나 당혹했을까.

한강변의 망원정터는 보수 정화되어 유적지로 보존되고 있다. 오늘날 다시 지어진 망원정의 안쪽에는 '희우정'이라는 현판을 달았고 건물 바깥쪽에는 '망원정'이라고 쓴 현판을 달았다.

난초 향이 난다던 난지도의 어제와 오늘

난지도는 마포구 상암동 한강변에 있던 섬으로 여의도와 같이 한강 하류에 상류로부터 흘러내린 토사로 만들어진 강 속의 섬이었다. 모래가 풍부해 땅콩이나 야채를 심던 난지도蘭芝島는 그윽한 향이 난다는 난초와 지초를 일컫는 말로 김정호의 《대동여지도》에는 꽃이 피어 있는 섬이라는 뜻의 '중초도中草島'로 기록되어 있다. 난지도는 《택리지》에 사람이 살기에 알맞은 풍수 조건을 가진 땅으로 나오는데, 매년 여름철이면 홍수 피해가 컸다.

1977년에 한강개발을 위해 제방을 쌓은 난지도는 1978년부터 서울의 쓰레기 매립장으로 지정되어 거대한 쓰레기 산으로 변모했다. 1993년까지 매립된 쓰레기의 양이 9100만 톤(8톤 트럭 1137만 대 분), 매립된 쓰레기의

© 이혜빈

난지한강공원과 하늘공원

쓰레기 매립지였던 난지도는 각종 체육시설과 편의시설을 갖춘 시민공원으로 조성되었다.
사진은 난지한강공원과 하늘공원의 모습.

평균 높이는 90미터에 달했다.

쓰레기 반입량이 기하급수적으로 늘어나 더 이상 매립할 수 없게 되자, 결국 1992년 11월 일반 생활쓰레기 반입을 중지한 뒤 1993년 3월에는 매립장을 완전히 폐쇄했다. 난지도에서 처리하던 서울 시내 쓰레기는 1992년 김포군 검단면(현재는 인천 서구 오류동)에 조성한 매립지에서 처리하게 되었다.

서울의 인구와 소비 수준의 증가로 쓰레기가 폭발적으로 증가하면서 날이면 날마다 8톤짜리 트럭 3000대 치에 해당하는 쓰레기들이 이곳 난지도로 모여들어 2만 톤가량 땅에 묻혔다. 그 트럭들의 행렬은 아침 7시부터 9시까지 고비를 이루었는데, 트럭들이 쏟아놓은 쓰레기 더미 속에서 돈이 될 만한 병이나, 넝마 따위를 주워서 먹고 사는 사람들이 1000여 명이 인근에 마을을 이루고 살았다.

생활쓰레기 매립을 중단한 이후부터 난지도는 각종 체육시설과 편의시설을 갖춘 시민공원으로 조성되기 시작했다. 1995년 말까지 토양을 안정시킨 후 공사에 들어가 2001년 12월 상암월드컵 주경기장을 완공했고, 2002년 5월 1일 월드컵공원을 개장했다. 월드컵공원은 풀밭인 하늘공원, 월드컵 주경기장 바로 앞의 평화의 공원, 한강변의 난지한강공원, 난지천공원 등 4개의 크고 작은 공원들로 이루어져 있다. 쓰레기 더미들이 악취를 풍기던 곳이 하늘공원이라는 이름으로 서울 사람들의 휴식처로 탈바꿈된 것이다.

개발만 된 것이 아니고, 도심지 또는 지하에서 분출하는 메탄가스 등을 이용하여 1일 발전용량 약 5만 킬로와트의 가스발전소가 건설되었다.

한강에 놓인 다리들

한강은 강원도와 경기도, 충청도 북동부의 많은 곳을 연결하는 큰 간선 수로이다. 한강을 따라 이 넓은 지역의 모든 잉여 생산물들이 서울로 흘러 들어간다. 또한 소금을 비롯한 거의 모든 상품과 외국 물품들이 한강을 타고 항구로부터 올라와, 보부상이나 행상인의 손을 거쳐 각 지점들에 닿으며, 그곳을 통하여 내륙지방의 장터들에 이르게 된다.

한강에서의 처음 열흘간은 하루 평균 75개의 큰 배들이 물길을 오르내리고 있는 것을 볼 수 있었다. 한강에는 매우 많은 수의 유동인구가 존재했다. 전 구간에 걸쳐 교량은 단 하나도 존재하지 않았으나 정부가 운행하는 47개의 무료 여객선으로 왕래가 유지되고 있었다.

조선 후기에 우리나라에 와 서울에서 단양의 영춘까지 한강을 배로 올라갔던 영국의 지리학자인 이사벨라 버드 비숍의 《조선과 그 이웃 나라들》에 실린 기록이다.

영국 등 유럽 국가에서 발달한 해운문화에 익숙했던 그의 눈에는 한강의 넓고 긴 여정에 다리가 하나도 보이지 않는 모습이 몹시 의아했을 것이다.

우리나라는 외침을 막아낼 만한 국방의 역량을 제대로 갖춘 적이 없었다. 그래서 외적의 침입을 저해하는 소극적 방위전략으로 강에 다리를 놓지 않았다. 큰 강에 다리를 만들지 않은 대신 작은 내에는 징검다리나 나무다리만을 놓았을 뿐이었다. 청일전쟁 때 일본군에 참패한 청나라 장수

들이 이구동성으로 패인을 "조선의 다리가 유약하기 때문에 말이 끄는
야포 하나 나르는 데도 주저앉곤 해서 작전이 늦어졌다"고 했다고 한다.
일본의 장군들 역시 불만이 이만저만이 아니었는데 "다리가 없어 강줄기
따라 수심 얕은 상류까지 돌아가야 하는 바람에 작전지연이 이루 헤아릴
수 없었다"라고 이야기했다고 한다.

일본 침략에 저항하여 1902년에 음독 자결한 보수파 학자인 이병선李
秉璿은, "만약 조선의 길이 넓고 다리가 탄탄했더라면 조선 역사는 잦은
외침에 찢겨 아예 남아나지도 않았을 것이다"는 유서를 남겼다. 그의 말
처럼 조선은 길과 다리가 없어서 그나마 유지되었는지도 모른다. 그렇기
때문에 크고 작은 강들의 운송수단은 나룻배가 유일한 것이었다.

한국전쟁 때 폭파된 한강대교

한강에 처음 근대식 다리가 놓인 것은 1900년이었다. 일본이 미국인
모스James R. Morse가 따낸 경인철도 부설권을 인수해 한강철교를 완공한
것이다. 이어 1917년에는 한강을 차량과 도보로 건널 수 있는 최초의 인
도교인 한강대교(구 한강인도교)가 가설되었다. 그러나 한강대교는 1950년
6월 25일 한국전쟁이 발발한 지 사흘 만에 폭파되고 만다.

6월 25일 일요일 아침, 이승만은 창덕궁 후원의 연못에서 낚시를 하다
전쟁 소식을 들었다. 북한의 야크기들이 경무대를 폭격하는 등 서울 함락
이 임박해오자 그는 서둘러 피난길에 나섰다. 26일 서울 시내에 은행들이

개점을 하자 서울의 특권층들은 재빨리 돈을 찾아 피난을 갔다.

1950년 6월 초 윌리엄 로버트 주한 미 군사고문단장은 퇴역에 즈음하여 〈타임〉지와의 인터뷰에서 "지금 대부분의 관찰자들은 병력 10만을 보유한 남한을 아시아에서 가장 막강한 국가로 간주한다. 신속한 남한의 군대는 공산주의 게릴라 조직을 소탕하여 불과 소수의 잔당만 남겨두었다. 지금은 어떠한 사람도 소련이 훈련시킨 북한군이 남한을 침략했을 때 대량의 증원부대 없이 쉽게 성공할 수 있으리라곤 믿지 않는다"고 말했다.

그러나 아시아 최강이라던 한국군은 6월 27일 저녁에는 전차를 앞세운 북한군에게 서울 외곽까지 밀렸고 28일 자정을 넘어서면서는 홍릉 일대까지 빼앗겼다. 그 무렵 문산과 파주 쪽으로 밀고 내려온 북한군은 수색 쪽으로 다가서면서 그중 일부가 김포를 향하여 한강을 넘어올 채비를 갖추었다.

당시 육군참모총장 채병덕 소장은 28일 새벽 2시 북한군의 전차 2대가 시내로 들어왔다는 보고를 받고 대기하고 있던 공병감 최창식 대령에게 한강대교를 폭파하도록 명령한 다음, 시흥으로 향했다. 그 전날 27일 오후부터 이미 준비를 마치고 기다리고 있던 육군공병학교의 작업조는 공병감의 명령이 떨어지자 3개의 철교와 1개의 인도교를 폭파했다.

이때 북한강 파출소와 중지도(현 노들섬)에는 공병경계분대와 헌병대가 배치되어 교통을 통제하고 있었으나, 이들의 신호를 무시한 채 달리던 수십 대의 차량이 대파되고 수많은 인파가 파편과 폭음 속에 사상을 입는 가운데 현장은 말 그대로 아수라장을 이루었다. 그중 1개의 단선철교는 완전히 폭파되지 않아서 나중에 북한군에 의하여 이용되기도 했다.

북한군의 주력 부대가 서울 시내 중심부에 들어온 것은 28일 오후 3시였기 때문에 당시의 상황으로 보아 한강대교는 6~8시간 정도 늦게 폭파할 수도 있었다. 그 사이 미처 후퇴하지 못한 3개 사단의 병력과 군사장비는 한강을 건널 수 있는 시간적 여유가 있었던 것이다.

결국 서울 외곽을 지키기 위하여 남아 있던 한국군의 주력부대와 대부분의 중화기 및 장비, 보급품과 수많은 시민들을 강북에 남겨둔 채 성급하게 한강대교를 폭파하여 퇴로를 끊고 만 것이다. 우리나라 전사戰史에 오점을 남긴 이 사건은 국민의 지탄을 면치 못했다. 이후 폭파에 대한 책임 소재를 묻는 여론이 일었으나, 폭파를 집행한 최창식을 사형에 처함으로써 일단락되었다. 그러나 그는 1962년 재심 결과 무죄 판정을 받아 사후 복권되었다. 한강대교 폭파는 그 뒤 북한에 의해 남한에서 의도적으로 전쟁을 도발했다는 증거로 제시되기도 했다.

사용불능 상태가 되었던 한강대교는 9·28서울수복 후 우선 1차선만 복구하여 차량 통행을 재개했고, 1958년에야 완전 복구되었다.

한강에 최초로 인도교가 설치된 지 100여 년이 지난 2018년 현재 한강에는 총 31개의 다리가 가설되었다.

6

서울 도심 속 근대사의 자취

서울 근대 유적 답사

미국 문화가 들어오는 중심지가 된 정동교회

19세기 후반 정동 지역을 중심으로 서구 열강의 각국 공사관이 들어서기 시작했다. 정동은 근대사 속 역사문화 공간의 변천과 시대사의 흐름을 고스란히 담고 있는 곳이다.

서울 정동교회(사적 제256호)는 중구 정동에 있는 한국 최초의 기독교 감리교의 교회 건축물이다. 미국공사관과 이화여고, 배재학당과 인접해 있던 정동교회는 미국 문화가 우리나라로 들어오는 중심지였다.

개신교가 우리나라에 들어온 것은 고종 19년(1882) 때이다. 서상윤徐相崙을 비롯한 몇몇 조선인이 만주에서 서양인 목사와 함께《누가복음서》를 간행했고, 고종 20년(1883)에는《요한복음서》간행에 참여했다. 고종 21년(1884) 서상윤이 이 성경들을 몰래 가지고 들어와 황해도 송천에서 전도를 시작했는데, 이것이 우리나라 개신교의 출발점이다. 고종 22년(1885) 미국인 감리교 선교사인 아펜젤러H. G. Appenzeller와 장로교 선교사인 언더우드가 우리나라에 들어와 정동 일대를 활동 무대로 삼아 큰 족적을 남겼다.

언더우드가 고종 24년(1887)에 정동의 자택인 한옥 사랑채에서 예배를 드렸는데, 이것이 한국 최초의 조직교회인 새문안교회의 시작이었다. 아펜젤러도 한옥을 사서 전도를 시작하면서 그곳 이름을 베델예배당이라고 칭했다. 그러나 당시 조선 정부로부터 기독교 전도사업이 공식적으로 승인되지 않아 신학문 교육부터 시작했다. 고종 24년(1887)에는 정동에 배재학당을 세우고 근처에 있던 한옥을 개조해 감리교 교회당으로 사용했다. 우리나라 최초의 감리교 교회당으로 정동교회의 전신이다. 고종 32년(1895) 9월에 착공된 정동교회는 이듬해 헌당식을 거행하고 고종 34년(1897) 10월에 완공되었다.

우리나라 최초의 빅토리아식 교회인 정동교회의 내부는 평천장에 별다른 장식 없이 간결하고 소박하며 기단은 석조이고 남쪽 모퉁이에 종탑을 세웠다. 건물은 벽돌을 쌓아 큰 벽체를 구성하고 아치 모양의 창문을 낸 고딕 양식의 교회당이다. 1926년 양쪽 모퉁이를 넓혀 삼랑식 평면형으로 증축했으며 1953년에는 한국전쟁으로 반쯤 무너진 교회를 수리하여 복원했다.

정동교회는 고종 36년(1889)에 한국 최초의 월간지 〈교회〉를 발간하여 자유주의 사상을 불어넣기 위해 힘썼으며, 1922년에는 한국 최초로 여름 성경학교를 개설하는 등 선구적인 선교활동을 전개한 한국 감리교의 대표적인 교회이다.

정동교회

정동교회는 고딕풍의 붉은 벽돌 건축물로 교회 내부는 장식 없이 간결하고 소박하며
기단은 석조이고 남쪽 모퉁이에 종탑을 세웠다.

아관파천의 현장 구 러시아공사관

정동의 예원학교 옆으로 난 조금 가파른 길을 올라가면 오른쪽으로 르네 상스 양식의 건물인 구 러시아공사관(사적 제253호)이 보인다. 고종 22년 (1885년)에 한러수호조약 체결 후 착공되어 고종 27년(1890)에 준공된 이곳은 고종이 재위 33년(1896)부터 그다음 해 경운궁(덕수궁)으로 환궁 할 때까지 피신했던 아관파천의 현장이기도 하다.

"가보세 가보세 을미적 을미적 하다가 병신 되면 못 가리"라는 참요처 럼, 19세기 후반 조선의 운명은 바람 앞의 촛불 같았다. 갑오년(1894)에 동학농민혁명이 발발하고, 을미년(1895)에 명성황후가 시해된 을미사변 이 일어났다. 그리고 그다음 해인 병신년(1896) 2월 11일에 새벽 한 나라 의 국왕이 비밀리에 궁궐을 탈출하여 타국의 공사관으로 피신하는 전대미 문의 사태가 발생했다. 이 사태가 바로 친러 세력과 러시아공사가 공모하여 비밀리에 고종을 현재 정동에 있던 러시아공사관으로 옮긴 아관파천이다.

러시아공사관의 방 한 칸을 빌린 고종은 왕세자와 함께 이곳에서 기거 하기 시작했다. 고종이 머물렀던 방은 러시아공사관에서 제일 좋은 방으 로, 내부가 르네상스풍으로 화려하게 장식되어 있었다고 한다. 당시 고종 을 지켜본 사람들의 증언에 따르면, 일국의 국왕이 방 한 칸에 거처를 마 련했는데도 불편한 기색을 보이지 않고 오히려 편안한 안색이었다고 한 다. 고종의 경복궁 생활이 얼마나 불안한 나날이었는가를 짐작케 한다.

이 사건을 계기로 김홍집을 필두로 한 친일 내각이 무너지고 박정양을 필두로 친러 내각이 조직되었으며 일본은 큰 타격을 입었다. 하지만 조선

러시아공사관으로 피신한 고종

을미사변 후 신변에 위협을 느낀 고종은 러시아공사관으로 피신했다.
사진은 러시아공사관을 찾아와 자신의 환궁을 요구하는
일본군을 내려다보고 있는 고종(맨 오른쪽)의 모습.

의 보호국을 자처하게 된 러시아는 점차 조선에 대한 영향력을 강화해나 갔다. 고종이 머무르는 1년 동안 조선 정부의 인사와 정책은 러시아공사 와 친러파에 의해 좌우되었다. 수많은 경제적 이권이 러시아에 탈취당했 으며, 이에 질세라 구미 열강들도 동등한 권리를 요구하여 경인 및 경의 선 철도부설권 등 중요 이권이 값싼 조건으로 다른 나라에 넘어갔다.

이처럼 국가의 주권과 이권이 크게 손상되자 국내외적으로 왕의 환궁 을 요구하는 여론이 빗발쳤다. 그리하여 고종이 러시아공사관을 떠나 경 복궁이 아닌 경운궁으로 환궁을 결심했다. 그날이 고종 34년(1897) 2월 20일, 궁궐을 떠난 지 1년째 되는 날이었다. 환궁 후에 고종은 국호를 대 한제국, 연호를 광무로 고치고 황제 즉위식을 하여 독립제국임을 국내외 에 선포했다.

구 러시아공사관의 원래 건물은 벽돌로 된 2층 구조로 한쪽에 3층짜리 탑을 세웠다. 탑의 동북쪽에 지하실이 있어서 덕수궁까지 연결되었으며, 입구에는 개선문 형식으로 된 아치문이 있었다. 해방 후에도 옛 모습을 간직하고 있었으나 한국전쟁 때 불타고 탑 부분과 지하 2층만 남아 있었 던 것을 1973년에 현재의 모습으로 복원했다.

세월의 흐름을 따라 산천도 변하고 서울 도심 풍경도 변했지만 러시아 공사관 3층탑에 올라서면 서울 사대문 안이 그림처럼 내려다보였다는 말 을 실감할 수가 있다. 이렇게 갈 때마다 애틋한 상념을 주는 것이 구 러시 아공사관이다.

© 유철상

구 러시아공사관

구 러시아공사관은 조선 왕조가 주권을 상실해가던 격변의 시기를
되돌아보게 하는 회한의 장이다. 사진은 구 러시아공사관의 탑.

한국 천주교의 총본산 명동성당

우리나라에서 가장 값비싼 땅의 대명사인 명동이 강남 개발 이후로 그 위명을 강남 3구에 넘겨주었다지만 2018년 현재 땅값 상위 10위권을 명동 지역이 차지하고 있을 만큼 '명동불패'의 명성은 여전하다. 이곳 명동에 한국 천주교의 총본산인 명동성당(사적 제258호)이 있다.

조선시대에는 명례방에 속해 있던 지금의 명동성당 자리는 성종 때 좌찬성을 지낸 손순효의 집터였다. 손순효는 충효가 지극하고 근검청렴하며 문장이 탁월하여 성종의 총애를 받았던 사람이다. 또한 이곳을 종현이라고도 불렀는데, 정유재란 때 명나라 장수 양호楊浩가 이곳에 진을 치고 남대문에 있던 종을 가져다가 달았으므로 북달재, 또는 북고개라고 불렀던 것을 한자로 종현鐘峴이라고 한 데서 유래되었다.

그 뒤 인조 때에는 고산 윤선도尹善道가 이곳에 살았다.《동국여지비고》에는 "윤선도의 집은 명례방 종현에 있다. 지금도 주춧돌에 먹으로 쓴 여산부동如山不動이라는 네 글자가 있어, 바람과 비에 씻기지 않았다. 혹은 허목의 글씨라고도 하며 집터는 연소형燕巢形(제비집형국)이라고 한다"라는 기록이 나온다. 풍수지리상 명당인 이 집에는 그 후로 윤선도의 후손이 살았다.

명례방은 천주교가 유입된 이후 천주교 신도들의 신앙공동체가 탄생한 곳이기도 하다. 정조 8년(1784) 9월 이곳에서 이승훈이 이벽에게 세례를 주었고 순조 30년(1830) 이후에는 선교사들이 비밀결사를 펼치기도 했으며, 우리나라 최초의 신부인 김대건이 헌종 11년(1845)에 상해에서

© 유철상

명동성당

명동성당은 한국 천주교의 상징이자 총본산으로 한국 천주교 공동체가
처음으로 탄생한 곳이자 여러 순교자의 유해가 모셔진 곳이기도 하다.

돌아와 활동했다. 한국 천주교가 신유박해를 비롯한 크고 작은 고난을 겪으며 이곳에서 성장해온 것이다.

고종 19년(1882)에 한미수호조약이 체결되면서 어느 정도 종교의 자유가 허용되자 당시 조선 교구장이던 블랑M. J. G. Blanc 주교가 성당 부지로 이곳 땅을 매수하여 종현 본당을 설립하고자 했다. 그러나 이 지역은 조선 역대 왕들의 어진御眞을 모신 영희전永禧殿과 가까워 성당을 건립하면 영희전의 풍수를 침해하는 것이라는 우려가 있어 조정에서 소유권을 억류하여 착공이 지연되다 고종 29년(1892) 8월 정초식을 거행했다.

명동성당은 중림동의 약현성당과 함께 우리나라에서 가장 먼저 세워진 성당이다. 우리나라 최초의 고딕 양식 건물로 고종 29년(1892)에 첫 삽을 떴으나 당시 조선에는 양옥 건축의 기술자가 없어 벽돌공, 미장공 목수 등을 중국에서 데려와 공사를 진행시켰고, 도중에 재정난과 청일전쟁으로 공사가 중단되기도 했다. 고종 33년(1896)에는 설계와 감독을 맡았던 코스트E. J. G. Coste 신부가 죽고 프와넬Victor Louis Poisnel 신부가 뒤이어 공사를 진행해 고종 35년(1898) 5월 축성식을 거행하며 성당이 완공되었다.

명동성당의 평면은 십자형이며 본당 높이는 23미터, 탑 높이는 45미터이다. 고딕 양식의 장식적 요소를 배제하면서 그대로 본떴고, 공간의 고딕적 느낌은 외부보다 내부에서 더 강하게 주어졌다. 건축에 사용한 벽돌은 우리나라에서 만든 것으로, 그 모양이 20여 종에 달할 뿐 아니라 색깔도 붉은색과 회색 두 종류가 있다. 이들을 적절하게 사용함으로써 조화롭고 아름다운 건물을 완성했다.

명동성당은 군사정권 시대를 지나면서 민주화투쟁의 중심지로 인식되고 있으나 지하성당에 엥베르 주교, 모방 신부, 샤스탕 신부 등 순교자들의 유해가 안장되어 있는 거룩한 성지이기도 하다.

약초고개에 자리한 약현성당

중구 중림동에 있어서 중림동성당이라고도 부르는 약현성당(사적 제252호)은 우리나라 최초의 서양식 성당 건축물이다. '약현'이란 이름은 성당이 위치한 곳이 예전에 약초가 많아 약초고개 또는 약전현藥田峴이라 불리다 줄여서 '약현'이라고 불렀다는 데서 유래된 것이다.

고종 24년(1887) 교리 강습소로 시작한 이곳은 약현 공소로 변모했다. 교세가 빠르게 확산되어 종현 본당의 두세 신부가 당시 조선 교구장이던 뮈텔G. C. M. Mutel 주교의 허락을 얻어 성당 부지를 매입하고 고종 28년(1891) 10월 성당 정초식을 거행한 후 본당으로 승격되었다. 서울대교구의 두 번째 본당이며 고종 29년(1892) 9월에 완공되었고, 고종 30년(1893) 4월 뮈텔 주교에 의해 축성식이 거행되었다.

이곳에 성당이 들어서게 된 데에는 여러 설이 있다. 이 근처에 중국에서 한국인 최초로 영세를 받은 이승훈의 집이 있었기 때문이라고도 하고, 천주교 수난 당시 가까운 곳에 있는 서소문 밖에서 44명의 신도가 희생되었기 때문이라는 설도 있다.

1921년에는 남녀를 구분하던 내부 칸막이를 헐어내고 벽돌기둥을 돌기둥으로 교체하기도 했다. 약현성당은 명동성당과 달리 화려한 장식이 별로 없고 웅장한 규모도 아니다. 한국 최초로 로마네스크 양식과 고딕 양식의 절충형으로 지어 성당 건축의 기본 공간과 형태를 필요한 만큼만 갖추고 있는데, 이는 당시 건축기술과 재정이 부족했기 때문이다. 그럼에도 이곳은 우리나라 근대 건축사에서 중요한 가치를 지니는 건축물이다.

명동성당이나 약현성당 외에도 천주교 교회사에서뿐 아니라 건축사적으로도 의미가 있는 건물이 용산신학교와 원효로성당이다. 붉은 벽돌과 진회색 벽돌을 쌓아 올린 외벽, 그리고 아치형 창문에서 고풍스러운 멋과 연륜이 묻어나는 건물을 바라보면 도심 속 서울에서 근현대사의 아스라한 숨결을 느낄 수 있다.

일제 대륙 침략의 발판이 된 서울역

수많은 사람들이 떠나고 돌아오는 서울역은 중구 봉래동에 있는 철도 역사다. 원래의 위치는 염천교 부근으로 명칭은 남대문역이었다. 1900년 7월 경인선이 개통되면서 10평 남짓한 목조건물에서 영업을 시작했다.

일본은 조선을 강점한 뒤 그들의 문화를 옮겨 심기 위해 여러 가지 방법을 모색했다. 그중 하나가 조선에 지은 건축물이었다. '작은 동경역'이라는 별칭으로 불린 서울역과 '작은 동경 제국대학'이라는 별칭으로 불린 경성제국대학의 건축양식을 보면 그들의 속셈을 알 수 있다. 일제강점기인 1936년에 서울 인구가 70만 명을 넘어섰을 때 일본인들이 10만 명 넘게

ⓒ 유철상

약현성당

약현성당은 우리나라 최초의 서양식 성당이다. 중국에서 한국인 최초로 영세를 받은
이승훈의 집터에 성당이 세워졌다고 한다.

살았으니 오죽했겠는가.

일제강점기인 1922년 6월에 남만주철도주식회사에서 착공하여 33개월 만인 1925년 9월에 준공된 이 역의 설계자는 일본인 건축가인 쓰카모토 야스시塚本靖였다. 일본이 조선 및 대륙 침략의 발판으로 세운 건물로서 18세기 이래 유럽에서 유행했던 르네상스식에 비잔틴풍의 돔을 올린 절충주의 양식을 모방했다. 그때 남대문역이라고 부르던 역사 명을 경성역으로 변경했는데, 건물의 규모가 웅장하기도 했지만 지붕의 돔과 독특한 외관으로 온 장안이 떠들썩할 정도로 화제가 되었다.

1층은 르네상스 궁중 건축양식을 따랐고, 건축 자재는 주로 붉은 벽돌을 사용했으며, 1층 중앙홀은 바닥을 화강암으로 깔고 중벽은 석재, 벽에는 인조석을 붙였다. 건물 안의 귀빈실 마룻바닥은 모두 박달나무로 깔았고 2층에는 양식당을 설치했다. 한때는 경부선·경의선 등 철도 주요 간선열차의 시발역인 동시에 종착역이었으나 신역사가 지어진 뒤 지금은 이곳에서 열차가 떠나지 않는다.

이곳에서 1919년 6월 11일 강우규姜宇奎 의사가 신임총독 사이토 마코토齊藤實를 향해 폭탄을 투척하는 사건이 일어났으며, 이 경성역을 자주 찾았던 사람이 일제시대 대표적인 작가 이상이었다. 그의 단편소설 〈날개〉에는 경성역 대합실에 있던 티룸이 등장한다.

어쨌든 나섰다. 나는 좀 야맹증이다. 그래서 될 수 있는 대로 밝은 거리를 골라서 다니기로 했다. 그리고 경성역 1등 대합실 한결 티룸에 들어갔다. 그것은 내게는 큰 발견이었다. 거기는 우선 아무도 아는 사람이 안 온다. 설사 왔다가

도 곧 가니까 좋다. 나는 날마다 여기 와서 시간을 보내리라 속으로 생각하여 두었다.

경성역은 당시 가장 뛰어난 현대식 건축물 중 하나였고, 그 안에 들어선 티룸 역시 인텔리들이 가장 가고 싶어 하는 곳이었을 것이다. 소설의 주인 공처럼 작가 이상도 차를 마시려고 즐겨 찾았을 경성역은 광복을 맞이한 뒤 서울역으로 개칭되었고 한국전쟁 때에는 역사의 일부가 파괴되었다가 복구되었다.

이후 서울역사는 수도 서울의 급격한 발전과 함께 늘어가는 수송량을 감당하기 위하여 1960년대에 남부·서부 역사를 신설, 본역사와 구분하여 사용했다. 2004년 새로운 민자역사가 신축되면서 구역사는 폐쇄되었다가 2011년 8월 복원 공사를 마치고 '문화역 서울 284'로 재탄생했다.

르네상스 양식의 건물, 한국은행 본관

중구 남대문로에 있는 한국은행 본관(사적 제280호)은 일제에 의해 지어진 한국 최초의 은행 건물이다. 이 건물은 1907년 일본 제일은행 경성 지점으로 착공되었으나 1909년 경성지점의 업무를 인계받은 한국은행이 설립되어 공사를 완료한 후 1912년부터 조선은행으로 개칭되어 총독부 직속 금융기관의 건물로 사용되었다. 1950년 6월 12일 한국은행이 창립 되면서 본점 건물로 이용했으나 현재는 화폐박물관이 되었다.

이 건물의 설계자는 일본 메이지시대 신건축의 권위자로서 동경역과 일본 제일은행 본점을 설계했던 다쓰노 긴고辰野金吾다. 원래 임금의 별궁인 달성이궁이 있던 곳에 지은 지하 1층과 지상 3층의 석조 및 철근 콘크리트 건물로, 외벽은 동대문 밖에서 채석한 화강석을 철재는 외국의 것을 사용했다. 전체적으로 유럽 성관풍城館風의 르네상스 양식으로 되어 있는데, 현관을 중심으로 좌우 대칭이다. 건물의 좌우 끝과 측면의 모서리 세 곳은 원탑(계단실)에 사라센풍의 반구형 돔을 얹어 건물이 더욱 돋보인다. 특히 지붕은 철골·철판을 장식적으로 조립한 돔으로 매우 화려하고 정교하다. 건립 당시 조선은행의 객장은 160평으로 한꺼번에 1600여 명을 수용할 수 있는 규모였고, 지하에는 당시 조선 최대의 금고가 설치되어 있었다.

한국전쟁 때 내부가 불에 타서 1956년에 보수했으며, 1987년 건물의 뒤쪽에 신관을 건립하고, 이 건물은 본래의 모습대로 복원하여 2001년부터 화폐박물관으로 사용하고 있다. 화폐박물관에는 고대부터 현재에 이르기까지 다양한 국내외 화폐와 한국은행에 대한 자료가 전시되어 있다.

보천교 십일전으로 건립된 조계사 대웅전

종로구 견지동에 있는 조계사는 대한불교 직할교구 본사로서 조계종 총무원, 중앙종회 등이 자리하고 있는 한국 불교의 중심지이다.

원래 지금의 조계사 뒤편에 있는 수송공원 자리에 고려 말 창건된 사

한국은행 본관

한국은행 본관 건물은 일본 메이지시대 신건축의 권위자로서 동경역을 설계한
다쓰노 긴고의 설계로 1907년 착공, 1912년에 준공되었다.

찰이었으나 화재로 소실되었다가 1910년 한용운, 이희광 스님 등에 의해 각황사란 이름으로 중창되었다. 1937년 3월 각황사를 현재의 자리로 옮기는 공사를 착공하여 1938년 10월 준공한 뒤 북한산에 있던 태고사를 이전하는 형식을 취하여 절 이름을 태고사라고 했다. 그 뒤 불교계의 중심 사찰로 명맥을 이어오다가 1954년 일제의 잔재를 몰아내려는 불교정화운동이 일어난 후 태고사를 조계사로 고쳐 부르게 되었으며, 현재까지 대한불교조계종의 행정 중심 사찰이 되고 있다.

조계사 대웅전(서울시유형문화재 제127호) 건물은 1922년 전북 정읍에 있던 보천교의 중심 교당인 십일전을 옮겨 개축한 것이다. 1937년 보천교가 탄압을 받아 해산하면서 이를 조선 불교의 총본산인 조계사(당시 태고사)에 옮겨 세우기로 결정하여, 1938년 10월에 이건을 마무리하여 대웅전으로 사용하게 된 것이다.

조계사 대웅전은 정면 7칸, 측면 4칸의 팔작지붕 건물이다. 지붕 처마를 받치기 위해 장식하여 만든 공포는 기둥 위와 기둥 사이에도 있는 다포계 양식을 이용했다. 특히 모든 벽에 있는 문은 꽃 모양으로 장식된 문살로 되어 예술적 화려함과 정교함을 갖고 있다. 이 건물의 모든 것이 1920년대 조선시대 후기의 건축양식을 받아들이면서 전각의 대형화를 이룬 것이 특징이다.

대웅전 앞에는 1913년 스리랑카의 다르마팔라 스님이 모셔온 부처님 진신사리 1과가 봉안된 사리탑이 있다. 원래 있던 칠층석탑은 일제강점기에 조성되어 왜색을 띠고 있다는 지적을 받아 2009년에 8각 10층으로 새로 건립되었다.

대웅전을 바라보면서 왼편으로는 범종루가 있다. 범종루에는 범종, 운판과 목어가 있어 새벽과 저녁 예불 때마다 울린다. 조계사 마당에는 천연기념물 제9호로 지정된 500년 넘은 백송 한 그루와 역시 500년가량 된 회화나무 한 그루가 있다.

3·1운동의 진원지 인사동 태화관

인사동은 조선시대 한성부의 관인방과 대사동에서 한 글자씩을 따서 지은 이름이며, 인사동에는 1919년 2월 28일 민족대표 33인이 대한독립을 선언한 태화관터가 있다.

태화관이 있던 자리는 이문안[里門內]이라 부르던 지역인데 원래 중종반정에 참여한 무신 구수영具壽永의 집터였으며, 당시 이곳에는 태화정이라는 정자가 있었다. 그 후 100여 년 뒤에는 인조가 왕위에 오르기 전에 살던 잠저潛邸였다. 조선 후기에는 세도가인 안동 김씨 김흥근이 살다가 헌종의 후궁 경빈 김씨가 세상을 떠나자 위패를 모시는 순화궁順和宮이 되었으나, 일제강점기에 매국노 이완용의 사저가 되었다. 이 집에 자주 놀러갔던 이완용의 조카 한상룡이 그의 회고록에 이완용의 집에 벼락이 쳤던 일화를 소개했다.

한일합방 후 외숙은 중추원 부의장이란 한직에 있으면서 종로 이문안 태화정으로 이사, 유유자적하였다. 나는 은행에서 돌아오면서 자주 이문안 집에 들

303

러 외숙과 그의 아들 이항구와 함께 당구를 치며 곧잘 놀았다.

어느 날 갑자기 하늘이 컴컴해지더니 소낙비가 쏟아져 내렸다. 우리가 당구를 치며 놀고 있던 바로 그 방문 앞에 아름드리 고목이 있었는데, 그 고목에 벼락이 떨어져 둘로 갈라져버렸다.

이 벼락 소리에 놀란 이항구는 갈팡질팡하다가 안방 깊숙이 숨었다. 그러나 외숙은 그 자리에 버티고 서 있다가 나중에 이항구에게 이렇게 충고하였다.

"벼락이 떨어진 뒤 도망쳐야 아무 소용이 없는 노릇이니, 그 자리에 그대로 있어라."

위 글에는 이완용이 벼락에 태연했던 것으로 묘사되어 있지만 실제로는 자신의 집에 벼락이 내리친 것에 충격을 받았나 보다. 마당에 있던 고목이 벼락을 맞아 쪼개진 데 놀란 이완용이 유명한 기생집 명월관의 주인에게 집을 팔아 이 집은 태화관이라는 요정으로 바뀌게 된다. 1919년 3·1운동 당시 민족대표들이 모여 독립선언서를 낭독한 역사적인 곳이 바로 태화관이다. 3·1운동의 발상지 태화관은 도시 재개발로 헐려버려 이제는 흔적도 없이 사라졌다.

서울 3대 건축물로 꼽혔던 천도교 중앙대교당

철종 11년(1860) 경상도 경주시 구미산 자락에서 최재우가 깨달음을 얻고 동학을 창시했다. 해월 최시형이 법통을 이어받았으며, 그 세력이 점차

3 · 1운동 독립선언서를 낭독한 태화관

태화관은 3 · 1운동 당시 민족대표들이 모여 독립선언서를 낭독한
역사적 현장이나 이제는 흔적도 없이 사라졌다.

확장되어 고종 31년(1894)에 동학농민혁명으로 분출되었다. 고종 35년 (1898) 최시형의 죽음 이후 고종 42년(1905) 3대 교주였던 손병희가 교명을 천도교로 바꾸었으며, 그 중앙 본당이 바로 종로구 경운동에 자리잡은 천도교 중앙대교당(서울시유형문화재 제36호)이다.

1918년 당시 천도교 부구部區 총회의 결의에 따라 300만 교도가 한 가구당 10원씩 성금을 모아 공시비를 충당했는데, 당시의 돈으로 30만 원을 모아 1918년 12월 공사를 시작해 1921년 2월에 준공되었다. 공사비에서 남은 돈은 3·1운동 자금으로 썼다고 한다. 이 건물을 지을 때 교주 손병희는 400평 규모의 장대한 대교당을 지을 계획이었다. 그러나 조선총독부에서 교당이 지나치게 거창하고 중앙에 기둥이 없으면 위험하다는 구실을 내세워 허가를 내주지 않아 지금의 규모로 축소된 것이라고 한다.

천도교 중앙대교당은 붉은 벽돌과 화강석으로 이루어진 지상 2층 중앙탑부 4층의 구조로 이루어져 있으며, 대지 1824평에 건평 212평의 규모이다. 단층구조로 중간에 기둥이 없으며 천정을 철근 앵글로 엮고 지붕을 덮었다. 수용인원은 1000명 이내이고, 석재는 창신동 돌산에서 채석하여 썼다고 한다.

이곳은 소파 방정환을 중심으로 한 어린이운동이 싹튼 곳이기도 하다. 일제강점기에는 명동성당, 조선총독부와 함께 서울을 대표하는 3대 건축물로 꼽혔던 건물이지만 지금은 사람들의 발길조차 뜸하여 세월의 흐름을 실감하게 한다.

원각사지에 들어선 한국 최초의 공원, 탑골공원

세월 속에 달라진 모습 속에서도 변하면서도 변하지 않는 것들이 있다. 서울 장안에서 가장 큰 절이었던 원각사가 바로 그곳이다. 고려시대에 창건된 흥복사가 조선 태종의 숭유억불정책으로 사라졌었는데, 그 자리에 세조가 원각사를 세웠다. 규모가 매우 컸던 원각사에는 전국에서 모은 구리 5만 근을 들여서 만든 대종이 있었고, 회암사 사리탑에서 나누어 가져온 석가모니의 진신사리를 봉안하여 서울의 명찰로 꼽혔다.

그러나 원각사의 번영은 그리 길지 않았다. 성종 때 다시 강화된 배불정책으로 절의 운명이 쇠퇴의 길로 접어들다가 연산군시대에 종말을 고하게 되었다. 《동국여지비고》에는 연산군이 원각사를 전국에서 뽑아 올린 기생들의 숙소로 사용하게 했다고 기록되어 있다.

연산군 때 홍청興清, 운평運平 등 기생을 원각사에서 살게 하고, 절 안에 연방원을 차렸다. 이어서 중종 7년에 선종과 교종, 두 종단의 절과 원각사를 철폐하고, 그 재목을 연산군 때 집을 철거당한 사람들에게 나누어 주었다.

《연산군실록》 연산군 10년(1504) 12월 22일자에 "홍청악에 소속된 기생 300명, 운평악에 소속된 기생 700명, 그리고 남자 악사인 광희廣熙에게 봉급을 올려주라"라고 나오는 것을 보면 그 당시 연산군의 사리에 어긋난 행적을 미루어 짐작할 수 있다.

결국 연산군이 중종반정으로 물러난 뒤 절은 텅 비어 있다가 헐리고 말았는데, 그때의 상황이 《중종실록》 중종 9년(1514) 8월 6일자에는 다음 과 같이 실려 있다.

호조가 아뢰기를, "원각사의 재목 중에서 퇴락하려는 것은 영선營繕에 쓰 소서" 하니, 그리하라고 전교하였다.

사신은 논한다. 원각사는 도성 안에 있으니, 세조가 창건한 것인데, 폐조에 이 르러서 승도를 모두 내보내고, 불상을 끌어내었으므로 비어 있었다. 반정한 뒤 한성부가 옮겨 와서 관아로 삼았는데, 판윤 전임田霖이 이곳에서 병들어 죽자 뒷사람이 의혹하여, 옛 관아로 도로 돌아갔다. 그리고 절 곁에 있는 공지가 매우 넓어서 해사該司에서 집 없는 재상과 조관朝官에게 나누어 주었으나 두려워하 며 감히 살지 못하니, 도성 사람이 이를 보기를 엄연히 신명의 처소처럼 하였다. 그 근기가 매우 공고하니 모두 다시 흥건할 때가 있을 것이라고 생각했다.

원각사는 그들의 생각과는 달리 다시는 그 모습을 드러내지 못했고, 원 각사에 있던 동종은 숭례문과 명례방을 전전하다가 광해군 11년(1619) 에 보신각, 당시의 종루에 안치되었다.

폐사가 된 원각사지에는 세조 13년(1467)에 만들어진 원각사지 십층 석탑(국보 제2호)과 원각사의 창건 내력을 적은 원각사지 대원각사비(보물 제3호)만 남아 있는데, 이 비는 성종 2년(1471)에 건립되었다.

원각사지 십층석탑의 높이는 12미터이며, 대리석으로 만들어졌다. 형 태가 특수하고, 의장意匠이 풍부하여 조선시대의 석탑으로는 유례를 다 시 찾을 수 없는 최우수작으로 손꼽힌다. 현재 10층 옥개석까지 남아 있

© 유철상

탑골공원

원각사지가 있던 자리에 독립운동을 기념해 탑골공원을 조성했다.
종로 중간에 자리잡고 있어 서울 시민들의 휴식처가 되고 있다.

고 그 위의 상륜부는 없어졌는데, 상부의 3층 옥개석이 오랫동안 지상에 방치되었던 것을 1947년 원상태로 복원한 점으로 보아 상륜부재가 없어진 것은 오래전의 일이었던 것 같다.

탑을 받쳐주는 기단基壇은 3단으로 되어 있고, 위에서 보면 '아亞' 자 모양이다. 그리고 층마다 각 면석이 여러 가지 조각들로 화려하게 장식되었는데, 1층에는 각 면에 용과 사자, 그리고 모란과 연화문이 조각되어 있다. 2층에는 각종의 인물과 조수鳥獸 그리고 초목과 궁전이 조각되었으며, 3층에는 많은 나한과 선인들이 조각되었다.

이 탑의 지붕돌은 목조건축의 지붕을 거의 그대로 모방했는데, 그런 연유로 기왓골이나 마루 추녀와 공포 등 작은 부재들까지도 거의 사실적으로 묘사되어 있다. 특히 2층 정면의 지붕은 전각지붕과도 같고, 더욱이 3층은 이중의 지붕 모양으로 조성되어서 그 기교와 솜씨의 놀라움은 상상을 초월하며, 전면에 다채롭게 조각한 대리석 석재의 회백색과 잘 어울려서 한층 더 우아한 맛을 자랑하고 있다.

원각사지 십층석탑의 전체적인 형태나 세부의 구조, 그리고 표면 전면에 장식된 불상의 조각 등이 고려시대의 석탑인 경천사지 십층석탑(국보 제86호)과 매우 닮았다. 경천사지 십층석탑과 이 탑은 대리석으로 만들어졌다는 공통점이 있다. 하지만 원각사지 십층석탑은 수려하고도 기교적이라는 면에서 조선시대뿐만 아니라 우리나라를 통틀어서도 가장 손꼽히는 걸작이다.

소중한 문화유산이 남아 있던 원각사지는 그 뒤 민가가 들어서서 방치된 채 가는 세월을 지켜보고 있었다. 조선 후기 원각사지 근처에는 시대

원각사지 십층석탑

원각사지 십층석탑은 높이 12미터이며, 대리석으로 만들어졌다.
형태가 특수하고, 의장이 풍부하여 조선시대의 석탑으로는 유례를 다시 찾을 수 없는
최우수작으로 손꼽힌다.

를 풍미했던 문장가인 박지원·박제가·유득공 등이 살았는데, 그중 박제
가의 다음 글에 당시 원각사지의 모습이 묘사되어 있다.

도회지를 빙 두른 중앙에 탑이 솟아 있다. 멀리서 바라보면 으슥으슥한 눈
속에서 대나무순이 나온 것과 같이 보이는 그곳이 원각사지 옛터다.

내 나이 18세인가 19세인가 어느 해 여름 박지원 선생의 문장이 그 시대에
이름이 높다는 소문을 듣고 탑 북쪽에 있는 선생의 집에 찾아갔다.

내가 찾아왔다는 전갈을 듣고서 선생은 옷을 차려입고 나와 오랜 친구라도
되는 듯 내 손을 꼭 맞잡아주였다. 내가 지은 글들을 모두 꺼내어 선생에게 드
렸다. 선생은 몸소 쌀을 씻어 다관에다 밥을 하신 뒤 흰 주발에 펴서 옥 소반에
내오신 뒤 술잔을 들어 나를 위해 축수를 하셨다.

뜻밖의 환대에 놀라고 기뻤던 나는 그때의 일을 천고千古 이전에나 있을 법
한 일이라 생각하고 글을 지어 응답하였다.

그분이 다른 사람에 대해 탄복하던 모습과 지기知己에 대한 순수한 감동이
이러하였다.

그 무렵, 이덕무의 집 사립문이 그 북쪽에 있었고, 이서구李書九의 사랑채
가 그 서편에 솟아 있었으며, 수십 걸음 떨어진 곳에는 서상수徐常修의 서재
가 있었다. 그곳에서 북동쪽으로 꺾어진 곳에 유득공의 집이 있었다.

원각사지는 한양의 중심지였는데도 연산군의 원혼이 산다는 이유로
양반들이 집을 짓고 살기를 꺼려 했다. 그 탑골 주변에 하급관리와 중인
들이 모여 살았고, 그때 젊은 실학자들이 모여들어 '백탑파'를 형성하고

새로운 문예부흥을 이끌었다.

거북 받침이 있는 돌비석이 지금은 민가 뒤뜰에 들어가 있어서 사람들이 구경하기를 청하면 주인이 인도하여 보여주고, 나올 때면 반드시 돌 거북에 담배를 바치고 가라고 한다. 콧속이 우스꽝스럽지만 영감하다고 말한다. 그렇지만 실상은 입장료 셈으로 거두어서 자신이 피운다.

임진왜란 이후 조선 후기까지 원각사지의 실정을 보여주고 있는 《한경지략》에 실린 글이다.

원각사지에 우리나라 최초의 공원인 탑골공원(사적 제354호)이 들어선 것은 고종 34년(1897)쯤으로 추정되는데, 우리나라에서 총세무사總稅務士로 근무하던 영국인 브라운J. M. Brown의 건의로 만들어졌다고 한다.

다음은 조선 후기에 원각사지를 찾았던 영국의 지리학자 이사벨라 버드 비숍이 남긴 글이다.

그 인근에는 700년이 넘었다고 알려진 대리석 탑이 있다. 이 탑은 빽빽이 들어선 주택들 뒤에 완벽하게 가려져 있는데, 이 도시에서 보기 드물게 나무가 울창한 산책로를 가지고 있다.

그러나 서울의 많은 사람들은 이곳에 전혀 가보지 않은 것 같았다. 나는 기분전환도 할 겸 사진을 찍을 작정으로 거기에 다섯 번이나 들렀는데, 갈 때마다 느낌이 새로웠다. 그러나 이 탑 자리는 움쭉달싹할 정도로 좁아서 탑 전체를 사진에 담으려는 사람은 아마도 근처의 담으로 기어 올라가야 할 것이다.

원각사지에 들어선 이곳 탑골공원의 팔각정에서 1919년 3월 1일 독립
선언서가 낭독되었고 독립만세가 힘차게 울려 퍼졌다. 지금도 원각사지
십층석탑은 탑골이라는 이름의 공원에서 투명한 유리에 갇힌 채 북적거
리며 오고가는 노인들을 바라보고 있다.

서울대학교병원의 전신 대한의원

종로구 연건동에 자리한 대한의원(사적 제248호)은 서울대학교 의과대
학 내에 있는 서울대학교병원의 전신이 되는 병원 건물이다.

이 건물이 들어선 마두봉 언덕은 옛날 창경궁 밖 동쪽의 정원인 함춘
원이 있던 곳이자 정조의 아버지 사도세자의 사당인 수은묘가 있던 곳이
기도 하다. 그러한 역사적 사실을 간직한 자리에 고종 36년(1899) 4월에
우리나라 최초의 국립병원인 내부병원이 설치되었고, 이것이 고종 37년
(1900) 6월 광제원으로 그 이름이 바뀌었다. 대한의원은 서양식 병원이었
던 광제원과 궁내부 소관인 적십자병원, 학부 소관인 경성의학교 부속병원
을 통합하여 설립한 국립의료기관이었다.

1907년 3월에 착공해 1908년 11월에 완공된 이 건물은 연면적 495평
의 지상 2층 건물인 본관과 병실 7개동, 해부실과 의학교 등을 갖추었다.
개원 후에는 내부대신이 원장을 겸했던 대한의원은 1910년 경술국치 후
조선총독부의원으로 개칭되었다.

건립 후에 한국은행 본관과 동양척식주식회사 건물과 함께 서울 장안

의 명물로 알려졌던 옛 대한의원 본관 건물은 붉은 벽돌로 쌓아서 그런지
차분하면서도 품위가 있다. 특히 정면의 시계탑과 그 위를 장식한 둥근
지붕을 중심으로 화려한 장식을 했는데 17세기와 18세기 유럽의 네오 바
로크풍이다.

자유의 진공지대 서대문형무소

구 서대문형무소(사적 제324호)가 있는 서대문구 현저동은 중국의 사신
을 맞이하는 모화관이 있던 곳이다. 이 지역에는 예로부터 무당이나 점술
을 직업으로 삼는 사람들이 특수한 마을을 이루고 살았다. 또한 현저동에
는 악바위가 있어서 악박골이라고도 불렀는데, 이 악바위 밑에서 흘러나
오는 샘물은 약물로 이름이 높았다. 물맛이 달고 차가워서 특히 위장병에
특효가 있으므로 악박골물, 한자로는 영천靈泉이라고 불렀다.

'자유의 진공지대' 또는 '자유를 박탈하는 곳'이라고 알려진 서대문형
무소의 상징은 붉은 벽돌담이다. 지금도 벽돌담 일부와 감시 망루가 남아
있는 서대문형무소는 일제강점기에 일본이 서울에 세운 형무소이다.

일본이 조선을 발판으로 하여 대륙을 침략하는 과정에서, 이에 저항하
는 한국의 애국지사들을 투옥할 목적으로 1907년에 감옥을 만들기 시작
했다. 처음에는 500여 명의 기결수를 수용할 수 있는 560여 평의 목조건
물을 지었고, 1908년 10월 21일에는 500년 조선왕조 내내 사용되었던
전옥서典獄署에 수감되어 있던 기결수를 현저동에 신축한 경성감옥으로

옮겼다. 그 뒤 수많은 독립운동가들을 투옥하면서 수용할 공간이 부족하자 1912년에 현재 마포구 공덕동 자리에 다른 감옥을 지었다. 같은 해인 9월 3일 구 경성감옥을 서대문감옥으로 개칭했다. 1918년에는 서대문감옥에서 형무관연습소를 설치해 형무관 양성도 겸하게 되었다.

1911년 민족지도자이자 독립운동가인 김구는 안악 토호들을 협박하여 독립운동 자금을 빼앗아 서간도에 무관학교를 세우려 했다는 '안악 사건'에 연루되어 17년 형을 선고받아 서대문형무소에서 옥고를 치렀다. 그때의 상황이 《백범일지》에 다음과 같이 기록되어 있다.

내가 복역한 지 칠팔 삭에 어머님이 서대문감옥으로 나를 면회하러 오셨다. 딸깍 하고 주먹 하나 드나들 만한 구멍이 열리기에 내다본 즉 어머니가 서 계시고 그 곁에는 왜간수 한 놈이 지키고 있었다. 어머님은 태연한 안색으로, "나는 네가 경기감사가 된 것보담 더 기쁘게 생각한다. 면회는 한 사람밖에 못 한다고 해서 네 처와 화경이는 저 밖에 와 있다. 우리 세 식구는 잘 있으니 염려 말아라. 옥중에서 네 몸이나 잘 보중하여라. 밥이 부족하거든 하루 두 번씩 사식 들여주랴?" 하시고 어성 하나도 떨리심이 없었다. 저렇게 씩씩하신 어머님께서 자식을 왜놈에게 빼앗기시고 면회를 하겠다고 왜놈에게 고개를 숙이고 청원을 하셨을 것을 생각하니 황송하고도 분했다.

또한 김구는 지금이나 당시나 변함없는 감옥제도에 대해 다음과 같은 글을 남겼다.

© 유철상

서대문형무소

서대문형무소는 일제강점기에 세워진 형무소로 근현대사의 고난과 아픔을 간직하고 있다.
현재는 서대문형무소역사관으로 새롭게 문을 열었다.

왜(일본)의 감옥제도로는 사람을 작은 죄인으로부터 큰 죄인으로 만들 뿐더러 사람의 자존심과 도덕심을 마비시키게 한다. 예를 들면 죄수들은 어디서 무엇을 도둑질하던 이야기, 누구를 어떻게 죽이던 이야기를 부끄러워함도 없이 도리어 자랑 삼아서 하고 있다. 그도 친한 친구들에게라면 몰라도 초면인 사람에게도 꺼림이 없고, 또 세상에 드러난 죄도 아니오, 저 혼자만 아는 죄를 뻔뻔스럽게 말하는 것을 보아도 그들이 감옥에 들어와서 부끄러워하는 감정을 잃어버린 탓이다. 사람이 부끄러움을 잃을진대 무슨 짓을 못하랴. 짐승과 다름이 없을 것이니 감옥이란 이런 곳이어서는 안 되겠다고 생각하였다.

김구의 자취가 남아 있는 서대문감옥은 1923년 5월 5일에 서대문형무소로 이름을 바꾸었다. 1935년에는 미결수를 구금하는 구치감 시설도 갖추었다. 8·15광복 직전인 1944년에 이곳 서대문형무소에는 2890명이 수용되어 있었다. 한편 일제 때 이곳은 다른 지역의 감옥과 달리 18세 미만의 조선의 소녀수들을 수감하고 있었다. 그런 연유로 천안시 병천면의 아우내장터에서 만세운동을 주도했던 유관순 열사도 이곳에 구금되어 악형을 받으며 시달린 끝에 순국했다.

8·15광복 이후 일본이 물러나고 주권을 이양 받은 대한민국 정부는 서대문형무소를 그대로 이어 사용했다. 1945년 11월 21일 이름을 서울형무소로 바꿨으며 이 시기에는 반민족행위자와 친일세력들이 대거 수용되었다. 이후로도 여러 차례 이름이 바뀌었는데, 1961년 12월 23일에 서울교도소로 개칭되었다가, 1967년 7월 7일에 서울구치소로 바뀌었다. 그 시기에 4·19혁명과 5·16군사정변 등이 일어났고, 제3공화국이 들어서

는 정치적 변동에 의해 수많은 시국사범들이 수감되었다.

1970년대 말까지만 해도 서대문형무소에서는 하루에 100여 명이 갇히고 풀려나갔다. 많을 때에는 500여 명이 넘을 때도 있었다. 그밖에 검찰청이나 법원 관계자들을 포함하면 셀 수 없이 많은 사람들이 드나들었던 이곳은 1987년에 구치소가 의왕으로 옮겨질 때까지 형무소의 역할을 계속했다. 대한민국의 교정시설 중 가장 오랜 역사를 지닌 셈이다.

서울이 비약적으로 발달함에 따라 서울구치소가 도심 한복판에 있는 것이 부적합하다는 여론이 일어 1986년에 이전 계획을 수립했고, 1987년 11월 15일에 경기도 의왕시로 서울구치소를 옮겼다. 옮길 당시 옥사는 모두 15개동이었고 그중 보존 가치가 있는 9~13옥사와 중앙사, 나병사를 보존했다. 그리고 1988년 2월 20일, 김구·강우규·유관순 등이 투옥되었던 10·11·12옥사 건물과 사형장이 사적으로 지정되었고, 1992년 광복절에는 서대문독립공원으로 조성되었다. 또 1998년에는 서대문형무소 역사관이 개관했다.

7

서울 사람들은 어떻게 살았을까

서울의 풍속

예나 지금이나 혼잡한 도시 서울

서울은 조선시대에도 누구나 살고 싶어 하고 가고 싶어 하는 곳이었다. 예나 지금이나 사람들로 북적거리는 혼잡한 도시 서울을 두고 조선 중기의 시인 석주 권필은 '행로난行路難'이라는 시를 남겼다. 이 시는 임진왜란이 끝난 뒤 조선 중기 서울의 모습과 사회현상을 풍자하고 있다.

노래 부르기를 잠시 멈추고

거문고 타던 것도 잠시 그치어라

자리에 앉은 모든 사람들이 귀를 기울여

내가 부르는 '세상 살아가기가 힘들구나' 한 곡조를 들어보소

세상 어느 곳인들 힘들지 않은 곳 있으랴만

가장 힘든 곳은 서울에 사는 것일레라

길게 뻗은 서울 거리 잇닿은 고루거각

저 집에는 누가 사는가

허씨, 사씨가 김씨, 장씨와 더불어 사는 것이 아닌가

대문 밖엔 수레가 가득 차고

중당에는 풍악소리 요란하구나

손으로 세상 조화를 마음대로 부리니

천지가 높으락낮으락 뒤따르네

한 번 웃으면 봄에 꽃이 번화한 듯하고

한 번 성내면 가을 서리 내린다네

한 마디 말이 서로 들어맞지 않으니

순식간에 재앙을 이루었도다

여보시오, 멀리서 오신 선비네들

무엇을 그렇게 구구하게 구하는가

돌아가시오, 다시 돌아가시오

계수나무 고요한 산속으로 돌아가시오

조선 후기의 대학자인 다산 정약용은 정조 6년(1782) 한양에 올라와 서울 생활을 시작했다. 다산은 대동미의 출납을 담당하는 기관인 선혜청이 있던 창동(지금은 중구 남창동과 북창동으로 나뉨)에 집을 사들여 체천정사棣泉精舍라고 이름 짓고 살았다. 그는 가난할지라도 좋은 벗 만나 깊은 정 주고받으며 살기를 꿈꾸었으나 1800년대 초 강진으로 유배를 간 뒤 고독한 유배지에서 질곡의 세월을 보내면서 아들들에게 다음과 같은 편지를 보냈다.

중국의 문명이나 풍속은 아무리 궁벽한 시골이나 먼 변두리 마을에서 살더라도 성인이나 현인이 되는 데 방해받을 일이 없으나 우리나라는 그렇지 않아서 서울의 문밖에 몇십 리만 떨어져도 태고처럼 원시사회가 되어 있으니, 하물며 멀고 먼 외딴 집에서야 말해 무엇하랴.

무릇 사대부 집안의 법도는 벼슬길이 한창 위로 올라 권세를 날릴 때에는 반드시 산비탈에 셋집을 내어 살면서 처사處士로서 본색을 잃지 말아야 한다. 그러나 만약 벼슬길이 끊어져버린다면 당연히 서울의 번화가에 의탁해 살면서 문화의 안목을 넓히도록 해야 한다.

내가 요즘 죄인이 되어 너희들에게 아직은 시골에 숨어서 앞으로의 계획을 세우게 했다만 사람이 살 곳은 오로지 서울의 십 리 안팎뿐이다.

만약 집안의 힘이 쇠락하여 서울 한복판으로 깊이 들어갈 수 없다면 잠시 동안 서울 근교에서 살면서 과일과 채소를 심으며 삶을 유지하다가 자금이 점점 불어나면 서둘러 도시의 복판으로 들어간다 해도 늦지는 않을 것이다.

다산 정약용은 아들들에게 '사람이 살 곳은 서울의 십 리 안팎뿐'이라며 서울에 살 것을 권하고 있다. 고금이나 지금이나 서울에 있어야 문화의 혜택을 누리고 정보를 얻을 수 있기 때문일 것이다. 다산의 편지를 통해 어떻게든 강남에 터를 잡고 살고자 하는 오늘날의 사람들과 사대문 안에 집을 장만하고 살기를 원했던 조선시대 사대부들과 비슷한 처지임을 알 수 있다.

조선시대에도 서울에서 사는 것이 어려웠던지 조선 후기 문신인 남공철南公轍은 "서울은 돈으로 생업을 삼고, 팔도는 곡식으로 생업을 삼는

다"고 말했으며, '서울은 지방과 달라서 돈이 없으면 살 수 없는 곳'이라는 말도 떠돌았다. 서울은 멀리할 수도 가까이하기도 어려운 곳이었던 모양이다.

서울에서 태어나 서울에서 살다간 인물들

서울은 예나 지금이나 정치와 경제, 문화와 학문, 그리고 예술을 비롯한 모든 것의 중심지이다. 이곳을 스쳐간 수많은 사람들의 삶의 자취가 우리나라의 역사라고 봐도 될 정도다. 그렇다면 서울에서 태어나 이 땅의 역사에 큰 자취를 남긴 사람들은 누가 있을까?

이규태의 《600년 서울》에서 "한양의 안산인 남산의 용이 어디로 뻗어 내려 명당을 형성했을까? 두말할 나위 없이 남산의 필동에서 시발되는 마르내(건천) 따라 안산의 용이 뻗어내려 그 냇가에 대추알처럼 명당을 드리웠다"라고 소개된 건천동에서는 역사에 길이 이름을 남긴 사람들이 많이 태어났다.

한양 동쪽의 건천동乾川洞(지금의 중구 인현동)은 이 지역을 흐르는 개천이 비가 오지 않는 날은 바닥이 말라붙어서 지날 수 있지만 비가 조금이라도 내리면 물이 금세 불어 냇가로 변한다고 해서 마을 이름을 마르내 또는 마른냇가라고 했다.

이곳 마르내에서 단종 때에 김종서金宗瑞·정인지鄭麟趾·이계동李季소, 세조 때에 양성지梁誠之·김수온金守溫·이병정李秉正, 중종 때에 유순정柳順汀·권민수權敏手·유담년柳聃年, 명종 때 노수신盧守愼·허봉 許篈이 태어났다. 임진왜란의 영웅 이순신李舜臣도 이곳에서 태어났으 며, 퇴계 이황의 제자인 서애西厓 유성룡柳成龍은 이곳에서 어린 시절 을 보내며 이순신을 만났다. 이순신과 얄궂은 인연을 맺었던 원균元均도 이곳에서 태어났다.

실학자 이긍익의 조선시대 사서《연려실기술》에 마르내에서 살았던 이 순신의 어린 시절 모습이 담겨 있다.

어려서부터 호탕하여 구속을 받지 않았다. 여러 아이들과 놀 때 나무를 깎아 내리거나 활과 화살을 만들어 동네 가운데서 놀다가 뜻에 거슬리거나 비겁하 게 굴면, 그 눈을 쏘려고 하여 어른들도 꺼려서 감히 그 집 문 앞을 지나지 못 하였다.

이순신이 무과에 급제했을 때 율곡 이이가 이조판서로 재임하고 있었 다. 이순신의 사람됨이 곧고, 덕이 있으며 그가 덕수 이씨라는 것을 오래 전부터 알고 있던 이이가 사람을 시켜서 한 번 만날 것을 요청하자 "일가 친척 간에는 만나볼 수 있지만 이이가 지금 이조판서로 있는 한 만나볼 수 없다"며 사양했다고 한다. 이순신은 '오얏나무 밑에서는 갓끈을 매지 말라'고 했던 속담을 몸소 실천했던 것이다.

허균의 소설《홍길동전》은 연산군 때 실존 인물인 도적 홍길동을 주인 공으로 삼은 것인데, 종로구 권농동에는 홍길동이 태어난 곳이 있다고 하 는데 정확한 위치는 알 길이 없다.

종로구 가회동의 재동초등학교 북쪽에는 홍술해골이라는 마을이 있다. 조선 정조 때 황해도관찰사를 지낸 홍술해洪述海가 장물죄를 범하고 섬으로 유배를 가자, 그의 아들 홍상범洪相範이 그것에 원한을 품고 모반을 하다가 잡혀서 죽자 그 집을 헐고 못을 팠으므로 못골 또는 홍술해골이라고 부른다.

우산각골에 서린 사연

동대문구 신설동과 보문동 사이에 걸쳐 있던 우산각골에는 조선 세종 때에 청렴결백하기로 유명한 정승 유관柳寬이 살았다.

그는 비가 새는 작은 오두막집에서 살았는데, 어느 비 오는 날 방 안에서 우산을 받치고 책을 읽는 유관에게 부인이 말했다.

"명색이 정승집인데, 비가 새는 이런 집에서 살아야 하나요?"

그 말을 들은 유관이 부인에게 "우리는 우산이라도 있어서 새는 비를 피하지만, 우산도 없는 가난한 사람들은 어떻게 견디겠소"라고 답했다.

이후에 동네 사람들이 유관의 집을 우산각雨傘閣이라고 한 데서 마을 이름이 우산각골 또는 우산각리라 했으며, 그 말이 변하여 우선동이라고도 했다.

유관은 죽기 전에 "내가 남길 유산이랄 것이 없으니, 청빈을 대대로 자손들에게 물려주기 바란다"는 유언을 남겼다고 한다. 한 나라의 정승을 지내면서도 비가 새는 집에 아무렇지 않게 살았던 조선 사대부의 이야기가 오늘을 사는 사람들에게는 어떤 의미로 다가올지 궁금하다.

유관의 집에는 그의 4대 외손인 동고東皐 이희검李希儉이 대를 이어 살았는데, 그 또한 청빈하여 "집은 비를 막는 데 족하고, 옷은 몸만 가리면 족하고, 음식은 배만 채우면 그만이다"라는 신조를 지키며 살았다고 한다. 이희검은 삼조판서를 역임한 고위관료였음에도 장례를 치를 돈이 없어서 친척과 친지들이 돈을 추렴하여 장례를 치를 정도로 가난했다고 한다.

이희검의 아들이 우리나라 최초의 백과사전인 《지봉유설》을 지은 이수광인데, 그는 그곳에 '겨우 비를 가리는 집'이라는 뜻의 비우당庇雨堂을 짓고 살았다. 이수광은 〈동원비우당기 東園庇雨堂記〉에 비우당을 짓게 된 연유를 다음과 같이 적었다.

내가 못나서 예전에 선조들이 살던 집을 그대로 지탱하지 못하였다. 임진왜란으로 주춧돌 하나 기둥 한 토막 남은 것이 없게 되었다. 어찌나 송구하던지 그 옛터에 그만 한 집을 새로 짓고 집 이름을 '비우당'이라 하여 한가롭게 쉬는 곳으로 삼았다. 비우당이란 겨우 비를 가리는 집이란 뜻으로 비 새는 방 안에서 우산으로 비를 가리던 선조의 유풍을 기린 것이다.

그는 '간소함으로써 번거로움을 누르고 고요한 가운데 분수없는 행동을 삼간다'는 뜻의 '간이제번簡而制煩 정이제동靜而制動' 여덟 글자를 좌우명으로 삼으며 일생을 살았다.

놀이터이자 빨래터였던 청계천

사람이 나서 살아가는 데 가장 중요한 것이 물이다. 인체의 70퍼센트가 물로 구성되어 있고, 물이 없으면 단 하루도 살아갈 수가 없다. 그뿐만이아니다. 인간의 삶은 강의 생성에서 소멸까지의 과정과 너무나 닮았다.

독일의 철학자 니체는 "강을 보라, 수많은 우여곡절 끝에 그 근원인 바다로 들어가지 않는가?"라고 말했다. 강이 그렇다. 한 방울 물에서 시작된 강물은 수많은 지류를 받아들이고 온갖 세상의 풍파를 다 겪고서 화엄의 바다로 들어간다. 인간의 삶도 마찬가지다. 살다가 왔던 곳으로 돌아가는 것, 그것이 인간의 삶이고, 그래서 인간의 삶에 가장 귀중한 것이 물이고, 내가 나고 살아가는 그 지역의 물길이 어디에서부터 시작되어 어디로 가는지를 아는 것이 중요하다고 할 수 있다.

1000만 서울 시민의 삶에 근간을 이루며 흐르는 강이 한강이고, 한강북쪽의 대표적인 하천이 청계천이며, 도봉천·우이천·묵동천·면목천은서울 시내를 흐르는 한강의 지류다. 그리고 한강 남쪽을 흐르는 하천이 안양천이며, 강남과 송파 사이를 흐르는 하천이 탄천과 성내천이다.

그렇다면 한양도성의 물길은 어디에서 시작되어 한강으로 접어들어 바다로 들어갈까? 북악산·인왕산·남산 등으로 둘러싸인 서울 분지 내 모든물이 청계천에 모여 동쪽으로 흘러 중랑천과 합쳐 서쪽으로 흐름을 바꾸어한강으로 들어간다. 《동국여지승람》에는 이에 대해 다음과 같이 전한다.

개천開川(청계천)은 백악, 인왕, 목멱산(남산) 여러 골짜기의 물이 합하여 동

청계천 수표교와 빨래터

조선시대에 청계천은 서울 사람들의 놀이터이자 빨래터였다.
사진은 1920년대 청계천 수표교 부근에서 빨래하는 사람들의 모습.

쪽으로 흘러서, 도성 가운데를 가로 지나서 세 수구水口로 나가 중랑포로 들어간다.

서울 사람들의 놀이터이자 빨래터였던 청계천은 조선이 개국하기 전에는 자연하천 그대로여서 홍수가 나면 물이 범람하여 민가가 침수되는 물난리가 났고, 평상시에는 오수가 괴어 매우 불결했다. 이에 태종 6년(1406)에 역군 600여 명을 동원하여 청계천의 바닥을 넓히고 둑을 쌓는 등 하천을 정비하기 시작했다. 그 뒤 태종 11년(1411)에는 도성 안의 하천을 정비하기 위해 개거도감開渠都監을 설치하고, 다음 해에는 개천도감開川都監으로 이름을 바꾸어 대대적인 정비를 했으며 광통교·혜정교 등 돌다리를 만들었다. '개천開川'은 '내를 파낸다'는 뜻으로 하천을 정비하는 토목공사의 이름이었는데 이를 계기로 '개천'은 청계천을 일컫는 고유명사가 되었다.

세종 26년(1444) 11월에 집현전 수찬 이선로李善老가 명당의 물은 맑게 해야 한다는 풍수설을 들어 "궁성 서쪽에 저수지를 파서 영제교로 물을 끌어넣을 것이며, 또 개천에는 더럽고 냄새나는 물건을 버리지 못하도록 금지하여, 물이 늘 깨끗하도록 해야 하겠나이다"라고 청했다. 이에 세종이 청계천을 깨끗이 하는 일과 풍수설에 대해 신하들에게 의논하게 하였다. 그러자 집현전 교리 어효첨魚孝瞻이 다음과 같은 상소문을 올렸다.

신은 또 안찰按察하여 보오니,《동림조담洞林照膽》이라는 풍수서는 이것이 범월봉范越鳳이 지은 책이온데, 월봉은 특히 오계五季 때의 술사입니다.

그가 이른바 '비린 것과 냄새가 더러운 것은 자손이 쇠망하는 상징이라' 함은 그 책의 혈맥편血脈篇에 있는 말이고, '명당에 냄새나고 불결한 물이 있는 것은 패역悖逆과 흉잔凶殘의 상징이라' 함은 그 책의 흉기편凶氣篇에 있는 말입니다. 그 본문의 뜻을 살펴보면 다 묏자리의 길흉을 논한 것이고, 도읍의 형세는 언급하지 않았습니다. 대저 범월봉의 생각은 필시 신도神道는 깨끗함을 좋아하므로 물이 불결하면 신령이 편하지 못하여서 이 같은 반응이 있다는 것이고, 국도國都에 대하여 논한 것은 아닙니다.

도읍의 땅에 있어서는 사람들이 번성하게 사는지라, 번성하게 살면 더럽고 냄새나는 것이 쌓이게 되므로, 반드시 소통할 개천과 넓은 시내가 그 사이에 종횡으로 트이어 더러운 것을 흘려 내어야 도읍이 깨끗하게 될 것이니, 그 물은 맑을 수가 없습니다. 이제 묘지墓地의 술수를 미루어서 도읍의 물까지 일체 산간山間의 깨끗함과 같게 하고자 한다면 사세가 능히 실행할 수 없을 뿐 아니라, 이치로 말할지라도 죽고 삶이 길이 다르고, 귀신과 사람이 몸이 다르니, 묘지의 일을 어찌 국도에 유추할 수 있겠나이까. 만약 유추할 수 있다면 지리서地理書에 논한 것이 모두 다 이러한 것들인데, 그것을 다 국도에다가 유추하여 쓸 수 있겠나이까.

어효첨의 상소문을 접한 임금은 "어효첨의 논설이 정직하다"며 이선로의 청을 듣지 않기로 했다.

그 뒤로도 청계천은 오염의 상징이었는데 영조 27년(1751) 한성판윤으로 재직했던 박문수가 그러한 문제점을 간파하여 청계천의 준설을 주장하는 상소를 올렸다.

개천을 넓게 파는 일에 관해서 아뢰건대, 신의 처음 뜻은 먼저 그 근원을 다스리고, 후에 물이 잘 내려가게 소통시키고자 함이었습니다. 그러나 이제 물난리는 더욱 심각해져서 비가 조금만 내려도 삽시간에 물이 불어나고 물길은 막혀서 토질土疾을 일으키는 지경에 이르렀으니 임시방편이 아닌 근본적인 물길 소통 사업이 급한 중에 급한 문제입니다.

박문수의 건의를 받아들여 영조 36년(1760)에 청계천 바닥을 깊게 하는 준설공사를 시작했다. 호조판서와 한성판윤을 겸직하고 있던 홍계희洪啓禧가 영조에게 건의하여 시행한 준설사업은 고용한 인부만 5만 명에 이르는 대단위 국책사업이었다. 이 사업은 동원 인원이 방대했을 뿐 아니라 2월부터 4월까지 57일간 동전 3만 냥, 쌀 2300석의 막대한 자원이 투입되었다.

공사가 끝나자 영조는 정조를 데리고 가서 준공식을 거행했다. 그때 수표다리 기둥에 지평의 표준으로 '경진지평庚辰地平' 넉 자를 새기며, 준천사濬川司를 두어 해마다 모래를 파내고 둑을 수축修築하다가, 2년 후에 전부 돌로 둑을 쌓았다. 하지만 그곳에서 파낸 토사가 문제였다. 그 무렵에 한성판윤에 재직하고 있던 유척기兪拓基가 토사를 다른 곳으로 옮기지 않으면 토사가 다시 하천으로 들어갈 것이라고 경고했다.

그래서 토사를 한 군데에 산처럼 옮겨 쌓아 현재 청계천 6가의 양쪽에 산이 생겼는데 이 산을 가산假山이라고 불렀다. 이 산에 나무와 화초를 심어서 그 향기가 근처에까지 퍼졌으므로 이 지역을 방산동芳山洞이라고 불렀으나 일제 때 여러 용도로 모두 헐어서 산은 사라지고 말았다.

크고 작은 개천에 토사가 쌓이고, 막히는 이유는 오로지 산이 씻겨 내려가며 둑이 무너져내리는 것을 관리하지 않고, 모래가 흘러내리는 것을 방지하지 않아, 다리가 모래에 파묻혀도 그것을 준설하지 아니하였기 때문이다.

영조 40년(1764) 개천의 유지관리 지침인 '준천사절목'에 나오는 첫 구절이다.

청계천은 도성의 남과 북을 갈랐는데, 북쪽은 북촌으로 권력의 정점에 있던 사람들이나 양반들이 살았고, 남쪽은 남촌으로 몰락한 양반이나 과거를 준비하는 서생과 양민들이 살았다. 청계천 주변에는 상인과 역관, 의원 등의 중인들이 살았고, 광통교, 수표교 등 큰 다리 아래에는 거지들이 모여 살았는데 당시 풍경이《한경지략》에 다음과 같이 실려 있다.

서울 거지 떼의 움집이 종루거리 대광통교와 중부 낙선동에 있는 효경교 밑에 있었다. 매년 섣달 추울 때에는 왕이 선전관을 보내서 보살피고 호조에 분부하여 쌀과 포布를 주어서 움집을 단속하여 얼거나 굶주리는 일이 없도록 하였으니, 왕가의 은택을 널리 베푸는 것이 겨울 지난 뒤의 양춘陽春(추운 겨울을 잘 지내고 따뜻한 봄을 맞게 하는 은혜)이라 할 수 있다.

영조 이후 순조 33년(1833) 2월 22일부터 4월 19일까지 대대적인 준천이 이루어졌다. 철종 때에는 이렇다 할 준천을 하지 않다가 고종 6년(1869)과 10년(1873)에 대대적인 준천이 이루어졌고, 그 뒤 고종 40년(1903)에 조정의 보조금과 민간의 기부금을 모아 다시 준설공사를 완료했다.

개천이 청계천으로 이름이 바뀐 것은 일제강점기 때부터다. 일제 때 월간지 〈조광〉에 연재되었던 박태원朴泰遠의 '천변 풍경'에는 당시 청계천의 모습이 묘사되어 있다.

정이월에 대독 터진다는 말이 있다. 간간이 부는 천변 바람이 제법 쌀쌀하기는 하다. 그래도 이곳, 빨래터에는 대낮에 볕도 잘 들어, 물속에 담근 빨래꾼들의 손도 과히들 시렵지는 않는 모양이다.

광복 후에도 청계천의 유지관리를 위해 1955년 복개를 시작했는데, 광통교 상류 136미터를 시작으로 1958년 5월부터 본격적인 복개공사가 진행되었다. 1963년에 광통교부터 오간수다리까지를 철근과 시멘트로 덮어서 큰길을 만들었다. 1971년 8월 15일 청계천의 복개공사가 마무리되었는데, 서울시에서는 그때의 상황을 다음과 같은 글로 남겼다.

시원하게 뚫린 복개도로와 고가도로 위에는 자동차가 쏜살같이 달렸다. 불과 몇 년 전만 해도 서울의 가장 부끄러운 곳이었던 청계천은 근대화, 산업화의 상징으로 서울의 자랑거리가 되었다. 반면 청계천 주변이 살던 많은 사람들은 봉천동, 신림동, 상계동으로 강제 이주를 당하여 또 다른 빈곤의 상징인 달동네를 형성하였다. 또한 광통교와 같은 우리의 소중한 문화유산도 함께 훼손되었다.

청계천이 흐르던 그 자리에 삼일빌딩이 들어섰고, 평화상가가 들어선

청계천

광복 후 청계천을 복개하여 그 위로 도로를 만들고 고가도로를 건설했으나
청계천 복원 공사를 통해 산책로와 문화 공간을 갖춘 인공 하천이 되었다.

것은 1962년 2월이었다. 1969년에는 동화상가, 그리고 1970년에 통일 상가가 세워졌다. 그리고 청계천이 흐르던 곳에서 "노동자는 기계가 아니라 사람이다"라는 구호를 내걸고 전태일이라는 청년이 분신자살을 하면서 노동자의 권익문제가 사회문제로 대두되기 시작했다.

1990년대 서울시의 자료에는 청계천이 서울의 계륵이라도 되는 듯 다음과 같은 글이 실려 있다.

더 이상 청계천을 서울의 자랑거리로 생각하는 사람들은 없다. 오히려 서울에서 가장 복잡하고, 시끄러운 곳의 대명사가 되었다. 청계고가도로를 이루고 있는 거대한 콘크리트 덩어리는 근대화, 산업화의 상징이 아니라 개발시대 무지가 낳은 흉물로 인식되고 있다.

그 뒤 2002년 청계천 복원을 공약으로 내걸고 서울시장에 당선된 이명박의 주도하에 '청계천복원추진본부'가 만들어졌다. 태평로에서 마장동까지 5.84킬로미터의 구간에 총 3870억 원의 비용을 투입하여 2005년 10월 1일 2년 3개월간의 공사를 마쳤다. 청계천 복원과 함께 하천 양쪽 기슭에 2차로의 도로가 건설되었고, 청계천을 가로지르는 22개의 다리가 건설되는 등 청계천 주변은 새로운 모습으로 탈바꿈했다.

수표교의 연날리기와 다리밟기

지금은 장충단공원 입구에 놓여 있는 수표교水標橋(서울시유형문화재 제18호)는 원래 청계천 위에 놓인 다리 중 하나였다. 이 다리는 세종 23년 (1441) 8월에 하천의 수위를 측정하기 위해서 가설되었다. 마전교馬前 橋 서쪽 수중에 박석薄石을 놓고, 돌 위를 파서 받침돌을 세우고 그 가운데에 네모난 나무기둥을 끼워 세운 길이 27미터, 너비 7.5미터, 높이 4미터의 다리다. 나무기둥에 척尺·촌寸·분分을 새겨서, 비가 올 때에 수심의 깊고 얕음을 측량할 수 있도록 했다. 다리에서 떨어진 냇가에도 수심을 측정하기 위해서 돌기둥을 세우고 그 위에다 척·촌·분을 새겼다. 나무로 만든 수표가 거센 물살에 떠내려가 유실되자 돌기둥으로 교체했다.

수표교는 1959년 청계천 복개공사를 진행하며 장충단공원 입구로 옮겨졌고, 이때 다리와 함께 장충단공원으로 옮겼던 수표석(보물 제838호)은 동대문구 청량리동의 세종대왕기념관으로 이전되었다.

이곳 수표교에서는 정월대보름 즈음에 연날리기와 다리밟기 같은 민속놀이가 벌어졌다.

해마다 정월 보름 전 이틀 동안은 수표교 다리를 중심으로 개천 아래쪽 위쪽 할 것 없이 연놀이를 구경하는 사람으로 인산인해를 이룬다. 연 날리는 아이들은 마냥 감은 실을 풀어서 높이 연을 띄우다가 실이 끊어져서 멀리멀리 떠나가면 남의 집 담도 넘고 지붕도 건너뛰며 연을 주우려 한다. 그러면 사람들이 위험스럽게 여겨서 몹시 걱정들을 한다.

조선 후기 세시풍속을 기록한《경도잡지》에 연 날리는 풍경을 묘사한 대목이다. 연날리기는 주로 정월 열사흘과 열나흘날에 했는데 정월 열나흘날에는 날리던 연의 줄을 끊어서 앞으로 다가올 액운을 띄워 보냈다.

조선 중기의 문장가인 석주 권필의《지연번비가紙鳶翻飛歌》에 연을 날려 액厄을 띄워 보내는 글이 실려 있다.

> 우리 집 묵은 액을 네가 데리고 가서
> 사람 사는 집에 떨어지지 말고
> 들녘 나뭇가지에 걸렸다가
> 바로 봄철 비바람 불거들랑
> 살며시 온데간데없게 사라지려므나

한편 정월 대보름날 이루어지는 다리밟기는 그야말로 진풍경이었다. 그때의 풍경이 중종 시대의 문장가인 어숙권魚叔權이 지은 수필집《패관잡기稗官雜記》에 실려 있다.

중종 말년부터 도성 안 사람들이 서로 말하기를, 정월 대보름날 저녁에 열두 다리를 지나다니면 그해 열두 달의 재수를 좋게 한다고들 한다. 양반집 부녀자들은 가마를 타고 지나다니고, 여염집 처녀들도 서로 짝을 지어 앞다투어 어둠 속에서 다리밟기를 한다. 한편 무뢰배 사나이들이 떼를 지어 여자들을 따라다니는 바람에 추잡한 일이 생기기도 하였다. 이로 인해 명종 때 사헌부 관원들이 그런 무리들을 잡아 죄를 다스리고 난 후부터 부녀자들의 다리밟기 풍습이 저절로 없어졌지만 그래도 남자들은 떼를 지어 다리밟기를 한다.

조선 후기 문인인 홍석모洪錫謨가 세시풍속을 기록한《동국세시기》에도 그 당시 도성 사람들의 풍속이 실려 있다.

도성에 사는 사람들, 선비, 아녀자까지 모두 나와서 운종가 종각에서 들려오는 인정人定 소리를 들으며 흩어져 여러 곳의 다리를 찾아 왕래하기를 밤새도록 그치지 않았다.

수많은 문사들이 다리밟기 풍경을 시로 남겼는데 그중 한 편이 조선 후기 시인 홍세태洪世泰의 '대보름날 다리밟기 노래〔元石踏橋歌〕'다.

한양의 청소년들 서로 밤에 어울려
털 갓옷 벗어젖히고 술에 취해 날뛰네
달은 한껏 둥글어서 거리마다 비치는데
신발소리 광통교서 더 많이 나는구나

조선 중기의 문장가인 이수광의 《지봉유설》에 보면 다리밟기는 조상 때부터 있던 행사라 매우 선풍을 이루었고, 그래서 사대부집안의 아녀자들까지 줄을 서며 밤늦도록 그치지 않았다. 그래서 법관이 엄금하고 위법자는 잡아들이자 다리 밟는 풍속이 없어졌다고 하니, 그 당시 다리밟기 풍속이 얼마나 성행했는지를 유추해볼 수 있다.

북청 물장수의 내력

서울에 사람이 많이 모여 살게 되면서 쓰레기, 똥오줌, 허드렛물이 날로 늘어났다. 해가 갈수록 서울 장안 전체가 오염되면서 청계천이나 정릉동 골짜기들의 물마저 오염되고 말았다. 결국 사람들은 물장수한테 물을 사서 쓸 수밖에 없게 되었다.

물장수로부터 산 물은 밥을 짓거나 마실 물로 쓰고, 빨랫감은 모아두었다가 내에 가서 빨았다. 가난한 집 남정네들이 주로 하던 물장수를 구한말이 지나면서는 함경남도 북청 사람들이 독차지하게 되었다. 근대 문명에 일찍 눈을 뜬 북청 사람들이 자식들을 공부시키기 위해 서울에 와서 제일 쉽게 할 수 있는 일이었기 때문이다. 그들은 물을 팔고 돌아가는 길에 밥까지 공짜로 먹고 갔는데 그때마다 밥상에 올리는 음식들을 남김없이 먹어치웠기 때문에 '물장수 상이 되었다'는 말까지 생겨났다.

이렇게 억척스럽고 부지런한 북청 물장수를 파인巴人 김동환金東煥은 시 '북청 물장수'에서 다음과 같이 그렸다.

새벽마다 고요히 꿈길을 밟고 와서
머리맡에 찬물을 솨아 퍼붓고는
그만 가슴을 디디면서 멀리 사라지는
북청 물장수

물에 젖은 꿈이

북청 물장수

상수도가 보급되지 않은 조선 후기에는 물은 전적으로 물장수로부터 사야 했다.
가난한 집 남정네들이 주로 하던 물장수는 함경남도 북청 사람들이 독차지했는데
북청 출신이 아니면 물장수를 할 수 없을 정도였다고 한다.

북청 물장수를 부르면

그는 삐걱삐걱 소리를 치며

온 자취도 없이 다시 사라진다

날마다 아침마다 기다려지는

북청 물장수

서울의 이상한 '물장수'의 풍경을 본 영국의 탐험가 새비지 랜도어A. H. Savage Landor는《고요한 아침의 나라 조선》에 다음과 같이 기록했다.

아름다움의 관점에서 볼 때, 매우 흥미로운 두 유형의 사람들이 있다. 물을 길어 파는 품팔이꾼과 도성문의 자물쇠와 열쇠를 가지고 다니는 사람이 그들이다. 교양 없고 거칠다는 점에서 물을 길어 파는 사람은 거의 마부馬夫와 같다. 노동량에 비해 박한 수입을 올리지만 묵묵히 감내하는 그의 인내심은 확실히 대단하며 찬사를 받을 만하다.

그가 하는 일은 아침부터 밤까지 물을 원하는 사람 누구에게나 물을 배달해 주는 것이다. 이 일은 여름에는 그럭저럭 할 만하지만 겨울에는 문제가 다르다. 왜냐하면 이때가 되면 거의 모든 샘은 얼어붙어버리는데, 물은 우물에서 길어야 하기 때문이다. 그는 팔을 자유롭게 흔들 수 있도록 긴 막대를 가죽 끈으로 십자형으로 묶어 어깨뼈에 걸치도록 한 독특한 장비를 지고 다닌다. 이것은 한번에 두 양동이의 물을 져 나를 수 있다는 것을 의미한다. 이 장비는 폴란드 여인들이 동일한 용도로 사용하거나 스위스의 여러 지방에서 우유를 운반하는 데 쓰는 것보다는 훨씬 복잡하긴 하지만 거의 비슷한 것이다.

겨울에는 물통이 우물에서 길어 올려지자마자 얼음 통으로 변하며 그때 추위로 손 전체가 트는 바람에 피가 나는 이들을 보면 참으로 가엾기 그지없다. 그들은 물을 졌을 때 상당한 속도로 달리며 그들의 보조와 시간을 맞추기 위해, 헤!헤!헤! 하고 큰 소리를 지르면서 충돌을 피하는 데 놀라운 판단력을 보여준다.

그들은 하루에도 몇 번씩 서울 사람들에게 물을 대주면서 생계를 유지했고, 독점적 권리를 상호보장하기 위하여 수상조합을 결성해 급수권을 관리했다. 북청 물장수들은 1908년 서울에 상수도가 준설되고, 일제가 물장수들의 물이 위생상 좋지 않다며 수상조합을 폐지하면서 주춤해졌지만 한국전쟁 이전까지 유지되다 어느 틈에 사라지고 말았다. 그러나 북청 물장수의 전통을 이어받은 직업이 생수 배달원으로 변모했고, 오늘도 서울의 구석구석을 생수를 짊어진 사람들이 오르내리고 있다.

도성민의 시계 역할을 한 보신각종

종로구 관철동에 있는 보신각(종루 또는 종각)은 현재는 제야의 종 타종 행사로 유명하지만 조선시대에는 이 종소리에 맞춰 성문을 여닫고, 민가의 대문도 이 소리를 듣고 열고 닫았다. 고려 말 조선 초 문신 권근이 지은 '종루종명서문鐘樓鐘銘序文'에는 개국 초기에 큰 종을 만든 이유가 실려 있다.

조선조 천명을 받아 나라를 세운 지 3년에, 도읍을 한강 북쪽에 정하고, 그 이듬해에 궁전을 지었다. 그해 여름에 관원에게 명하여 큰 종을 만들게 하고, 완성된 다음 집을 큰 시가에 짓고 종을 달았는데, 성공한 사실을 기록하여 큰 사업을 후세에 전하려 함이었다. 옛날부터 국가를 다스리는 자는 큰 공을 세우고, 큰 사업을 정하면서 반드시 종과 솥에 명銘을 지어 새기기 때문에, 그 아름다운 소리가 땡땡 둥둥 하여 후세 사람들의 이목耳目을 깨우치게 하며, 또 넓은 도시의 큰 고을에서 새벽과 저녁에 두드리고 쳐서, 백성들의 일하고 쉬는 시간을 엄하게 하니, 종의 용도가 큰 것이다.

보신각에 처음 종을 건 것은 태조 7년(1398) 때였다. 처음에는 지금의 인사동 입구쯤에 있던 청운교 서쪽에 2층짜리 누각을 짓고 종을 걸었다가 태종 13년(1413)에 지금의 종로1가사거리에 통운교로 옮겼다. 이후 임진왜란으로 종루는 소실되고 종도 파괴되었다. 그 후 광해군 11년(1619)에 종루를 다시 짓고 종을 걸었다. 이때는 임진왜란 전과 같은 2층 종루가 아니라 1층 종루로 세웠다. 종루는 그 뒤로도 화재로 인해 다시 건립되기를 거듭하다 고종 32년(1895) 종루에 '보신각普信閣'이라는 현판을 걸면서 보신각으로 불리게 되었다. 현재 보신각터(서울시기념물 제10호)에 들어선 건물은 한국전쟁으로 파손된 것을 1953년 중건했다가 1980년 다시 2층 종루로 복원한 것이다.

1985년까지 제야의 종 타종행사에 사용했던 보신각 동종은 세조 14년(1468)에 만들어진 것으로 본래 신덕왕후의 정릉 안에 있는 정릉사에 있었다. 그 절이 없어지면서 종을 원각사로 옮겼으나 중종 31년(1536년) 숭

종각역 보신각터

조선시대에는 도성민들의 일상을 위한 시계 역할을 했던 보신각종은
원형에 손상을 입어 현재는 국립중앙박물관으로 옮겨졌고,
지금 종은 1985년 국민의 성금에 의하여 새로 만든 것이다.

례문 안으로 옮겨놓았다가 선조 30년(1597) 명례동 고개로 옮겼던 것을
광해군 때 종루를 복구하면서 이전한 것이다. 옛 보신각 동종(보물 제2호)
은 두 번의 화재로 원형에 손상을 입어 현재는 국립중앙박물관 경내에서
보관하고 있다. 지금 보신각에 걸려 있는 종은 1985년 국민의 성금으로
새로 만들어 그해 광복절에 처음 타종했다.

종루거리의 육의전

조선시대에 도성문을 여닫는 시간을 알려주던 종루가 있는 거리를 종
루가鐘樓街 또는 종루거리라고 했다. 종루거리는 오늘날의 종로1가사거
리 일대를 가리키며, 이곳을 중심으로 상업이 크게 발달했다. 다음은《한
경지략》에 실린 종루거리에 들어선 상점에 대한 설명이다.

성안의 종루는 배오개와 남대문 밖의 칠패七牌, 팔패八牌가 제일 큰 저잣
거리인데, 종루 앞길 옆에 긴 행랑을 줄지어 짓고 상인들이 살고 있다. 여기에
대표되는 여섯 개의 큰 전방廛房이 있다. 곧 중국의 비단을 팔고 10푼의 세금
을 바치는 면전綿廛(서서 물건을 판다고 해서 입전立廛 또는 선전縇廛이라고 했다),
토산 명주를 팔고 8푼의 세금을 바치는 면주전綿紬廛, 토산 면포를 팔고 5푼
을 바치는 포전布廛(속칭 백목전), 중국의 삼승포三升布와 토산 삼베〔麻布〕,
모시, 양모자羊帽子를 팔고 3푼을 바치는 청포전靑布廛, 가지각색의 종이를
팔고 7푼의 세금을 바치는 지전紙廛, 각종 생선과 건어물을 팔고 4푼을 바치

는 내외어물전 內外魚物廛이 있다.

이와 같이 종루거리에는 여섯 종류의 대표적인 상점이 들어서 있었는데, 이를 통칭 육의전 六矣廛이라고 불렀다. 육의전은 왕실과 국가 의식 때 쓰이는 모든 물품을 도맡아 가래하는 어용상점 御用商店으로, 상품을 독점하며 전매하는 특권을 누렸다.

한글학회에서 펴낸 《한국지명총람》에 조선시대 서울의 이름난 시장이 다음과 같이 실려 있다.

중구 봉래동1가의 칠패는 순라꾼들의 칠패가 있던 곳으로 어물시장으로 이름이 났었다. 옛날에는 배오개, 종루와 함께 서울의 3대 시장으로 이름을 날렸던 곳이다.

시장은 그 나라의 어제와 오늘은 가감 없이 보여주는 곳으로써 그 나라 또는 그 도시의 얼굴이라고 할 수 있다. 《한경지략》에 실린 종루거리의 시전 市廛에 대한 설명을 좀 더 살펴보자.

지금 비단·명주·종이·베를 파는 큰 전이 모두 종루거리 양쪽에 있어서 장을 보러 오는 사람들이 새벽 일찍 배오개나 서소문 밖 칠패장에 모였다가 대낮에 종루거리에 모여든다. 동부 배오개장은 채소, 서소문 밖의 칠패장은 생선을 도성 안에 대어준다. 또 남천에서는 좋은 술을 빚고, 북촌에서는 맛있는 떡을 쪄서 팔았으므로 사람들이 남주북병 南酒北餅이라고 한다.

사람들이 많이 모이는 저잣거리였던 종루 서쪽 길을 '운종가雲從家'라고 불렀는데, 이는 사람들이 구름같이 모였다가 구름같이 흩어진다는 뜻이 담긴 말이다.

우리나라 최대 시장, 남대문시장과 동대문시장

우후죽순처럼 생겨나고 있는 대형 백화점들과 쇼핑타운들이 범람하는 속에서도 서울의 남대문시장과 동대문시장은 여전히 우리나라 최대 시장으로 자리매김하고 있다.

중구 남창동에 남대문시장이 들어선 것은 태종 14년(1414) 때이다. 조정에서 남대문 언저리에 가게를 지어 지정된 상인들에게 빌려주었다. 그 뒤 임진왜란 이후인 선조 41년(1608) 지방에서 올라오는 세공歲貢·세곡稅穀 등을 보관하고 포布·전錢의 출납을 맡아보는 선혜청宣惠廳이 지금의 남창동 부근에 설치되었다. 그 뒤 남대문 밖 일대에는 자연히 객사와 주막이 생기고 물건을 사고파는 시장이 형성되었다. 이것이 남대문시장이 생기게 된 연유이다.

조선이 500년 사직을 다하고 일제강점기인 1921년 3월 송병준宋秉畯에 의하여 조선농업주식회사가 설립되면서 남대문시장이 정식으로 개시되었다. 남문안장 또는 신창안장이라고도 불리었던 남대문시장은 1922년 시장 경영권이 일본인 회사인 중앙물산주식회사로 넘어가게 되어 명칭도 중앙물산시장으로 바뀌었지만 우리나라 사람들은 계속해서 남대문시장

1920년대 남대문시장

남대문시장이 정식으로 개시된 것은 1921년이다.
이후 일본인 회사로 넘어가 중앙물산시장으로 바뀌었지만 우리나라 사람들은 계속해서
남대문시장으로 불렀다. 사진은 1920년대 일본인 상가들이 즐비했던 남대문시장.

이라고 불렀다. 당시 거래되었던 품목은 미곡·어류·과실·잡화 등이었
는데 미곡을 비롯한 곡물류가 가장 많이 거래되었다.

광복 이후 여러 번의 변천과정을 거친 남대문시장은 현재 전국 최대의
의류도매상가로 전국 기성복의 50퍼센트를 공급하고 있으며, 우리나라
최대의 종합시장으로 경기변동에 민감하여 실물경제의 흐름을 대변하는
나라의 얼굴이 되는 시장이자 서울의 관광명소이다.

종로구 예지동에 자리잡고 있으며, '돈만 주면 고양이 뿔도 판다'고 알
려진 동대문시장은 18세기 전반에 처음 세워졌는데, 개설 초기부터 동부
이현梨峴(배오개)에 세워졌다고 해서 배오개장이라고도 했다. 1905년 7월
에 개설되었고 그해 11월 시장관리를 위한 광장주식회사가 설립되어 광
장시장이라고 불렀다. 그러나 1970년 12월 종로6가 동대문 맞은편에 기
존 시장보다 훨씬 규모가 큰 동대문종합시장이 개설되고 그 일대에 여러
상가가 생기면서 현재의 동대문시장은 광장시장으로 한정짓지 않고 종로
5·6가 일대의 전체 상가를 가리키게 되었다.

동대문구 제기2동에는 우리나라에서 가장 큰 '약전골목'인 동대문 약
령시장이 있다. 1960년대 말 전국의 한약재와 한약상들이 모여들면서 자
연스럽게 형성된 약령시장은 조선시대에 가난하고 병든 백성들을 치료하
고 구제하는 '보제원'이 제기동에 있었던 데서 기원한다. 약령시장에는 지
금도 약재상가를 비롯해 한의원과 한약국 등 1000여 곳이 성업 중이다.

이외에도 영등포구 노량진에 있는 노량진 수산시장은 우리나라 곳곳의
항구에서 밤을 새워 올라온 싱싱한 수산물이 거래되는 곳으로 유명하다.

약령시장

남대문시장과 더불어 서울의 양대 시장인 동대문시장 부근에는
우리나라에서 가장 큰 '약전골목'인 동대문 약령시장이 있다.

각종 물화의 집산지 송파시장

지금의 석촌호수 부근에 섰던 송파시장은 조선 후기 재정과 군정을 기록한 《만기요람》에서 전국 15대 시장의 하나로 꼽을 만큼 거대 시장이었다. 5일장, 10일장이라고는 하지만 상설화된 시장이었다. 노천의 가점포가 있던 장터는 여각·객주·술집·대장간 등 각종 수공업 점포가 즐비했다.

조선시대 송파나루에는 270여 호의 객주집이 있었고, 객주와 보부상들에 의하여 서울로 올라오는 강원도·충청도·경상도의 곡물과 목재를 비롯한 모든 물품들이 모여들었으며, 서울에서 향시鄕市로 내려갈 어염과 비단과 잡화가 모여들었다.

송파시장이 그렇게 번성할 수 있었던 것은 서울 주변의 일반 상인들이 시전상인들의 금난전권禁難廛權을 피하기 위해 삼남지방과 관동지방에서 들어오는 물품들을 이곳 송파에서 먼저 사들여 도성을 거치지 않고 함경·평안·황해 등지의 향시로 보낼 수 있는 도가상업都家商業의 근거지가 되었기 때문이었다.

이러한 지리적 요건 외에도 송파시장이 번성할 수 있었던 또 다른 이유는 송파가 행정구역상 한성부가 아닌 광주유수부에 소속되어 있었기 때문이다. 시전상인들은 도성 안에서는 독점권을 철저하게 행사했지만, 이곳은 그런 제약이 없었으므로 한강의 사상도고私商都賈는 물론이고 전국 각지의 상인들이 자유롭게 상거래를 할 수 있었다.

조선 후기에는 짐을 보관하는 창고와 10~20여 개의 객실과 마방馬房을 갖춘 여각이 두 곳 있었고, 수십 칸의 객주 한옥이 있었다. 객주는 여각보다 건물의 규모가 작고, 취급물품도 부피가 작았다. 중개상인에게 물품판매를 위탁한 지방상인은 대금을 받을 때까지 이곳에 유숙했다. 송파시장의 남쪽, 즉 광주와 판교 쪽으로는 우시장이 있었는데 특히 대구와 안동에서 많은 소장수들이 올라왔다. 그리고 나루터 오른편 버드내에는 도살장이 있었다. 거래되는 물품은 미곡·잡곡·소·포목·과실·재목·땔감·연초·잡화 등 다양했다. 또한 함경도·평안도·황해도 등지의 물산도 서울을 거치지 않고 이곳으로 운송되어 거래되었다.

그 거래의 주도권은 강상 중에서도 송파상인이 잡았다. 19세기 초엽에 이곳을 중심으로 사상도고가 크게 번성했고, 그중 손도강孫道康이라는 대상인은 광주·양주부사에게 자금을 받아 원산까지 가서 어선째로 계약하여 실어오기도 했다. 영조 때 시전상인들이 자신들의 상권을 위협하는 송파시장의 폐지를 주장했지만 광주유수가 이를 막아 송파시장은 그대로 존속되었다. 그러한 일들을 유추해보면 송파상인의 재력과 거래 규모가 상당했음을 짐작할 수 있다.

개항 이후 교통과 산업이 발전하고, 독점상업권이 해체되고, 조선 상인이 몰락하는 등 경제계가 대폭 재편되자 송파시장은 본래 서울의 길목이라는 이점을 가지고 물화의 집산지 내지는 중개 상업지로 발달했다. 그런데 개항 이후 경제의 중심이 인천 쪽에서 마음대로 들어오는 외국의 수입품과 상인들에게 치우치면서 송파시장은 점차적으로 위축될 수밖에 없었다.

설상가상으로 1925년 대홍수로 마을 전체 273호가 유실되면서 그곳에서 1킬로미터쯤 떨어진 가락동과 석촌동으로 마을이 이전되면서 시장은 폐쇄되고 말았다.

서울을 두고 만들어진 속담들

오랜 세월 한반도의 중심지 역할을 한 만큼 서울을 빗댄 속담과 이야기도 수없이 많이 전해진다.

수단과 방법을 가리지 않고 문제를 해결하려는 사람들이 쓰던 말 중에 '모로 가도 서울만 가면 된다'거나 '모로 가나 기어가나 서울 남대문만 가면 그만이다'라는 속담이 있고, '말은 나면 제주도로 보내고 사람은 나면 서울로 보내라'라는 속담은 계층간, 지역간의 불균형이 심화된 오늘날에 더 설득력 있게 들린다. 또한 부산이나 목포는 말할 것도 없이 평안도나 함경도 사람들조차도 서울에 갈 때는 '서울에 올라간다'고 했는데, 이는 서울을 지방보다 훨씬 지체 높은 곳으로 여겼기 때문에 생긴 말이다.

지방 사람들이 서울에 와서 억울한 일을 당해도 하소연할 길이 없자 이를 비유하여 '서울서 매(뺨) 맞고 송도서(시골에서) 주먹질한다'라는 말이 생겨났다. '서울은 눈 뜨면 코 베어 가는 곳'이라는 말은 지방 사람들이 서울 사람들에게 속는 것을 말하고, '서울 가본 놈하고 안 가본 놈하고 싸우면 서울 안 가본 놈이 이긴다'라는 속담은 어떤 일에 대해 잘 모르는 사람이 도리어 무턱대고 우기는 것을 이르는 말이다. 또한 지금도 복잡한 길에서 집을 찾을 때면 '서울 (가서) 김 서방 찾는다'라고 말하기도 한다.

그리고 '서울깍쟁이'라는 말이 있는데, 이 말은 아주 영리하고 똑똑하며 야멸찬 사람을 두고 하는 말이다. 그러다 보니 '돌깍쟁이', '알깍쟁이', '도토리깍쟁이'라는 말도 나돌았는데, 모두 지금은 쓰지 않는 말이다.

'서울 가는 길이라고 다 대로大路는 아니다'라는 말은 소문이 났다고

다 좋은 것은 아니라는 말이고, '서울 가는 놈이 눈썹을 빼고 간다'라는 말은 길을 가는 사람은 아무리 작은 짐이라도 거추장스러워 빼놓고 간다는 말이다. '서울 겉에 시골내기'라는 말은 겉은 서울 사람 같지만 속은 시골 사람, 즉 겉은 멀쑥한데 가끔 촌티가 난다는 뜻이다. '서울 사람(놈)은 비만 오면 풍년이란다'는 속담은 어떤 일을 전혀 모른다는 뜻이며, '서울 놈의 글꼭지를 모른다고 말꼭지야 모르랴'는 말은 글을 안다고 글 모르는 사람을 무시하지 말라는 뜻이다.

'서울 사람을 못 속이면 보름을 똥을 못 눈다'라는 속담은 서울 사람이 약아도 시골 사람에게 속는다는 말이고, '서울 소식은 시골 가서 들어라'라는 속담은 자신의 일은 자기 자신보다 남들이 더 잘 안다는 말이다. '서울 양반은 쌀 나무에서 쌀이 연다고 한다'라는 말은 서울 사람은 자기가 먹는 벼농사에 대해서 잘 모른다는 말로, 자신과 연관성이 깊은 일도 잘 모른다는 뜻으로 쓰는 말이다. 또한 '서울에 가야 과거도 본다'라는 속담은 무슨 일을 하려면 그 목적지에 가야 이루어진다는 뜻이고, '서울 아침이다'라는 말은 옛날 서울 양반집 아침처럼 아침이 매우 늦다는 말이다.

이렇듯 재미난 속담들이 만들어진 서울 근교에서도 '송파의 무와 분원의 배추, 실촌의 고추만 갖추면 김장감으로는 으뜸'이라던 옛말이 있었으나, 지금은 그 말이 전설이 된 지 오래다.

8

서울의 지명 속에 숨겨진 역사

지명의 유래

서울에 살면서 자기가 사는 지역의 이름과 유래를 아는 사람이 얼마나 될까?

가수 최희준의 노래 〈진고개 신사〉에 나오는 진고개는 지금의 명동 세종호텔 뒤 일대를 이르는 말로 남산의 산줄기에서 뻗어 내려오면서 형성된 야트막한 언덕이었다. 이 근방은 진흙탕길로 악명이 높았는데 비가 내리면 통행이 어려울 정도였다. 이런 지리적 특성으로 인해 진고개라는 이름이 붙었고, 그 아래 마을 이름은 니동泥洞이 되었다.

서울 주민들은 진흙길을 자유로이 걸어 다닐 수 있는 바닥보다 15센티미터 가량이나 높은 나막신을 신고 다니는데, 이 때문에 걸음걸이가 매우 부자연스러워서 마치 목발 위에서 걸어 다니는 사람들 같다.

서울에는 바로 '진흙길 마을'을 뜻하는 '니동'이라는 마을이 있는데, 이 이름은 차라리 서울 전체에 붙이는 것이 더 적합하다고 생각한다.

1902년 대한제국 주재 이탈리아 영사를 지낸 카를로 로제티Carlo Rossetti가 묘사한 진고개 일대의 모습이다.

진고개 일대는 비만 오면 토사가 쌓여 통행이 불편하다고 소문이 자자하자 1906년에 2.4미터쯤의 깊이로 파내어 높이를 낮추고 현대식 도로를 만들었다. 이 과정에서 고개 자체는 사라졌다.

현대식으로 개발된 진고개는 일본 상점과 음식점이 들어선 번화가가되었다. 1930년대 방인근의 소설 《마도의 향불》에는 "여기저기 흘러나오는 레코드 소리에 발맞추어 청춘남녀가 웃으며 걸어간다. 꽃 모양으로 한갓을 씌운 수천 개 전기등이 꽃처럼 피어서 더욱 찬란하다"라며 진고개의 화려한 상점가를 묘사하는 대목이 등장한다.

진흙탕길이던 진고개가 일제강점기에 대표적인 번화가로 변모했듯 지명이라는 것이 그렇다. 고대로부터 지금까지 이어오면서 그 시대마다 또다른 이유로 바뀌고 또 바뀌는 틈새에 수많은 이야기들이 숨어 있다. 돌담 뒤에 몸을 반쯤만 가린 새색시처럼 다소곳이 숨어 있는 서울 각 지역의 지명에는 어떤 사연이 숨어 있는지 살펴보자.

다양한 상점이 들어선 종로

종로鐘路는 세종로사거리부터 종로6가 동대문에 이르는 도로를 말한다. '종로에서 뺨 맞고 한강에 가서 눈 흘긴다', '종로에서 뺨 맞고 행랑 뒤에서 눈 흘긴다'라는 속담이 만들어진 종로네거리(현 종로1가사거리)에

번화가가 된 진고개

진흙탕길로 악명 높던 진고개 일대가 높이를 낮추고 도로를 만들면서
일본 상점과 음식점이 들어선 번화가가 되었다. 사진은 현대식으로 개발된 진고개 모습.

누각을 짓고, 종을 누 위에 달고 사람과 마소는 누 아래로 다니게 했으므로, 운종가 또는 종루가라고 했다.

옛날에는 사월 초파일에 '아들딸의 수대로 등불을 밝히면 길하게 된다' 하여, 집집마다 큰 대에다 식구 수대로 등을 달았다. 큰 장대 끝에 꿩의 꽁지를 꽂고, 오색기를 달기도 했으며, 일월등을 꽂아서 바람을 따라 빙빙 돌게도 했다. 구름등을 달아서 왔다 갔다 하게 했으며, 혹은 종이로 화약을 싸서 줄에 매었다가 꽃비가 내리게 했다. 어떤 사람들은 꼭두각시를 달아서 놀리기도 했는데, 특히 종로 거리 상점에서는 제각기 솜씨를 자랑하여, 수박등·마늘등·연꽃등·칠성등·오행등·수복등·종고등·누각등 따위의 온갖 등을 만들어 황홀하고도 찬란하게 달았다. 그래서 서울 사람들이 떼를 지어 북악산이나 남산에 올라 이 광경을 구경하기도 했는데, 그 광경이 그야말로 별천지를 이루었으므로, 종루가의 등불 구경은 경도 십경의 하나로 꼽혔다.

조선시대에 종로에는 육의전을 비롯한 시전과 일반 상인들의 상점이 즐비하게 늘어서 있었다. 그래서인지 이 지역에서는 주변에 있는 상점에 따라 마을 이름을 붙이는 경우가 많았다. 종로2가와 관철동에 걸쳐 있던 마을인 소금전골은 소금을 파는 가게인 소금전이 있던 데서 유래한 이름이며, 한자로는 염동鹽洞이라고 했다. 종로3가 낙원동과 돈의동에 걸쳐 있던 마을인 명주전골은 명주전이 있던 데서 유래한 이름이며, 한자로는 주동紬洞이라고 했다.

일제강점기 종로 모습

조선시대에 다양한 상점이 들어섰던 종로는
일제강점기에 일본인 상점가로 변모한 명동과 달리 한국인들의 상가가 밀집되어 있었다.
사진은 일제강점기 서구식 건물이 들어선 종로의 모습.

종로의 뒷골목 피맛골에 얽힌 사연

종로구 종로1가에서 종로6가까지 큰길 양쪽으로는 집 한두 채 건너마다 좁다란 골목길이 형성되었는데 이 길을 피맛골이라고 한다.

조선시대에는 신분이 낮은 사람이 말을 타고 큰길을 가다가 고관대작을 만나면 말에서 내려 길가에 엎드려 있는 것이 관례였다. 고관대작이 지나간 후에야 다시 말을 타고 가던 길을 갈 수 있었던 것이다. 피맛골을 한자로 피마동避馬洞이라고 한 것은 이처럼 종로를 행차하는 양반을 피하기 위해 서민들이 쓰던 길이었던 데서 유래되었다.

주로 서민들이 다녔던 피맛골에는 그들을 상대하는 장국밥집이나 목로주점과 내외술집 같은 허름한 가게들이 들어서 이 일대를 찾는 사람들이 많았다.

내외술집은 주로 남편이 죽은 과수댁이 호구지책으로 운영하는 술집이었다. 겉으로 보아서는 보통 가정집이지만 대문 옆에 '내외주가內外酒家'라고 써서 술병 모양의 테를 둘러 붙여두면 지나가는 사람들이 그 모양을 보고 술집으로 알고 들어왔다. 손님과 주모가 내외하여 한 번도 얼굴을 맞대지 않고 술을 팔고 마신다 하여 내외술집이라고 불렀고, 팔만 보인다 하여 '팔뚝집'이라고도 불렀다. 내외술집이 번성했을 때에 청진동 일대에는 열 집 건너 한 집꼴로 내외술집이 있었다고 한다.

조선시대에서 현대까지 우리나라 도처에 있던 목로주점은 목로木壚를 차려놓고 술을 파는 집을 말했다. 목로는 주로 선술집에서 술잔을 놓기 위하여 쓰는 널빤지로 좁고 기다랗게 만든 상을 말하는데, 목로주점은 현대의 포장마차나 막걸리집 비슷한 곳이었다.

"언제라도 그곳으로 찾아오라던 이왕이면 더 큰 잔에 술을 따르고 이왕이면 마주 앉아 마시자 그랬지." 이연실의 노래 〈목로주점〉 속에 남아 있는 그런 술집들이 역사 속에서 자꾸 사라져 가고 있다.

구름재에 있던 흥선대원군의 사저 운현궁

운현궁(사적 제257호)은 흥선대원군의 사저로 둘째 아들인 고종이 출생하여 열두 살에 왕위에 오르기 전까지 성장한 곳이다. 구름재라는 뜻의 운현雲峴은 조선시대 서운관(후에 관상감으로 개칭) 앞의 고개를 가리키는 말로 저택이 위치한 지명에서 비롯되었으며, 고종이 즉위하면서 임금이 거주하던 곳이었다고 하여 '궁'으로 불리게 되었다

강화도령이라고 불리우는 철종의 뒤를 이어 고종이 즉위하자 생부 이하응李昰應은 흥선대원군이 되었으며, 생모 민씨는 여흥부대부인의 봉작을 받았다. 이곳 운현궁에서 대원군은 나라 안에 있던 우후죽순처럼 번성했던 서원을 47개소만 남기고 철폐를 단행했고, 왕권을 강화하기 위하여 경복궁을 중건했다. 기울어져 가는 나라를 일으켜 세우기 위해서 세제개혁 등 수많은 사업을 추진했지만 며느리인 민비, 즉 명성황후와의 권력 싸움에 져서 고종 19년(1882) 임오군란 때 중국 청나라 천진으로 납치되어 가기도 했다.

관상감은 일명 서운관瑞雲觀이라고도 하는데, 지금 임금의 잠저가 이 관상감의 옛터이기 때문에 이곳을 '운현궁'이라고 부른다. 철종 초년에 관상감에서 성인이 나온다는 참요가 서울 안에 나돌았고, 또 운현에 왕기王氣가 있다는 이야기도 있었다.

이윽고 지금 임금이 탄생한 것이다. 지금 임금이 왕위에 오른 이후 대원군 이하응이 확장하고, 새롭게 단장하여 주위가 몇 리에 이르렀으며, 사방에 문을 설치하여 위엄스런 모습이 마치 대궐과 같았다.

《매천야록》에 실린 운현궁에 대한 대목이다.

고종이 임금에 오른 뒤 운현궁을 고쳐 지을 때 그 규모를 대궐처럼 지었는데, 당시 대원군의 할아버지 은신군과 대원군의 아버지인 남연군의 사당을 지었다. 또한 고종과 대원군이 창덕궁과 운현궁을 왕래할 수 있는 경근문과 대원군이 전용으로 사용하는 공근문을 만들었으나 모두 헐리고 없어졌다.

운현궁의 솟을대문을 통과하면 맨 처음 만나는 건물이 사랑채인 노안당이다. 대원군이 거처했던 이곳은 정면 6칸에 측면 2칸 규모인데, 민가에서는 찾아보기가 어려운 세벌대 장대석 기단 위에 자리잡고 있다. 건물 구조가 T자형인 이 건물 우측의 남쪽에 돌출한 부분이 영화루이고, 노안당 편액은 추사 김정희의 글씨를 집자해서 만들었다.

노안당에서 왼쪽으로 돌아나가면 만나는 건물이 노락당이다. 운현궁의 중심 건물인 노락당은 정면 10칸, 측면 3칸의 몸채에 동서 양쪽 끝 칸을 남쪽으로 2칸씩 내밀어 지은 ㄷ자형 건물이다. 이 건물에서 고종 3년

운현궁 노안당

홍선대원군의 사저 운현궁은 그의 아들 고종이 출생하여 열두 살까지 성장한 곳이다.
사진은 대원군의 거처였던 운현궁 노안당.

(1866)에 고종의 가례가 열린 것을 비롯, 크고 작은 행사가 열렸다. 노락당 뒤쪽으로는 운현궁의 안주인이 기거하는 안채 역할을 하는 이로당이 있다.

한편 운현궁 양관은 원래 대원군의 손자 이준李埈의 저택으로 1912년 무렵에 건립되었다. 그러나 1917년 이준이 죽은 뒤 순종의 아우인 의친왕의 둘째 아들 이우李鍝가 물려받았지만, 지금은 덕성여자대학교의 건물 일부로 쓰이고 있다.

긴 세월 수난을 겪은 정릉

성북구의 서북쪽에 위치한 정릉동은 이 지역에 조선 태조의 계비인 신덕왕후 강씨의 능인 정릉貞陵(사적 제208호)이 있는 데서 유래된 지명이다.

정릉은 조선 건국 이후 최초로 조성된 능으로 처음 능지로 정한 곳은 한성부 서부인 황화방皇華坊, 곧 지금의 정동이었다. 그러나 산역을 하던 중 물이 솟아나와 지금의 정릉동에 자리잡게 되었다.

그러나 두 차례의 '왕자의 난'을 거치고 이방원이 임금에 오르면서 신덕왕후가 잠들어 있는 정릉은 수난의 길로 접어든다. 태종 5년(1405)에 도성 안에 있는 정릉을 도성 밖으로 옮겨야 한다는 의정부의 상소가 올라왔고, 능역의 이전과 축소에 관한 논쟁이 이어졌다. 결국 정릉이 성북구 정릉동으로 옮겨진 것은 태종 9년(1409)이었다. 오로지 태조가 방석을 세자로 책봉한 데 대한 태종의 사감에서였다. 원래의 능은 고려 공민왕의 능제를 따랐으므로 광대한 능역을 갖추고 있었지만 능을 옮기는 과정에서 대폭 축소되었다. 이때 남은 목재와 석제 일부는 태평관을 건립할 때 부속재로 사용했으며, 병풍석은 광통교를 건설할 때 쓰도록 했다. 태종은 능을 옮긴 지 한 달이 지나자 정자각을 헐고 석물을 모두 묻어버리고 광교에 있던 흙다리가 무너지자 십이신상 등의 석물을 실어다 돌다리를 만들게 하였다.

능을 옮긴 뒤 수백 년간 정릉은 왕후의 능이라기보다는 주인 없는 무덤에 불과했다. 그것을 보다 못한 왕후의 친정 후손이 선조 때 국묘봉사자로 군역 면제를 호소하면서 변계량이 지은 〈이장축문移葬祝文〉의 기록을 통해 그 위치를 확인했다. 그 뒤 현종 10년(1669)에 송시열의 청으로 비로소 종묘에 배향하고 능묘로 봉심奉審하게 되었다. 그 뒤 이경석 등의 청으로 능을 수리하고 재실을 중건하여 수호군을 정해주기에 이르렀다. 능 관리를 위하여 영 숙과 참봉을 한 명씩 임명했다.

공릉동에 있는 태릉과 강릉

노원구의 동남쪽에 위치한 공릉동은 이 지역에 있던 자연촌인 공덕리 孔德里와 태릉泰陵에서 한 글자씩 다시 만든 것이다.

태릉은 조선 제11대 임금인 중종의 계비 문정왕후의 능이다. 원래 문정왕후는 중종과 부인 장경왕후가 묻힌 봉은사 부근에 묻히길 원했으나 지대가 낮아 장마철에 물이 들자, 지대를 높이기 위해 큰 비용만 들이고 결국 태릉에 따로 묻히게 되었다.

그러나 전해오는 말로 태릉은 후사가 끊어진다는 무후지지無後之地의 흉지라고 한다. 묘를 쓰기 전부터 그런 풍문이 나돌아 명종이 적극적으로 반대했지만 명종의 외삼촌인 윤원형이 귀신에 쐬기라도 하듯 그곳을 길지라고 우겨서 능을 썼다고 한다.

문정왕후의 능은 혼자 묻힌 능이라고는 믿을 수 없을 정도로 웅장하고 석조물도 화려하기 그지없다. 능분의 동·서·북 삼면에 꽃담으로 곡장을 쌓았고, 봉분의 둘레에는 난간석을 둘렀다. 그리고 봉분의 하부에는 병풍석을 조영했다. 모든 석물은 국조오례의에 따랐다. 석인의 조각은 목이 바르고 얼굴이 커서 사등신 정도의 각주형이며, 입체감이 없는 것으로 당시 석인의 특징을 잘 보여주는 능이다.

태릉은 강릉康陵과 함께 사적 제201호(정식 명칭은 서울 태릉과 강릉)로 지정되어 있는데, 강릉은 명종과 부인 인순왕후의 무덤이다. 강릉에는 태릉과 같은 병풍석이 둘러져 있다. 강릉은 한 언덕에 왕과 왕비의 봉분을 나란히 마련한 동원쌍릉이며, 난간으로 연결되어 있다.

미나리로 유명했던 왕십리

성동구 하왕십리동에 있는 왕십리에는 조선 건국에 큰 역할을 담당했던 무학대사에 얽힌 이야기가 남아 있다.

무학대사가 도읍을 정하려고 이곳에 와서 지형을 살피는데 한 늙은이

가 소를 타고 지나다가 채찍으로 소를 때리며, "이 소 지런하기는 꼭 무
학과 같구나. 바른 곳을 버리고 엉뚱한 곳을 보다니"라고 말하는 것이다.
무학대사는 깜짝 놀라서 그 늙은이에게 예를 갖추어 물었다. 그러자 그
늙은이가 채찍을 들어 서북쪽을 가리키며, "십 리를 더 가라" 하므로, 그
말을 좇아 현재 경복궁 자리를 도읍으로 삼았다고 한다. 그 늙은이는 신
라 말기에 풍수지리로 유명했던 도선대사의 영혼이라 전해진다. 이런 연
유로 이곳을 왕십리往十里라 하여 동대문 밖 왕십리벌로 불리게 되었다.

  이곳 왕십리에서 나는 미나리는 서울 장안에서 제일 맛이 좋기로 유명
했다. 조선 후기 문신 심노숭沈魯崇이 유배를 가 있는데 지인이 유배지
로 왕십리 미나리를 보내오자 감격하여 '미나리 노래'라는 시를 지어 다
음과 같이 전해진다.

한양성 동쪽 왕십리에는 집집마다 문 앞에 미나리를 심는다

푸릇푸릇 남가새와도 같고, 부들과도 같은데

흰 눈 흩날리는 겨울을 홀로 견뎌내네

서울의 대갓집들 이월에 겉절이 만드느니

가늘고 연한 미나리를 고춧가루로 버무려

분원 사기종지와 오리알처럼 하얀 그릇에

담아내 오면 입에 침이 먼저 돌 정도

반찬으로도 좋고 술안주로는 더욱 훌륭해서

꿩젓, 양고기보다 훨씬 낫고 말고

청포 탕평채 곁들여 갓 빚은 술 한 잔이면 종일토록 얼큰하지

또 별미로 미나리강회가 있으니

데친 미나리와 생파를 적당히 나누어

엄지손가락 크기로 둘둘 말아선

저민 생선이나 고기 넣어 초장에 찍어 먹네

남은 줄기는 잘게 잘라 기름에 볶아

봄날 점심 비빔밥에 넣어 먹기 좋구나

배오개 시장에 채소 장사 다 있지만

오로지 미나리 장사만 치마에 돈이 가득하다

천고의 호방한 백사 이항복은

귀양 가면서 철령 높은 구름을 노래했던 분인데

이분이 어찌 식도락가일까만

북해가에서 서울 미나리를 그리워했다네

왕십리에는 1960년대까지도 미나리밭이 즐비했으나, 현재는 왕십리역은 지하철 2호선과 5호선, 경의중앙선, 분당선이 교차하는 사통팔달 교통의 요지가 되었다.

나라의 목장이 있었던 뚝섬

지하철 7호선에 뚝섬역으로 이름이 남아 있는 뚝섬은 섬이라 이름 붙었지만 섬이 아니었다. 성동구 성수동, 광진구 자양동과 구의동 일대에

살곶이다리

살곶이다리는 조선 초기에 만들어진 아름다운 돌다리로
지금은 인근 동네 사람들의 산책로에 불과하지만 조선시대에는 강릉이나 이천, 충주로
나아가는 중요한 교통로의 시작 지점이었다.

자리잡은 뚝섬은 옛날 한강과 중랑천으로 둘러싸여 있어 섬을 닮았다고 해서 붙은 이름이다. 뚝섬은 넓게 펼쳐진 평야에 풀과 버들이 무성해 조선 초기부터 나라의 말을 먹이는 목장이나 군대의 열무장閱武場(임금이 몸소 군대를 사열하는 곳)으로 사용되었다. 이곳에 임금이 군사훈련을 참관하기 위해 행차하면 둑기纛旗를 세워 둑섬, 둑도라 불렸는데, 이후 '뚝섬'으로 소리가 바뀌었다.

뚝섬은 '살곶이' 또는 '살곶이벌'이라고도 했는데 이런 이름이 붙은 것은 태조 이성계와 관련이 있다. 태조가 가장 사랑하는 어린 아들 방석, 방번 형제를 무참히 죽이고 왕위를 빼앗아간 둘째 아들 태종을 몹시 미워하여 함경도 함흥에 가 있다가, 새끼가 달린 어미 말 한 필만을 끌고 와서 간청하는 박순의 정성에 감동하여 서울로 돌아오게 되었다. 태조가 돌아온다는 소식에 태종이 뚝섬에 나가 태조를 맞이했는데, 태종을 보자마자 화가 치밀어 오른 태조가 태종을 향해 화살을 쏘았다. 그러나 태종이 차일을 치기 위해 세웠던 큰 기둥 뒤로 몸을 피하여 화살은 그 기둥에 꽂혔다. 이에 태조가 "천명이로다"라고 말하면서 이곳을 '살곶이'라 부르게 되었다고 한다.

이곳에는 조선 초기에 중랑천을 가로지르며 놓은 살곶이다리(보물 제1738호)가 있다. 이 다리는 정종과 태종의 잦은 행차 때문에 세종 2년(1420) 5월에 처음 만들어지기 시작했으나 태종이 죽자 왕의 행차가 거의 없어 완성되지 못했다. 그러나 이 길을 이용하는 백성들이 많아 다시 만들 필요성이 제기되자 성종 6년(1475)에 공사를 재개하여 성종 14년(1483)에 완성했다. 모두 64개의 돌기둥을 세워 만든 이 다리는 조선 전기에 만들어진 다리 중 가장 규모가 크다. 돌기둥의 모양은 흐르는 물의 저항을 줄이기 위해 마름모형으로 고안되었다. 1920년대 서울에 내린 집중호우로 다리의 일부가 떠내려가서 1970년대에 다시 고쳐 지었으나, 다리의 오른쪽 부분에 콘크리트를 잇대어 복원함으로써 원래의 모습을 다소 잃었다.

이곳 뚝섬의 뚝섬나루는 중부 내륙지방과 서울을 잇는 뱃길의 요충지였다. 정선, 영월이나 춘천에서 내려온 뗏목들과 농산물, 그리고 인천과 강화에서 물길을 거슬러 올라온 온갖 물산들이 집적되어 거래가 이루어지던 나루가 바로 뚝섬나루였다.

얼음 창고가 있던 동빙고동과 서빙고동

조선시대에는 왕실과 관료들이 사용하는 얼음을 저장하고 관리하는 빙고氷庫라는 관청을 두었다. 왕실 전용의 얼음을 관리하던 관청은 내빙고로 창덕궁 요금문 안에 있었으며, 사대문 밖에는 외빙고인 동빙고와 서빙고를 운영했다.

동빙고와 서빙고는 겨울에 얼음을 채취하고 운반하기 쉽도록 한강에서 멀지 않은 곳에 두었는데, 반포대교 북단에 위치한 용산구 동빙고동과 서빙고동의 이름은 모두 이 얼음 창고가 있던 데서 유래되었다.

동빙고는 태조 5년(1396) 두모포(지금의 서울 옥수동)에 처음 설치되었다가 연산군 10년(1504)에 서빙고 남쪽으로 이전되었다. 서빙고는 남산에서 분기한 둔지산에 있었다. 동빙고의 얼음은 종묘와 사직단 등의 제향祭享에 쓰였고, 서빙고의 얼음은 궁궐에서 관용으로 쓰이거나 백관들에게 나눠주기도 했다.

조선 전기 문신 성현의 수필집《용재총화》에는 얼음의 채취·보존·출납에 대해 기록하고 있는데, 다음은 동빙고에서 얼음을 뜨고 보존하는 방법에 대해 기술한 내용이다.

동빙고는 두모포에 있는데, 그 창고는 한 채뿐이었고, 얼음은 제사에 쓰였다. 일은 봉상사奉常寺에서 맡아서 별제 두 사람이 함께 힘써서 살피었는데, 한편으로 감역부장과 장수고군관 등도 있으며, 얼음은 중랑천을 통해서 흘러내리는 더러운 물을 피해서 조금 내려간 하류인 저자도와의 사이 중간에서 뜬다.

얼음이 네 치 두께로 얼었을 때에 얼음 뜨기를 시작하는데, 여러 관청의 인원들이 서로 앞다투어 뜨는 중에 군인들도 많았으나 익숙하지 못했으므로 마을 사람들이 얼음을 떠서 군인들에게 팔기도 한다. 얼음을 뜨는 방법은 칡으로 꼰 새끼줄을 얼음 위에 팽팽하게 늘어뜨려 사람이 자빠지지 않게 했고, 한편 불 지필 장작더미와 의약품을 준비하여 동상에 걸리지 않도록 마련한다.

8월 초가 되면 고원庫員이 수많은 군인들을 이끌고 와서 고정庫井을 손질하고 썩은 마룻대라든가 들보를 갈아 끼우고 허물어진 담과 울타리도 매만지는 등 온갖 시설을 완벽하게 갖춘다. 또 고원 한 사람은 오리섬(난지도)에 가서 갈대를 베어다가 얼음 창고 위아래 사방을 온통 싸서 덮는다. 많은 갈대로 두툼하게 둘러쌀수록 얼음이 녹지 않는다.

당시에는 해마다 12월이면 얼음을 뜨기 시작하여 1만 244정의 얼음 짝을 저장했다. 한편 한강에 얼음이 얼지 않을 경우에는 이만큼의 얼음을 깊은 산골짜기에서 떠다가 저장했고, 3월 1일에 출하하여 10월 상강 霜降 (약력 10월 23일 무렵) 때에 그해의 공급을 마무리했다.

물이 줄고 흐르지 않아 얼음이 꽁꽁 언다오
많은 인부들이 떠낸 얼음 짝 강 위에 산같이 쌓이니
강 위에 놓인 두 빙고의 얼음더미가 십 리만큼 서로 바라다 보이는구나

조선 후기 학자 김창흡의 시 '벌빙가 伐氷歌'에 남아 있는 두 빙고는 이제는 사라지고 지명으로만 남아 있다.

나이 많은 노인들이 오래오래 살았던 구로

구로구 구로동 九老洞의 이름은 옛날 이곳에 있던 구루지라는 마을에 노인 아홉 사람이 오랫동안 화목하게 살았다는 전설에서 유래되었다고 한다. 이 전설이 남아 있는 구로에서 가장 오래된 마을인 구루지마을은 이제는 구로구의 중심 지역으로 번창하고 있으며, 경인로와 남부순환도로가 지나고 가마산길·구로동길·공단로·신대방로 등 가로망이 발달해 일찍부터 상업과 공업의 중심지가 되었다. 구로는 다른 지역에 비해 도시화가 빨리 진행되다 보니 원주민은 별로 남아 있지 않고 이주민이 대부분

이다. 구루지마을은 지금의 구로5동에 해당하며 AK플라자 뒤편이 마을의 중심지였다고 한다.

대체로 논과 밭으로 이루어져 있던 구로에는 근대화의 바람 속에 구로공단이 들어섰고, 공단은 전국 곳곳에서 올라온 근로자들의 피와 땀을 통해서 커다란 공업단지가 되었다. 크고 작은 수많은 공장에서 가난한 생계를 이어갔던 사람들을 주제로 수많은 문학작품들이 만들어졌다. 그중 조세희의 1978년 작《난장이가 쏘아올린 작은 공》은 낙원도 아니고 행복도 없는 '낙원구 행복동'의 소외 계층을 대표하는 '난장이' 일가의 삶을 통해 도시 재개발 뒤에 숨은 소시민의 아픔을 그린 소설이다.

소설 속에서 난장이의 아들인 영수는 "그들은 낙원을 이루어간다는 착각을 가졌다. 설혹 낙원을 건설한다고 해도 그들의 것이지 우리의 것이 아니라는 생각을 나는 했다. 낙원으로 들어가는 문의 열쇠를 우리에게는 주지 않을 것이다. 그들은 우리를 낙원 밖, 썩어가는 쓰레기 더미 옆에 내동이 쳐둘 것이다"라고 말한다.

낙원을 찾기 위해 살지만 낙원은 항상 멀리 있는 아지랑이처럼 아련하기만 했던 시절, 구로동과 가리봉동 일대에서 숨죽이고 살았던 그들은 지금쯤 어디에서 무엇을 하며 살고 있을까?

새로운 모래판 신사동과 논고개 논현동

한남대교를 따라 강남으로 들어가는 초입에 있는 강남구 신사동新沙

洞은 조선시대 이 지역의 마을 이름인 한강 신촌(새말)의 '신'자와 사평리 沙坪里의 '사' 자를 합친 데서 유래되었다.

사평리에는 강북의 한강나루(현 한남동 도선장)와 연결되는 사평나루가 있었다. 지금의 한남대교 부근에 있었을 것으로 추정되는 사평나루는 도성의 정남에 위치해 판교역을 지나 용인, 충주로 통하는 대로의 요충지였다. 조선시대 초기부터 별감이 파견되어 사람과 말의 통행을 기찰하고 편의를 도왔다. 관선 10여 척이 정박했고, 군사적 기능이 가미되면서 훈련도감이 설치되기도 했다. 사평나루 북쪽에는 양진단楊津壇이 있어 나라에서 봄가을에 사고예방을 기원하는 제사를 지냈다.

조선시대에 용인을 지나 한양으로 들어오는 길은 사평나루와 한강나루를 거치는 것 외에 우회로로 강 동쪽의 신천진과 삼전도를 거치는 길, 지금의 잠실대교 자리인 송파나루와 삼전도를 거치는 길이 따로 있었다. 강 서쪽으로는 서빙고나루(현 반포대교 자리)가 있어 강남과 강북을 연결함으로써 곧장 남대문으로 향할 수 있었으며, 훈련도감에서는 이곳에 6척의 배를 배치하여 길손들을 도왔다. 그 배는 30~40명이 탈 수 있었고, 두세 마리의 우마도 실을 수 있는 규모였다. 한강나루에서는 동대문과 남대문 길로 갈라졌고, 남대문 길은 사평나루에서 서쪽에 있는 서빙고나루로 길을 잡은 예가 많았다.

신사동에 있던 옛 마을 한강 신촌(새말)에는 새말나루가 있었다. 한남대교 남단 강남구 신사동 한강변에는 새말나루의 위치를 알려주는 표지석이 있다. 표지석에는 "조선 시대 경기도 광주군 언주면 새말로 불리던 이곳은 한남동 한강나루터와 이어지는 나루터가 있던 곳이며, 말죽거리 판교를 지나 남부 지방과 연결되는 교통의 요지였다"라고 기록되어 있다.

산사동 남쪽에 있는 강남구 논현동은 논고개가 있어서 붙은 이름으로 한 자로는 논현論峴이라 했고, 강남구 삼성동은 봉은사와 무동도, 닥나무가 많아서 닥점이라고 불린 세 마을을 병합하여 삼성리하고 했다가 1963년에 서울시에 편입되면서 삼성동이 되었다.

빌딩 숲 사이에 자리한 선릉과 사교육 1번지 대치동

IT벤처기업들이 몰려 있는 강남의 테헤란로는 1977년 이란의 수도 테헤란의 시장 방한을 계기로 현재의 도로명으로 바뀌었으나, 원래는 부근에 3개의 능이 있는 삼릉공원이 있어 삼릉로三陵路라고 했었다.

현대식 빌딩의 숲에 자리잡은 삼릉공원 안에는 선정릉이 있다. 조선 9대 임금인 성종과 제2계비 정현왕후의 능인 선릉宣陵과 아들 중종의 능인 정릉靖陵, 이 두 능을 합해서 부르는 이름이 선정릉宣靖陵이며, 정식 명칭은 서울 선릉과 정릉(사적 제199호)이다. 이 부근은 본래 경기도 광주군 언주면 서학당동이었는데 서울특별시로 편입되면서 현재의 소재지 명칭으로 바뀌었다.

선릉은 왕과 왕비의 무덤이 같은 능역 안에 있기는 하지만 언덕을 달리하는 동원이강릉同原異岡陵이다. 선정릉을 입구에서 볼 때 서북쪽에 자리잡은 묘가 성종의 무덤이고, 건너편 동북쪽 숲속에 자리잡은 묘가 왕후의 묘이다.

선릉 정자각과 석인

선릉이 다른 능과 다른 점은 대개의 능은 정자각이 봉분으로 오르는
경사진 언덕 중앙에 있는 것과 달리 측면에 자리하고 있다는 것이다.
또한 세조의 유교를 따라 석실을 사용하지 않았으나 병풍석과 난간석 등은 있다.

대개의 능은 정자각이 봉분으로 오르는 경사진 언덕 중앙에 있지만 성종의 능은 다른 능과 달리 측면에 자리하고 있다. 이것이 바로 동원이강릉에서 볼 수 있는 배치다. 능의 상설象設 형식은 다른 능과 비슷하다. 다만 "능은 석실이 유해무익하니 석실과 사대석인 병석을 쓰지 말라"고 지시한 세조의 유교遺敎에 따라 석실을 만들지 않았는데, 병풍석은 설치되어 있다. 선릉은 임진왜란 때 능침이 수난을 당해서 시신이 모두 불태워져 없다고 한다.

선릉을 답사하고 정현왕후의 능 앞에서 소나무 숲길을 넘어가면 중종이 잠든 정릉이 보인다. 중종의 능인 정릉은 1544년에 중종이 죽자 경기도 고양군 원당읍 원당리에 소재한 중종의 제1계비 장경왕후의 능인 희릉의 오른쪽 언덕에 만들었으나, 제2계비인 문정왕후가 풍수지리적으로 장마 때면 물이 차오르는 형국이라고 하여 봉은사의 주지 보우와 논의한 뒤 지금의 위치로 능을 옮겼다. 재궁을 옮기면서 지대가 낮은 이곳에 거액을 들여 보토補土를 했으나 매년 여름이면 강물이 능의 앞까지 들어오고 재실의 절반이 침수되는 상태여서 다시 능을 옮기자는 논의까지 있게 되었다. 문정왕후는 중종과 함께 안장되기 위하여 지대를 높이기도 했으나 결국 현재의 태릉에 단릉으로 안치되어 뜻을 이루지 못했다.

선정릉은 현재까지도 도심 한가운데에 남아 보존되고 있으며, 2009년 유네스코 세계문화유산으로 등재되었다.

한편 테헤란로를 건너면 강남구 대치동이 나온다. 대치동은 이 지역에 있던 자연마을 중 큰 고개 밑에 있던 한티(또는 한터)마을을 한자명으로 대치大峙라고 한 데서 유래되었다.

대치동 양재천

대치동은 큰 고개 밑의 마을이라 하여 한티, 한터마을이라고 하다 한자로 대치동이 되었다.
사진은 대치동을 지나는 양재천에서 보이는 서울의 가장 비싼 아파트로 알려진 타워팰리스.

대치동은 옛날에는 잠실 주변과 연계되어 비가 조금만 많이 내려도 회천과 양재천이 범람하여 농토가 물에 잠겨 별 쓸모가 없는 데다가 저지대에는 갈대만이 무성하여 농사가 제대로 되지 않는 곳이었다. 당시 이 마을들 중 부자가 될 터는 큰 고개 밑에 있는 한티마을 한 곳뿐이라고 했다는 얘기가 전해진다. 그러나 지금 이곳에는 대한민국 사교육의 상징인 '대치동 학원가'가 형성되어 부자가 아니면 살 수 없는 동네가 되었다.

조선시대에 마방이 있던 양재역의 말죽거리

강남 일대에 오래 산 사람들에게는 역삼동이나 양재동보다 말죽거리라는 지명이 더 익숙할 것이다. 말죽거리는 제주도에서 올려 보낸 말을 한양으로 보내기 전에 이곳에서 최종 손질하고 마방에서 말죽을 쑤어 먹였던 곳이다. 또한 말죽거리에 있던 양재역은 영남로를 따라 올라온 길손이 한양에 들기 전에 마지막으로 쉬어가는 곳이었다.

한양에서 부산까지 이어지는 영남로의 첫 번째 역인 양재역은 현재의 한남대교 남쪽 약 4킬로미터 지점에 자리잡은 서초구 양재동에 있었다. 지금은 그 부근에 언주초등학교가 들어섰다.

《신증동국여지승람》 실린 양재역에 대한 기록을 보자.

양재역은 이규보李奎報의 문집에는 양재楊梓라고 일컬었는데, 현 동쪽 15리 지점에 있다. 본도本道를 찰방한다. 예속한 역말이 열둘인데, 낙생·구흥·금

말죽거리와 양재역

양재역사거리 일대는 조선시대에는 말죽거리라고 했는데
당시 양재역이 위치하여 여행자들이 타고 온 말에게 죽을 쑤어 먹였다는 데서 유래한다.

령·좌찬·분행·무극·강복·가천·청호·장족·동화·해문이다. 찰방은 한 명인데 종육품이며 다른 도도 같다.

수많은 사람들이 공무로 오고 갔던 양재역이 임진왜란 당시에 큰 피해를 입었고 그때의 상황이 《선조실록》 선조 27년(1594) 10월 17일자에 다음과 같이 실려 있다.

경성의 한강 이남 직로直路(영남로)는 모두가 쑥대밭이 되어서 백성이 모이지 않고 도적이 설치니, 얼음이 언 후의 일이 더욱 걱정이 되어, 신들은 양재良才 근처에다 목책木柵을 설치하고 둔종屯種을 하여 경수耕守할 것을 도모하려던 참이었는데, 훈련 주부 한관韓琯과 겸사복 김산수金山守 등 9인이 스스로 모여 양재역 근처에다 목책을 설치하고, 흩어진 마을 주민과 역졸을 불러 모아 명년에 경작을 하려 하고 있습니다. 그 뜻이 가상하니, 병조로 하여금 스스로 모인 사람들을 생기省記에서 빼주어, 땅이 얼기 전에 가서 목책을 설치하도록 하고, 호조에서는 농우農牛와 종자 등을 마련하여 주도록 하여 실효를 거둘 수 있도록 책임지우소서.

지금의 양재역 부근 말죽거리는 나라 안에서도 가장 번화하고 번잡한 곳으로 탈바꿈했다.

인조가 피난길에 들른 송파구 마을들

송파구 방이동은 이 마을의 지형이 아늑하고 개나리꽃이 많이 피어 방잇골이라고 불리다가 한자로 방이동 芳荑洞으로 표기한 데서 유래되었다.

송파구 문정동의 이름은 인조와 관련이 있다. 병자호란 때 남한산성으로 피난을 가던 인조가 이 마을에서 쉬면서 물을 마셨는데, 그 물맛이 아주 좋았다. 그래서 이 마을에 사는 문씨 성을 가진 사람의 성을 따서 문정 文井이라고 한 데서 마을 이름이 유래되었다.

문정동에 헤경머리라는 마을이 있었는데, 이 마을 이름의 유래도 재미있다. 100여 년 전에 이 마을에 석씨라는 노인이 길가에 집을 짓고 낮이면 잡화를 팔고 밤이면 비워두었다 하여 '헛가게머리'로 불리던 것이 변하여 헤경머리가 된 것이다.

송파구 오금동에는 오동나무가 많다 보니 그 나무로 가야금을 만드는 장인들도 많이 살았다. 그래서 오동나무와 가야금에서 한 자씩 따서 오금동이 되었다고 한다. 이 마을 이름에 대한 또 다른 설은 인조와 관련이 있다. 현재 오금동주민센터 동쪽에 지금은 깎아져 내려 평지가 되어 사거리가 된 흰 흙이 나온 백토고개가 있었는데, 병자호란 때 인조가 남한산성으로 피난을 가다가 이 마을 뒤 백토고개에서 잠시 쉬는데 무릎 안쪽의 오금이 아파 측근의 신하에게 "아이구 내 오금이야!"라고 한탄했다고 해서 그 뒤부터 오금골 또는 오금리라 불렀다고 한다.

고려 말 이집이 은거했던 둔촌동

강동구 둔촌동은 고려 말 이곳에 은거했던 이집李集의 호 둔촌遁村에
서 유래되었다. 목은 이색, 포은 정몽주, 야은 길재를 고려 말에 학문이
높고 덕이 있으며, 절의가 대단했던 삼은三隱이라 일컫는다. 그 세 사람
과 이집을 합쳐서 '여말 사은四隱'이라는 말을 쓰기도 한다. 이집의 호는
묵암자墨巖子였는데, 사람들이 학문이나 덕이나 절의가 삼은과 견줄 만
하다 하여, 묵은墨隱이라 부른 것이다.

후세 사람들로부터 이러한 평을 받은 이집은 고려 충목왕 3년(1347)에
문과에 급제한 뒤, 정몽주와 이색 등 당대의 거유巨儒들과 교유했다. 이
후 합포종사合浦從事를 지내고, 공민왕 17년(1368)에는 신돈辛旽의 미
움을 받아 목숨의 위협을 느낀 이집은 아버지 이당을 업고, 낮에는 숨고 밤
에는 걸어서 경상도 영천에 있는 최원도崔元道의 집에 가 은거했다.

이집은 공민왕 20년(1371)에 신돈이 죽자 개경으로 돌아와 아호를 '숨
은 마을'이라는 뜻의 둔촌으로 바꾸었다. 그 뒤 벼슬에 대한 꿈을 접었고,
여주 천녕현에서 손수 밭을 갈면서 자연을 벗 삼아 시와 학문에 전념했다.

이집은 특히 시에 능했는데, 꾸밈과 가식이 없고, 직설적이면서도 자연
스러웠다. 성격 역시 솔직 담백하고 뜻이 곧아 옳지 않은 것을 보면 지나
치지 못하여 사람들로부터 신망을 받았다.

둔촌에는 둔촌약수라는 유명한 약수물이 있었는데 이 약수는 물맛이
맵고 싸했으므로 후추우물, 또는 한자로는 초천椒泉, 냉정冷井이라고
했다. 피부병, 위장병, 심장병 및 신경통에 좋다고 소문이 나서 사람들의

390

발길이 끊이질 않았다고 한다.

고금에서 지금으로 이어진 그 역사 속에 자리했던 서울, 그 서울이 세계의 어느 도시보다도 빠르게 변화하고 있다. 그 서울이 내일, 그 내일은 도대체 어떤 모습으로 이어나갈까.